网络时代的行为重塑

黄少华 ◎ 著

上海财经大学出版社

图书在版编目(CIP)数据

网络时代的行为重塑/黄少华著. —上海:上海财经大学出版社,2024.6
ISBN 978-7-5642-4386-9/F·4386

Ⅰ.①网… Ⅱ.①黄… Ⅲ.①网络游戏-影响-青少年问题-研究 Ⅳ.①D669.5

中国国家版本馆 CIP 数据核字(2024)第 096902 号

□ 责任编辑　杨　闯
□ 封面设计　张克瑶

网络时代的行为重塑

黄少华　著

上海财经大学出版社出版发行
(上海市中山北一路 369 号　邮编 200083)
网　　址:http://www.sufep.com
电子邮箱:webmaster@sufep.com
全国新华书店经销
上海华业装潢印刷厂有限公司印刷装订
2024 年 6 月第 1 版　2024 年 6 月第 1 次印刷

710mm×1000mm　1/16　17 印张(插页:2)　244 千字
定价:78.00 元

序

少华兄嘱我给他的新书写序,我没加思索就答应了,真到提起笔的时候,却发现难以下笔。虽然身处网络时代,但我平时与互联网的联系仅限于阅览新闻、观看视频、处理网络信息、关注博主大 V 和网络购物这类活动,既没有网络游戏和网络社群交往的生活体验,更没有对网络社会进行过深入的研究。为一个网络社会研究专家的专著写序,对我还真是一个不小的挑战。

这本名为《网络时代的行为重塑》的著作,是少华兄从事网络社会研究以来出版的第 10 本著作。从研究内容上看,该书讨论的重点是网络游戏玩家的行为结构、情感体验、人际互动以及网民在网络公共空间中的社会参与。细细读来,不难发现本书在实质上是对网络时代人类行为被型塑和规训过程的深刻反思,体现了一个社会学家基于对数字时代网络生活的思考而对网络和数字化技术影响人类行为进行的结构化研究。这种研究对我们深刻认识网络时代人类行为的特点,全面认识和了解数字时代社会资本、文化资本、社会信任以及个人的政治意识、价值观念、情感体验对网络行为的深刻影响具有方法论的指导意义。本书的研究理路能够帮助我们深入地理解网络空间中那些来自不同社会群体的表达方式:从普通村民的搞怪视频到纯粹供人消遣的"吃播",从手法略显笨拙但以弘扬优秀品德为目标的"正能量"主题表达到对社会不公现象的"曝光式"呈现,不正是不同社会主体站在自身立场的"发声"和"价值再现"?尽管这些表达没有那么系统、那么规范、那么完整,但却显示了这些群体追求"可见性"的努力。也正是这些"野蛮生长"的表达,让我们真切地感受到了他们强烈的发声愿望,感受到了他们的生活诉求和价值关切。本书的一个重要价值,就是将数字时代多元主体的碎片化表达统合到一个完整的分析框架之中,使我们得以清醒地发现自身与时代和社会的关联,不至于被纷乱复杂、支离破碎的现象所困扰。

社会已经进入数字时代,我们每个人都已然成为网络终端的使用者和网络行为的践行者。但是,我们在浩瀚的网络空间中显得那样的渺小,那样的微不足道,在强大的信息流中,我们每个个体都好像一粒微尘,难以体会到自身的存在和价值。在网络社会中,"没有人知道你是一条狗",没有人会因为你没有参与而发现缺少了你,也没有人因为你参与了而觉得你是不可或缺的。在网络社会中,真正能够证明和体会自己的存在价值的正是你自己,正是通过你自己的网络社会参与,在网络空间里不断地发声、在网络游戏里扮演好你的角色、在网络世界里完成你与世界的互动,才能真正体验网络时代个体生存的意义。

尽管互联网早已经成为我们所处的世界的重要组成部分,但真正把网络社会作为学术对象来研究,依然是少数人的事。在我的认知中,少华兄是这支队伍中较为执着的研究者。20世纪80年代初,他本科毕业后分配到西安交通大学任教,因为对哲学的热爱,他在两年后毅然从西安返回母校兰州大学从事专业的哲学教学和研究。那时他的兴趣点主要集中在认知心理学和哲学认识论,发表了许多论文,在兰州大学文科青年教师群体中,虽然不是著作等身,却也卓尔不群,作品非常丰厚。他涉足的领域不仅仅是哲学认识论,而且拓展到了认知科学、儿童心理和青少年行为。他对西方认知理论学术流派有非常深入的了解,也正因为如此,他的研究受到了刘文英、王棣棠、陶景侃等老一代学者的重视和好评。作为同事兼同龄人,当时他给我们的感觉是研究视野非常广阔,对于当时流行的"新三论"和后来的现代性等议题都有涉猎。他的研究程度也甚为深刻,在我们多数同龄人还限于理论概念的辨别和基本原理的解读时,他已经开始从方法论层面自觉地将这些理论作为分析范式运用到对具体问题的研究中,并且表现出了特殊的研究才能。在我看来,学科范围的广泛性、学术研究的前沿性和学术思想的深刻性在他的前期学术经历中就已经表现得特别明显,这也为他积累了丰富的学术成果。

作为上下年级的同学,我与他真正的交往是在他从西安交通大学返回兰州大学任教之后。相识多年,我觉得他的学术研究特点与他为人处世的特点是一致的。敏思好学、质朴守正、不阿权威、追求创新,这些品质在他的学术成果里都有充分体现。尤其是对新知识和新方法的研读和实践,成为他学术生涯的鲜明特色。

20世纪90年代的信仰危机,严重地挑战了五六十年代出生的学人。作为一个哲学专业出身的专业教师,能不能踏踏实实地在哲学领域耕耘,是一场非常严肃的挑战。许多人投身政界商海,投奔人生的"红道""黄道",这对很多不善于从政经商的人来讲却是非常痛苦的。少华兄没有受这股潮流的影响,而是坚守着自己的学术兴趣,这种坚守不仅体现在他的研究成果中,还充分地体现在他对学生的培养过程中。他以自己的踏实本分、勤思好学、积极探索和与世无争,深刻地影响着自己的学生,也赢得了学生的普遍尊重。

中国大陆的社会学研究重启于1978年的社会学恢复与重建。许多高校从哲学系拆分出社会学专业,这不仅是因为马克思主义哲学中包含了对人类社会具有强大解释力的历史唯物主义理论与方法,更是因为传统的哲学学科本身就重视对社会结构和社会运行的研究。兰州大学也不例外地在哲学专业基础上衍生出了社会学专业。作为核心骨干之一,少华兄同大家一起创建了兰州大学的社会学专业,同时开始了自身学术生涯的艰难转型。由于前期的学术积累和开阔的学术思维,他的转型之路相较于其他同事显得顺畅许多:他不仅出色地完成了教学任务,而且在新的学科领域又开辟拓展出了新的研究空间。自20世纪90年代末起,他开始关注网络社会的兴起,率先面向本科生和研究生开设了《网络社会学》系列课程,组织编写了相关的专著和教材,发表了一系列特色鲜明的研究论文。他的研究在社会学界产生了重要影响,与港台学者的合作研究把国内学术界关于网络社会学的研究推向了较高的水平。他与台湾资讯社会学会会长翟本瑞教授合作的《网络社会学：学科定位与议题》，就是站在学科建构和发展的高度探讨网络社会学研究的理论范式和核心议题的著作，该书为国内网络社会学的研究奠定了重要的学术基础。此后的十余年时间，他提出的网络社会研究范式一直是国内网络社会学研究的标志性成果，影响着国内的网络社会研究。

少华兄在网络社会学研究领域之所以能有如此成就，不仅得益于他坚实的哲学认识论研究这一得天独厚的知识背景，更来源于他不畏艰难的学术研究实践。就学科性质而言，从纯粹思辨的哲学认识论研究到重视实证研究的社会科学领域，本身就孕育着一种研究范式和研究方法的转变。尽管国内早就有"哲学社会学学科同源"的说法，但是真正进到社会学研究领域的人会发现，所谓的"同源"是指在研究对象和研究方法论上的一致性和相似性，但在实际的研究过程中，真正实现研究方法转型的学者并不多，以至于在国内社会学界中曾经出现"长于"定性研究而"拙于"定量方法的倾向，甚至出现过以"定量方法不适合中国国情"的论调掩盖自己陋于实证研究方法的可笑事例。由于是一群哲学专业的教师在"无知加无畏"的状态下开办了社会学专业，在教学科研中首先遇到的难题就是教师自己的社会学知识"扫盲"问题。少华兄是我们的队伍中比较早地自觉进入"转型"过程的教师，他不仅花了很大的气力学习实证研究方法，还多次带领学生开展各种社会调查实践；不仅自己动手设计调查问卷，还亲自上街入户开展调查，编码录入，分析数据。在培养学生提升社会调查能力的同时，他先使自己成为调查统计分析和报告撰写的专家。2001年7月，由我和少华兄合作主持编写、兰州大学出版社出版的《互联网与社会学》面世，该书是国内第一本网络社会学研究的专门著作。现在回头来看，该书研究内容不免简陋浅显，但它体现了兰州大学社会学专业师生通力合作、共同学习进步的努力。此后，少华兄以"青少年网络行为研究"为题申请了国家社会科学基金项目，在全国范围内组织开展了青少年网络行为的抽样调查。兰州大学社会学专业获批硕士学位点以后，他以"网络社会学"为研究方向，招收了十余届硕士研究生，为国内互联网企业和高校的网络社会学研究培养了一批高水平的专业人才。他还长期关注互联网门户网站和网络平台上的社会组织活动，其中一项关于"网络穆斯林社区"的研究，内容深刻，受到了学术界的高度赞扬。

少华兄对互联网社会的研究也引起了其他学科同行的关注。在兰州大学期间，他同时受聘于新闻与传播学院，开展了"传播社会学"和"新媒体"领域的研究工作。由于我对新媒体和传播社会学研究知之甚少，无法介绍他的研究成就，但仅就在学术界的耳闻，我便得知他在传播学界也有相当的影响。

如果要谈黄少华学术研究的基本特色，我觉得是他特别强调网络社会研究学科化理论化的重要性，这是他与其他研究者不一样的一个重要特点。他不仅努力从理论上解释网络时代人们在理论上和实践上遇到的种种难题，更是站在学科建设的高度去思考网络社会发展带来的挑战和问题，尝试以网络社会与现实社会互动的视角去建构网络社会学的学科体系，构造网络社会学的学术话语，思考网络社会学的核心议题，搭建理解网络社会运行的学科逻辑。他对网络社会学本体论、知识论和方法论的思考，使得他的研究成果有更高的视角、更完整的体系和更高的水平，这也对网络社会学的研究有重要的指导意义。

即将出版的《网络时代的行为重塑》一书，也充分体现了上述基本特征。黄少华对带有方向性和理论性的学科议题的关注（如强调在网络行为研究中必须关注一系列重要的社会因素）使网络行为研究更加理论化，体现出网络社会学研究应有的理论品格。他通过研究社会资本、文化资本等社会要素对网络行为的影响以及网络空间社会行为和各种社会要素的互动方式、表现形态和作用机制，很好地实现学科交叉，这也正是网络社会研究应该着力的方向。

值得关注的是，在本书附录中，少华兄从本体论和方法论高度，提出了智能社会学议题，初步探讨了数智社会学的理念、方法和核心议题，这使得他对网络社会的研究拓展到了一个非常大的研究空间。毫无疑问，对数智社会的研究是网络社会研究的新方向。人工智能所激发出来的革命性变革,已经让人类面临现实的、巨大的风险,也意味着数字化生存已经进入一种充满挑战、充满现实生存威胁的状态。我们可以感受到的风险和变化已经远远超出了我们的理论构想,甚至超出了我们的想象力。面对人工智能引发的巨大社会风险,我们应该怎样去应对?未来的社会和未来人类的生存方式将会是怎样的?这需要我们这一代人认真思考和回应,需要一大批思想家、理论家努力探索和研究。

这也是我对少华兄的期盼!

陈文江

2024 年 5 月

(中国社会学会副会长,兰州大学教授、博士生导师)

目　录

上　篇　网络游戏行为

第一章　网络游戏行为的结构/003

第二章　网络游戏行为的情感维度/028

第三章　网络游戏中的角色扮演与人际互动/043

第四章　网络游戏互动对心流体验的影响/062

第五章　网络游戏心流体验对游戏成瘾的影响/080

第六章　网络游戏意识对网络游戏行为的影响/096

第七章　网络游戏对青少年的负面影响/113

下　篇　网络政治行为

第八章　网络政治参与行为量表/121

第九章　文化资本对网络政治参与行为的影响/136

第十章　社会资本对网络政治参与行为的影响/157

第十一章　社会信任对网络公民参与的影响/178

第十二章　网络政治意识对网络政治参与行为的影响/200

第十三章　政治动机、政治技能、社团参与与网络政治参与/213

附录　AI时代智能社会学的学科建构/227

参考文献/241

后记/262

上 篇 网络游戏行为

第一章 网络游戏行为的结构

一、文献回顾与问题提出

网络游戏的兴起,为游戏玩家提供了一个数字化的在线互动合作、积累社会资本、形塑自我认同、追求情感满足、获得身心放松、实现成就体验的社会空间。一般认为,网络游戏起源于20世纪70年代出现的MUD(泥巴)游戏。在MUD游戏中,玩家通过连线同时进入游戏场景,每个玩家可以扮演一个或者多个角色,并与其他角色进行多种形式的在线互动,或者在游戏空间中创造自己喜欢的环境(陈怡安,2003)。今天,得益于网络技术的迅速发展,网络游戏已经"从原先功能较为单一的休闲娱乐活动,逐渐扩展为包括聊天、角色扮演、虚拟会议、虚拟社区等多种功能的综合性社会行为,人们能够在其中从事探险、交往、竞争、互动、建构认同等各种社会行为"(黄少华,2009)。随着网络游戏用户规模的不断扩大,玩家在网络游戏中的社会行为及其影响因素越来越受到学界的关注。目前学界对网络游戏行为进行因果解释的研究文献数量较多,包括视网络游戏行为为原因变量或后果变量的实证研究(迈耶斯,2002;金泰尔等,2004;伊,2006;威廉姆斯等,2008;尚俊杰等,2006)。但相对而言,学界较缺乏对网络游戏行为的概念结构进行梳理和分析的研究成果,甚至还没有把网络游戏行为作为一个统一、独立、整体性的概念加以对待和讨论,更谈不上形成对网络游戏行为结构的共识了。不过,有相当数量的文献对网络游戏行为的某一维度，如网络游戏互动、团队合作、角色扮演、虚拟暴力等，进行了较为系统扎实的理论分析或实证研究。

(一)社会互动

互动是网络游戏玩家在游戏过程中从事的最重要的社会行为之一。网络游戏不同于传统单机游戏的地方，在于它塑造了一个虚实交织的互动空间，可以让许多玩家同时在线玩游戏，并且在游戏中互动(曼宁，2003;许，2007)。莫拉汉·马丁(Morahan-Martin,2000)发现，玩家在游戏过程中，大多会参与聊天、交易、帮助他人、与其他玩家PK、聚会等互动行为，这些互动行为促进了玩家之间在线甚至离线的关系和友谊。有研究发现，大型多人在线角色扮演游戏玩家可以通过虚拟角色展开互动，并获得丰富的社交体验，MMORPG玩家往往能比其他游戏玩家在游戏中结交更多的朋友，社会互动也更频繁。雅各布松(Jakobsson)和泰勒(Taylor)通过对大型多人在线游戏《无尽的任务》的研究，发现网络游戏已经变成一个"预社会网络"(pre-existing social network)，借助游戏内的在线聊天工具，玩家之间相互联系、共享信息、相互帮助，甚至将在线关系延伸为现实社会联系(雅各布松等，2003)。伊(Yee)认为，网络游戏真正有趣的地方，是玩家之间的互动，而并非网络游戏本身，互动才是网络游戏最有意义的部分。他发现，游戏玩家在游戏中会从事帮助他人、与他人聊天、与他人形成友谊、团队合作等互动行为。例如，在大型多人在线游戏《无尽的任务》中，有60%的男性玩家和75%的女性玩家建立了与现实友谊一样的在线友谊，甚至有3%的男性玩家和15%的女性玩家与在游戏中结识的玩家发生了诸如约会、结婚这些以前只有在现实生活中才会发生的浪漫关系(伊，2006)。科尔(Cole)和格里菲斯(Griffiths)通过对MMORPG游戏中玩家之间的吸引、在线友谊、信任等进行测量，发现玩家之间会在网络游戏中发展出真实的友谊和关系(科尔等，2007)。万莱查克对基于文本互动的在线角色扮演游戏的研究发现，社会互动不仅存在于熟悉的玩家之间，而且存在于陌生的玩家之间(万莱查克，2010)。但也有研究者发现，网络游戏容易导致青少年沉迷虚拟世界，从而削弱其现实社会联系,引发社交焦虑,而且网络游戏参与程度越高,现实社会联系越差(骆少康等,2003)。

(二)团队合作

网络游戏的一个重要特色,是玩家可以在游戏中组建各式各样的虚拟社群或虚拟组织,包括因临时任务(如打怪)组成小规模的、临时性的玩家团队,以及较正式、稳定、更具结构性的公会组织(钟智锦,2011)。游戏社群在本质上是一个想象的共同体或者说"幻想型社群"(阿姆斯特朗等,1996),其成员既可能因为志同道合或共同情谊聚在一起,也可能是为了寻求资源或获取帮助而参与其中。班布里奇(Bainbridge)等人通过对《魔兽世界》中以公会为基本组织结构的合作行为的研究,发现网络游戏中的合作,已经远远超出了群体成员共同利益的范畴,而发展为一种有感情连带、默认规则及共享价值观的社区或者部落(班布里奇,2010;Brignall et al.,2007)。邓天颖认为,网络空间的虚拟实境特性,与网络游戏中的角色扮演、共同表达形式等机制相结合,有助于游戏玩家想象一个共同体的存在,从而形成一种社区感(邓天颖,2010)。游佳萍和陈妍伶发现,网络游戏玩家在游戏过程中会自发地形成游戏社群,并能主动参与组织公民行为,与其他成员分享心得、遵守社群规则、维护社群名声、帮助社群中其他成员解决问题等(游佳萍等,2006)。钟智锦通过对467名游戏玩家的在线调查,发现大多数玩家(超过77%)在网络游戏中曾经加入有组织、稳定性的公会或者临时性的团队,并参加公会和团队组织的集体打副本、做任务等活动,这些社群活动给玩家带来了具有实质性意义的社交和集体生活,多数玩家对公会具有明显的归属感(钟智锦,2011)。孔少华分析了大型多人在线网络游戏社群中的信息收集、交流、创造及知识共享行为(孔少华,2013)。而赖柏伟则借助安德森的"想象的共同体"概念,具体分析了游戏社群中玩家的经济活动、社会组织、合作与冲突、权利与社会阶层、行为规范等(赖柏伟,2002)。另外,有学者进一步分析了团队合作的形成机制。例如林鹤玲和郑芳芳发现,青少年玩家对社交和在线支持的渴望,对自己扮演的游戏角色的生存和成功的期待,以及力图规避网络游戏中的合作风险,导致玩家在游戏过程中发展出包括线上和线下关系重叠、规则约束等复杂的人际互动机制(林鹤玲等,2004)。施芸卿以《魔兽世界》中的公会团和金团这两种合作形式为例,探讨了虚拟世界中的团队合作机制,发现虚拟世界中合作的达成,是游戏外部结构化设定和玩家内部自主建构两方面相互作用的结果(施芸卿,2012)。马龙(Malone)通过对《魔兽世界》中玩家之间的经济权力关系的考察,发现游戏玩家之间的贡献与回报关系平衡机制,是促进公会内部团结的关键(Malone,2009)。

(三)角色扮演

网络游戏空间的身体不在场特征,让游戏玩家能够在网络游戏这一虚拟世界中自主选择身份,进行角色扮演,形塑自我认同(陈怡安,2003)。因此,网络游戏中的角色扮演一直是学者关注的焦点之一。伊(Yee)认为,MMORPG能够让数千个游戏玩家同时在游戏世界中现身,通过游戏中的角色来进行自我呈现(Yee,2006)。S.特克(S. Turkle)认为,网络游戏是一个发现自我甚至重塑自我的实验室,游戏玩家能够通过网络游戏中的角色扮演,不受时空限制地建构平行、多元、去中心化、片段化的后现代自我认同(特克,1998)。在网络游戏世界中,玩家对游戏展示的各种可能空间的认同,会被反思性地运用于自身,从而摆脱现实身份的约束,随心所欲地扮演各种角色,形塑新的多元自我认同。穆尔(Jos de Mul)认为,网络游戏具有嬉戏的维度,玩家有很大自由来决定自己的角色和行为,因此游戏必然是多线性的,这会导致不同类型的自我建构。而嬉戏的自我建构的最大特点,是形塑一个介于统一的自我与多重人格异常两个极端之间的弹性自我(穆尔,2006)。陈怡安认为,线上游戏的魅力,在于方便玩家摆脱现实身份约束、不受时空限制、随心所欲扮演各种角色,甚至改变性别。在这种角色扮演游戏中,玩家更能获得自我实现的满足,而且玩家通过不断升级,来达成持续的自我实现和自我超越(陈怡安,2003)。不少学者强调,网络游戏中的角色扮演,对于青少年缓解压力、增加自我认识、发现自己的潜力、评估现实自我、形成自己对未来工作的概念与自我理想,都有积极的意义(陈怡安,2003;林雅容,2009)。

(四)虚拟交易

网络游戏尤其是大型角色扮演游戏营造了一个虚拟的经济环境,游戏玩家可以在其中通过劳动生产虚拟物品,并与其他玩家交易。有学者认为,网络游戏中玩家之间的虚拟物品和装备交易,形成了一种复杂的互动经济。游戏中的虚拟交易在本质上是一种经济互动行为或社会交换行为,包括玩家与NPC(非玩家控制角色)之间的经济交换,以及玩家与玩家之间的经济交换(黄少华等,2015)。林鹤玲和郑芳芳认为,网络游戏社群中的交换关系,是一种经济理性的交换关系混合青少年文化的糅合体。一方面,玩家之间的交换关系基本上遵循对等互惠原则,赠与行为通常只限于价值较低的实物与装备;另一方面,网络游戏中的资源交换也并非都由经济诱因驱动,玩家对角色投注的文化想象也有重要的影响力(林鹤玲等,2004)。有不少学者具体探讨了网络游戏中的虚拟物品交易模式。例如黄少华等从交易物品角度,发现常见的虚拟交易行为包括宝物换取宝物、虚拟货币交易宝物、虚拟货币换取实物货币、实物货币换取宝物等(黄少华等,2013)。周海平基于交易平台的不同,把虚拟物品交易区分为个人间接交易和中介网站交易两种模式(周海平,2005)。李臣从交易活动方式的角度,把虚拟交易区分为协商、合作和赠送三种形式(李臣,2013)。而周小瑜则根据虚拟物品交易主体,将虚拟物品交易区分为玩家与运营商之间的交易行为以及玩家与玩家之间的交易行为(周小瑜,2011)。

(五)暴力行为

网络游戏中的暴力行为一直是研究者关注的焦点之一。有学者认为,青少年较多接触暴力游戏后,其行为和话语会变得比较激烈,具有攻击性,并且会变得不愿意帮助他人;经常接触暴力游戏,不仅会让青少年对暴力变得麻木不敏感,盲目模仿暴力行为,而且会强化攻击信念,增强控制感,从而诱发攻击行为,增加攻击行为发生的可能性(陈怡安,2003;金荣泰,2001)。村松(Muramatsu)等发现,在MUD游戏中,玩家间的冲突如口角、PK、杀人等现象屡见不鲜(村松,1998)。有针对《魔兽世界》的研究发现,在网络游戏中,玩家之间会出现角斗行为,以及语言嘲弄、作弊等暴力行为。有学者强调,网络游戏所具有的暴力、侵略和竞争特质,加上游戏中复杂的人际关系,容易刺激偷、抢、骗等反社会行为的发生(林鹤玲等,2004)。不过,在暴力游戏对攻击性行为的影响问题上,已有的研究并没有能够获得共识,反而出现了各种"自相矛盾的结论"(罗莫等,2016)。有学者强调,网络游戏并不一定会导致暴力和攻击性行为。史密斯(Smith)认为,现有对网络游戏与暴力行为之间关系的研究,并不能支持游戏与暴力之间存在直接联系的说法(关萍萍,2012)。黄少华则认为,网络的隔离效应,甚至常常会成为阻隔网络游戏暴力向现实世界延伸的缓冲力量(黄少华,2008)。简斯(Jansz)认为,暴力游戏为玩家提供了一个安全、私密的空间,让玩家能够在其中探索在真实世界中无法体验的情感,自由建构认同位置,从而有助于玩家克服现实生活中的不安全感(简斯,2005)。

通过文献回顾,我们发现,学界虽然还没有把网络游戏行为作为一个整体性的、有明确内涵的概念提出来,但已有数量不少的对网络游戏行为某一维度的研究,其中社会互动、团队合作、角色扮演、虚拟交易及虚拟暴力等,是最受研究者关注的网络游戏行为类型,意味着学界事实上已经视网络游戏行为为一个多维度的构念。我们认为,有必要在已有研究的基础上,提出网络游戏行为概念,并将其视为一个包含社会互动、团队合作、角色扮演、虚拟交易、虚拟暴力等维度的整体性构念。网络游戏行为作为一个多维度的构念,其具体内容包括哪些方面?有哪些主要维度?这就是本研究想要探讨的问题。

二、研究方法

本研究在文献回顾基础上,通过深度访谈收集有关网络游戏行为的资料,并运用类属分析法对资料进行分析、归纳、提炼。整个研究过程包括线下面对面访谈与在线访谈、资料提炼与归类、评分者信度检验、维度划分与命名4个阶段。

(一)线下面对面访谈与在线访谈

本研究采用深度访谈方法进行资料收集,具体形式包括线下面对面访谈、在线语音和文字相结合的访谈两类。访谈对象皆为网络游戏玩家,共完成访谈 39 人,其中男性 28 人,占 71.8%,女性 11 人,占 28.2%;这 39 位被访的职业分别为:在校大学生 12 人,公司职员 11 人,中学生 8 人,中学老师 2 人,公务员 2 人,个体经营者 2 人,无业人员 2 人。样本通过偶遇和滚雪球抽样两种方法获得。受访者年龄最小 14 岁,最大 26 岁。对每位受访者的访谈时间,面对面访谈控制在 90 分钟左右,在线访谈则控制在 150 分钟左右。线下访谈用录音笔和纸笔结合记录资料,之后将原始访谈数据输入计算机存档;在线访谈借助 QQ 和微信聊天工具进行,访谈结束后直接将语音和文本内容保存到计算机中。访谈内容主要包括三个方面:首先,询问受访者的网络使用及网络游戏使用情况,如网络使用频率、时长、上网方式、上网地点等,玩网络游戏的频率、时长、设备、类型等;其次,研究者向受访者给出本研究对网络游戏行为的界定,在受访者充分理解概念的含义后,要求受访者根据自己参与网络游戏的经历,列举出自己在网络游戏中的具体行为;最后,要求受访者围绕自己的网络游戏经历,尽可能充分地说出自己使用网络游戏的感受。

(二)资料提炼与归类

对访谈资料的整理和分析,采用类属分析方法进行,把通过访谈收集到的资料录入计算机后,我们首先尝试从原始资料中提炼出具体的行为描述。其具体做法是,课题组对原始访谈资料进行反复阅读和讨论,从中提炼出具体的网络游戏行为描述,形成最初的项目库,这实际上是对访谈资料进行编码工作。在编码过程中,同时统计这些项目的频次。在提炼项目时,我们遵循了三个基本原则:第一,项目必须有明确的中文含义,且含义清晰;第二,不同项目的含义尽量避免重复和交叉;第三,项目必须指向网络游戏的具体行为描述。通过提炼,最终获得具体的网络游戏行为描述共 65 项。

在完成项目提炼的基础上,我们运用类属分析方法对项目进行归类。类属分析是在资料中寻找反复出现的现象以及可以解释这些现象的重要概念的过程(陈向明,2000)。在这个过程中,具有相同属性的资料被归入同一类别,并且以一定的概念命名。在本研究中,我们邀请了6名社会学专业的硕士研究生和3名传播学专业的硕士研究生组成小组,对65个项目进行讨论、归类并删减含义相近的项目。最后,经小组协商达成一致,共保留32个项目,有33个项目被认为与其他项目意思相近而剔除。保留的32个项目分别被归入社会互动、团队合作、角色扮演、虚拟交易、虚拟暴力5个类别中。

(三)评分者信度检验

为了检验类属分析结果的信度,我们另外邀请了2位社会学专家、2位传播学专家和1位网络游戏设计师对上述类别划分进行评估。首先把研究背景及类别定义告知5位专家,请5位专家各自将32个项目归入5个类别,分类过程由5人独自进行。5位专家的划分结果可能会出现以下6种情况:5人一致(即5人都将此项目归入相同的指定类别),4人一致,3人一致,2人一致,只有1人同意,以及没有人同意(即5人中没有人将此项目归入指定的类别)。分类结束后,我们发现有28个项目至少有3位专家的归类一致,视为通过评分者信度检验,其余4个项目则最多只有2位专家归类一致,被剔除。

(四)维度划分和命名

对通过评分者信度检验的28个项目,我们邀请专家小组对其进行最后的讨论和维度确定。专家小组由上一阶段的5名专家,再加上2名传播学专业博士研究生和2名社会学专业硕士研究生组成,他们均熟悉本次研究的背景和目的。我们要求每位专家对经过类属分析保留的项目做进一步归类,并说明归类的依据。经过两轮意见反馈,9位专家的分类基本达成一致,形成最终的网络游戏行为维度,包括社会互动、团队合作、角色扮演、虚拟交易、虚拟暴力5个维度。在此基础上,综合考虑量表的内容效度、文字表达清晰性和简洁性，进一步将28个项目进行合并简化，同时对部分项目的表述进行了修改，最后形成了网络游戏行为测量量表（见表1.1），共包含20个项目。

表1.1　　　　　　　　　　网络游戏行为的维度与指标

变量	维度	指标
网络游戏行为	社会互动	在游戏过程中与其他玩家聊天 做任务时与其他玩家相互帮助 赠送游戏装备或游戏币给其他玩家 与其他玩家进行情感交流
	团队合作	加入或组建游戏团队（如公会、血盟等） 参加公会组织的集体打副本、做任务等活动 为所属团队的利益牺牲自己 在做任务时与其他团队成员积极合作
	角色扮演	在游戏中通过扮演多个角色获得成就感 通过获得装备或增加经验值获得成就感 在游戏中不断挑战困难感觉很爽 在游戏中不断升级获得成就感
	虚拟交易	出售自己在游戏中获得的装备或材料 用游戏币向其他玩家购买装备或材料 与其他玩家交换游戏装备 用现金向其他玩家购买装备或材料
	虚拟暴力	在游戏过程中辱骂其他玩家 用欺骗或暴力对付其他玩家 在游戏过程中抢夺其他玩家的装备 在游戏过程中杀死对方角色

三、资料分析与讨论

本书通过文献分析和深度访谈归纳的网络游戏行为维度有较为理想的一致性。下面，我们结合访谈资料，对网络游戏行为的5个维度进行初步分析和讨论。

（一）社会互动

社会互动是网络游戏行为中最受学界关注的重要内容。不少研究发现,网络游戏不同于传统游戏的地方,就在于游戏玩家能够共同在线玩网络游戏,并且可以在游戏过程中展开聊天、赠送装备、帮助他人、交流情感、与其他玩家PK、竞赛等互动行为。我们在访谈中也发现,网络游戏中的社会互动,包括聊天交友、互相帮助、情感交流等,是受访者经常提到的游戏行为。聊天交友行为如"在游戏过程中与其他玩家聊天""做任务时与其他玩家相互帮助"等,在网络游戏中极为常见,玩家正是通过聊天交友,来满足自己获取信息、与他人交往、获得帮助、寻求认同等需求。

"和玩家聊天,什么都聊,这个就类似QQ聊天一样,只是游戏内容的比例占得多点……"(F01)(F表示被采访者为女性,M表示被采访者为男性)

"除了练级跑任务就是到处逛、聊天、找MM玩之类的,就是找几个异性玩家,聊聊天什么的……换了好几个游戏了,但有些游戏里的朋友一直保持联系。"(M23)

"玩游戏可以交朋友。就像女生喜欢聊天交友,我喜欢通过游戏交友,只不过是不同的交友方法而已。"(M21)

"在公会里,如果没有活动的话,大家也可以聊天,比如今天看什么电影啦、遇到什么不开心的事情啦,聊聊学习,聊聊生活,什么都可以聊的。我喜欢唱歌,就下载了那个团队语音,没事的话就去某个频道听别人唱歌,那里面一般女玩家比较多,听她们唱完,我自己也选歌来唱,唱完之后,她们就开始说啊,谈论啊。"(F11)

网络游戏世界是一个虚实交织的世界,为玩家提供了一个可以随时连线的互动交流平台。在游戏过程中,玩家可以和素未谋面的人相遇、相识,展开互动,并发展出真实的友谊。我们在访谈中发现,在网络游戏中展开的社会互动,通常以游戏任务、攻略、合作为主要内容,但也会围绕学习、生活、工作、情感等进行交流,涉及的内容相当广泛。

"在执行任务的时候可以和其他玩家互相帮助,然后聊一聊,加个好友。就是聊有什么任务啊之类的,一起玩嘛。然后有

些生活中的烦心事,也唠叨唠叨,再吹吹牛。"(M12)

"打副本的时候肯定是聊游戏,平时一个公会的朋友聊天肯定什么都聊。我们有自己的QQ群,学习情况啊,工作啊,有什么好看的电影啊,等等,都聊。"(M21)

"聊游戏里的事情,打探不同族群的情况,聊游戏攻略,相约去打游戏。个别的我们交换了QQ,成了经常联系的网友,有时候会给他说说学习、生活上的烦恼,偶尔也聊聊情感上的问题。"(F02)

"我在游戏中有一些朋友,大家除了一起做任务,也经常一起聊天,比如他们是什么职业啊,在哪个学校啊,学什么专业啊,公会里面的一些女生也有给我传她们的照片。"(F11)

由于网络游戏中的情节和任务设计常常较为复杂,因此需要玩家在游戏过程中互相配合和帮助。在网络游戏中,相互帮助构成了社会互动的一个重要面向。按照社会交换论的观点,相互帮助是一种社会交换,获得包括快乐、爱、满意和赞赏等内在报酬,以及金钱、装备、帮助和服从等外在报酬。玩家在网络游戏中借助问路、送装备、帮忙打怪、互相倾诉等方式展开的社会互动,也能获得类似的社会报酬(朱丹红等,2013)。

"经常会遇到困难,遇到过不了的关,我就在关门口找人帮忙。很多人会帮忙,帮忙可能会耽误他们一些时间,但会增加他们的声望值,游戏里能显示出来的,声望值高了,才能当老大。"(F02)

"刚进游戏的时候,什么都不知道,经常迷路,经常把自己弄死。师傅都是时刻不停地陪着我,指导我,帮我准备游戏需要的物品,告诉我应该怎么做任务,直到现在我还很感谢我的师傅。现在我也有了徒弟,我也会很照顾她。她在游戏里以及平时都很崇拜我,我很知足。"(F03)

"给友方买药,把自己的药给他吃。帮友方卡位,在敌人追

自己残血的战友时自己挡在他后面,不让敌人追上他。"(M10)

"参加公会,也就有个归属了。可以买卖装备,一起做任务。我们公会的宣言是,以我们的青春创建最完美的团队,以我们的热血打造最优秀的公会!……在公会中,大家像兄弟,互相帮助。"(M22)

有时候这种帮助不仅仅局限于任务操作,玩家甚至会赠送游戏装备或者游戏币给其他关系好的玩家。

"一些自己用不到的装备就放帮派仓库。或者自己关系比较好的,就借给他一些装备、金币什么的,有时也就不用还了。"(M23)

网络游戏世界是一个虚实交织的场所,玩家在游戏过程中建立的关系既虚拟又真实。在游戏世界中,人们不仅能够和现实世界中的朋友互动,而且能够与陌生玩家建立起既遥远又亲近的人际关系。

"有的人老是在游戏中碰到他,觉得挺巧,就加了。游戏以外的事情也会聊,和同学不太说的烦恼啊什么的,和他们在QQ上说。游戏对我好的方面的影响就是,帮我找到了一些新的朋友。"(M06)

更进一步,不少玩家不仅在游戏世界中与陌生人展开互动,随着关系的深入,这种关系甚至会延伸到现实世界中,导致线上线下关系相互交织。

"有些朋友很谈得来,偶尔去旅游,也会联系一下。去南方的时候,到他们的城市也就联系一下。偶尔他们也会到北京来玩,跟我联系,也就出去聚聚,吃饭,唱歌,玩啊什么的。一般先留QQ或者微信,然后更熟悉了,就留手机号码。"(M03)

"有的QQ联系,相当熟悉的人,也有线下联系的。比如一起玩的,比较熟的好友孩子满月啦,方便的就去喝满月酒。我说喝满月酒那个,就是QQ上通知大家的。后来大家还讨论给孩子起个什么名字呢。"(M12)

网络游戏世界虽然是一个玩家身体不在场的虚拟世界,但是由于玩家的深度参与和互动,在客观上创造了一个可以让玩家共享情感的真实平台。随着网络游戏设计不断植入与现实世界相仿的生活场景,网络游戏中的婚恋情感行为受到了不少玩家的追捧。一些玩家在玩网络游戏的过程中,与其他玩家发生或虚拟或真实的感情,在游戏中结成伴侣,个别玩家甚至把这种情感延伸到现实世界中,在现实社会中迈进了真实的婚姻生活。

"我在游戏中有4个老婆,其实不算多,我朋友有的有10来个老婆呢。反正是游戏嘛,谁会当真,我就图个开心,游戏中有女的陪着玩,多爽啊。有的我找她要照片或者要求视频聊天,逗逗她什么的,说几句'老婆,我爱你'之类的话,这也算我放松自己的一种方式吧……我在现实中有老婆的,我结婚好几年了,游戏嘛,玩玩而已。"(M17)

"我和一个比我级别高的熟人结的婚,之前加入过他的团队,他老帮我做任务,打到武器或者一些有用的东西,他也不抢都让我先挑。后来加了QQ,经常聊天,也知道他的一些个人信息,他在内蒙古工作,比我大八九岁,我们挺谈得来的。后来有一天一起玩游戏,他提议说在游戏里结婚,我想了想就同意了,我觉得他在游戏里能照顾我,保护我,那就嫁给他吧。反正也不是真结婚。"(F02)

尽管游戏为玩家提供了婚姻这种情感模式,玩家可以在游戏中经历从订婚到结婚,再到婚后一起升级打怪等情感过程,但游戏中的婚恋作为游戏的延伸,在本质上是虚拟的。不过,我们在访谈中发现,无论是为了追求精神愉悦或寄托,还是为了提高角色功力或等级,不少玩家在游戏中与异性角色发生的情感体验却是十分真实的。

"当时我女朋友也玩这个,所以我俩就结婚了。我当时玩得很入迷的,玩这个游戏是需要充点卡的,就是花钱买时间才能玩。我和我女朋友有的时候不吃饭都要充点卡,有时候一天就

吃一顿饭。那游戏上面的婚姻也很现实。"(M11)

"他在游戏里老是'老婆老婆'地叫我,后来发展到在QQ上也这么叫。我又生气又有一点儿开心,之前我也没谈过男朋友,但是我觉得和他太远了,也不可能有进一步的发展。认识了一年多之后,我在学校里找了男朋友,我很少去玩那个网游了,渐渐地也就不和那个人联系了。"(F09)

不过,也有少数玩家,会将在网络游戏中的婚恋行为延伸到线下世界,从虚拟情感体验走向现实婚姻生活。

"我曾经有过一两个游戏中的老婆吧……结婚哦,也是游戏行为的一种吧。到处逛嘛,然后碰到个聊得来的异性玩家,谈得挺好,就结婚啦。这可是自由恋爱!但没有发展到现实中的恋爱。但是有些人是真的结婚了,我认识一个上海的MM,谈得很好,而且很漂亮。她就是跟一个玩游戏认识的人结婚了。不过婚后生活比较不开心。"(M23)

(二)团队合作

玩家之间的合作一般通过工会或者血盟等团体进行。在网络游戏中,玩家加入团队的原因多种多样,如"共同完成一个人完不成的任务""游戏很黑暗,总是被虐"等。为了应对游戏中遭遇的生存困境,确保角色的成长与成功,加入团队常常是游戏玩家基本的生存策略。出于商业考虑,网络游戏公司无论是在角色设计还是任务设计时,都会将团体行动需求嵌入游戏结构中,以鼓励玩家之间的合作,如《魔兽世界》里某些副本任务都有人数要求,必须合作才能完成,而且这些需要玩家联手完成的任务,也往往更具挑战性。因此,大多数游戏玩家的在线活动,都与公会、血盟等团体有关。一定程度上可以说,公会或血盟是大型在线游戏玩家在线活动的重心。

"我玩游戏就是跟大家一起,公会有行动我必须参加。不然,以后谁还带你玩呀。而且公会里面的人对我都很好,没有他们,我也不会成长得那么快。"(M14)

"打副本任务必须组队。也有帮派。加入帮派,买东西会有优惠。"(M20)

"组队挺讲究缘分的,先是遇见了,然后互相邀请组队共同杀敌,慢慢熟悉起来,就这样。一个团队里人数相对固定,有时候相识的朋友不在线,会由在线的朋友开着号一起组队。"(M27)

"做做家族任务和帮会任务,然后和家族的朋友聊聊天,侃大山。家族的这几个朋友关系都非常好,不然我早就放弃这个游戏了。"(F09)

网络游戏团体是一个小型的社会组织,有着自己的组织规范和组织文化。身处组织内部的玩家,会受到这种组织规范和组织文化的约束。团队成员的相互合作,既能够保障团队利益的实现,也能够让玩家借助团队达成自己的利益。在网络游戏团体中,玩家之间经常互相合作、互相帮助,以维护和壮大团体利益。合作是游戏团体成员最重要的行动表现,这些行动包括组队练功、借用装备或宝物、与其他团队 PK 等。

"在游戏里挺注重合作关系的。我觉得游戏里最重要的,一个是技术,一个就是人与人的配合,默契合作。"(M05)

"团队内部的人经常会合作,相互帮助,特别是大帮派……我打了某个帮派的成员,尤其是骨干成员,我就被他所在的整个帮派追杀、群殴。有一次我被别的帮派的人欺负了,我告诉我老大,我老大立刻停下游戏,找那个人单挑,我老大级别高,三下两下就把那人放倒了。"(M23)

"我只要和别人组团,结成帮派,我都会听话,听组织安排,组织让我负责哪一块的任务,我就专心负责,集中精力。我还做过团队的领袖,统领全队打怪,做任务,帮新手出头。有些时候团队内部也会有分歧、矛盾,成员之间也会闹不愉快……但关键时刻,我们之间分工协作,相互配合,完成得还是很好的。"(M20)

在游戏过程中,团体领袖如血盟盟主通常会主动承担照顾盟员的责任,甚至牺牲时间和装备协助盟员。即使是普通成员,也常常会为了团队利益而牺牲自己的利益。

"我都是玩医生号,给队伍加血什么的。除非是我先挂,不然大家是不会挂的。"(F01)

"如果团队需要,我会义不容辞!我在游戏中做恶魔术士,有时候自己放弃点儿数据不算什么,团队就能少4%的伤亡,或者多套一个盾,我觉得挺值得。在一个团队里,不能只为自己游戏。"(M24)

(三)角色扮演

网络游戏创造了一个机会,让玩家可以在游戏中通过角色扮演,进行自我呈现,塑造自我面貌,拓展自我认同,获得自我实现。网络游戏让玩家以前所未有的自由度,在线扮演各种各样的角色,既可以是与现实世界较为接近的真实自我,也可以是与现实世界中的自我截然不同的理想自我。虚拟角色扮演是网络游戏赋予玩家的一种虚拟社会身份选择。与现实社会中的先赋角色不同,在虚拟的游戏世界中,玩家能够自主选择性别、职业等在线角色,从而打破现实社会身份的束缚。借助虚拟角色,玩家能够建构和塑造另一个甚至几个不同的自我。在网络游戏中,有很多玩家会尝试扮演各种不同的角色。

"我在游戏中有过多种角色,有时候我会选择一个很暴力的角色,男性角色,但是其实我是个女的。也不是故意想骗人,我觉得游戏嘛,不用那么当真。而且我平时被人说成柔柔弱弱的姑娘,我尝试在游戏中使用暴力、杀人啊什么的,感觉挺好的,很刺激。我以前太循规蹈矩了,没遇到过这种刺激。"(F10)

"我现在都有四个号了,那天我一激动差点又玩一个号。我现在的四个号,分别是战士、法师、猎人和骑士,不过我平时最喜欢的还是战士,很勇猛,很威风。玩不同的职业就会有不同的感受,既然玩就多玩几个。"(F11)

杜宪勒(Ducheneaut)等学者发现,玩家在网络游戏中的不同参与方式,塑造了不同的自我面貌。例如,有的玩家热衷于在游戏中练功升级,而有的玩家则以社会互动、凝聚公会为主要目标(杜宪勒等,2006)。杨馥祠和廖长彦基于伊(Yee,2006)提出的网络游戏动机模型,提出网络游戏中的自我认同包括成就认同、社会认同和沉浸认同三种类型(杨馥祠、廖长彦,2009)。在访谈中我们发现,以升级、成功、竞争等为核心的成就认同,和以社会互动、团队合作等为核心的社会认同,构成了青少年玩家自我成就感的核心内容。

在网络游戏中,玩家不仅可以自主地选择游戏角色,而且可以改变游戏情节。网络游戏虽然有设定的故事框架和脉络,但这种故事框架和脉络是开放和多线的,玩家可以在开放、多线的故事框架和脉络下,依据自己对游戏的理解,推动情节和故事的发展。玩家对情节和故事的选择,常常与玩家的自我期待有关,不同的玩家会以不同的自我面貌融入游戏世界,借助游戏实现自己的成就认同。

"我喜欢探求游戏的各种秘密,比如研究游戏的攻略、技巧或者寻找一些小bug,这样我就能够更好地掌控游戏,更快地升级或者打败对方。知道一些小窍门是很受人羡慕的,为了得到游戏攻略,我加入了不少游戏群和游戏论坛。"(M15)

"每个人的爱好不一样。我喜欢去答题考试,虽然大部分题目的答案都是搜索出来,但是时间长了也长见识呀。我女朋友就喜欢换服装,花钱买了不少衣服了,她觉得女孩子在游戏里也应该美美的。"(M19)

不同的玩家,因为动机和爱好不同,会有不同的成就认同。有的玩家热衷于打怪获取宝物,提升自己的等级;有的玩家喜欢寻找游戏中的漏洞,探索游戏中的小窍门,获得其他玩家的羡慕和尊敬;有的玩家则认为竞争和厮杀才会给自己带来成就感。但无论哪类玩家,只要认真参与游戏,愿意花时间投入游戏,都能在游戏中获得成就感。

"我有时候就需要网络游戏带来的那种稳定的存在感,只有在游戏里,才能确定我会成功,确定我是在做感兴趣的事情。这种感觉让自己觉得自己不是迷失的。有时候我会想,这就是我想要成为的样子。"(M18)

"比如我今天这个任务完成了,打死了一个非常强大的怪,还拿到一件很不错的装备,别人都很羡慕我,我就觉得挺有成就感的。有时候下副本赚了很多钱,也让我很有成就感。"(M02)

"在游戏中,帮助别人杀死一个怪,别人就会谢我,让我很有成就感。"(M09)

"我还做过团队的领袖,统领全队打怪,做任务,帮新手出头。有些时候团队内部有分歧、矛盾,我就负责调解,解决纠纷,因为我是老大,所以他们都很听我的。哈哈,现实中没那么多人听我的话。"(M20)

"我练到级别高的时候,装备特牛,一出来很多人赞、羡慕。后来我组了个盟,大家推我为盟主,比武侠里的盟主更威风。我也很照顾跟我的弟兄,我们一起努力,扩大盟的边界和装备,真自豪啊。现实中我没体验过这种感觉。"(M07)

在网络游戏中,玩家是通过虚拟身份来展示和呈现自我面貌的,因此,在网络游戏中借助"乔装打扮"或戴面具来呈现角色面貌,是玩家建构和展示自我的重要途径。玩家在游戏中必须创造一个角色作为自我的表征,不少玩家会在游戏中借助服装、道具、装备进行自我呈现。

"玩牌的时候,我花钱买各种好看的衣服穿,别人都穿最简单的衣服,我可不想那么普通,还有些人甚至光着身子,很难看。开始是用Q币买,后来觉得不合适,就弄了个蓝钻,玩游戏有特权,买服装什么的可以打折。"(M05)

"选服装的时候,我都选黑色或者灰色的,我觉得暗色的服装给人感觉很酷,有黑衣人的味道。服装是要买的,我拼命练级,卖了不要的武器给自己买新的服装和装备,因为我的服装和装备好,很多人都特崇拜我,愿意跟着我混。里面其实很多人比

我年龄大,呵呵,我今年 14 岁。"(M08)

角色扮演是网络游戏赋予玩家的一种虚拟社会身份选择。与现实社会不同,在虚拟的游戏世界中,玩家能够借助虚拟角色,建构和塑造另一个甚至几个不同的自我。贝西埃(Bessiere)等发现,玩家在游戏中建构和塑造的自我,常常具有与理想我相似的属性(贝西埃等,2007)。玩家通过虚拟角色扮演和角色互动,尝试发现另一个自我,以虚拟角色呈现自我特质,获得虚拟认同(林雅容,2009),实现自我成就感。

(四)虚拟交易

在参与网络游戏的过程中,玩家需要不断地投入时间与心力,以获取和积累虚拟宝物及虚拟货币,推动游戏角色持续升级。如同在现实生活中一样,网络游戏中也存在一定的经济活动,玩家之间可以在游戏过程中交易或买卖。有些玩家为了快速获取自己渴望的宝物,常常借助虚拟交易达到目的(骆少康,2007)。据调查公司对 5 000 名欧洲和北美游戏玩家的调查,发现有 88%的玩家有过虚拟交易行为,其中 60%是交易游戏中的道具。[①] 常见的虚拟交易行为,包括用宝物换取宝物、虚拟货币交易宝物、虚拟货币换取实物货币、实物货币换取宝物等。玩家之间可以相互交换虚拟物品,也可以用一定数量的游戏币买卖虚拟物品。例如,在《魔兽世界》中,有这样的描述:

"主城相当于一个大城市,人数众多,里面构建了一个很大的商业区,有拍卖行、银行等,玩家到了 70 级以后需要经常去主城办一些事情,比如去银行存款,去拍卖行拍卖。主城里还有各种各样的披甲、锁甲,在那里玩家可以自由买卖。"(M25)

随着网络游戏的不断发展,玩家之间的虚拟物品交易,甚至延伸到现实世界中,玩家用实物货币买卖虚拟物品。

"我原来玩联盟法师的时候,赚钱很快,法师带别人赚钱很

---

① 《虚拟交易横扫欧美,五年内市场将达 30 亿美元》,http://www.gmw.cn/content/2010-04/07/content_1087159.htm.

快。有一次打J团我赚了一千多金,就是游戏里面的金币,当时,一个玩家想跟我交易,他花30元人民币给我充了点卡,然后我在游戏里边给了他一千多金。"(M11)

"在游戏中可以打到或者采集到各种材料,这些东西可以搞成装备或者宝石什么的,可以直接卖材料也可以卖装备,攒金币。"(M09)

"我现在最需要补强的装备就是一只九头孔雀,但是购买需要5 000个金币或者20元钱,还是抓紧时间屠龙吧,再杀400条龙就可以用我的7级屠龙剑去换鹤啸天的九头孔雀了。"(M24)

有的玩家从网络游戏虚拟交易中发现了商机,将玩游戏作为一种赚钱手段。"我在游戏上赚RMB。就是打装备,然后卖给别的玩家。一件好装备能卖上好几千块钱。我第一次卖装备,就卖了600块钱。"(M07)不过,在访谈中我们发现,尽管网络游戏中的虚拟物品、虚拟货币可以兑现为实物货币,但大多数青少年玩家在网络游戏中的虚拟交易行为,主要目的并不是谋求经济利益,而更多是为了获取对游戏有帮助的宝物,以帮助自己升级,提升自己在网络游戏中的成就感,或者就是为了收藏自己喜欢的虚拟宝物。如受访者M08说:"我的梦想就是拥有一套黑蝙蝠,到时可以挑战一下怀光神马的,再炼几天吧,到时把八卦石套装卖掉,再拼上点大洋,咬牙买了呗。"(M08)受访者M07在用宝物换取实物货币的同时,也会用交换获得的实物货币为自己的角色增添装备,以提升角色的能力。"死灵要的就是群殴的效果,我再躲一边加个伤害诅咒,BOSS也不够我玩的,顶多半分钟。我点加完所有的技能还富裕,就拿去摆摊呗,卖掉再买些,这几天系统又添加一些套装,看起来很不错。"(M07)

我们在访谈中发现,不同的青少年网络游戏玩家,在游戏过程中从事虚拟物品交易的动机也是不同的,但总体而言,提升角色等级和角色能力,在游戏过程中获得成就感,是最主要的行为动机。由此可以说,网络游戏中的虚拟交易行为具有工具性与情感性交织的礼物经济特征。

(五)虚拟暴力

青少年在网络游戏中的暴力行为及其可能引发的后果,是颇受人们关注的问题。所谓网络暴力,是指那些对个体或群体的安全和健康产生持续伤害的在线行为,这种伤害包括肉体、心理和感情等多个层面(赫林,1999)。在网络游戏设计中,存在着许多暴力场景和暴力内容。有研究显示,青少年在网络游戏中存在着不少的暴力行为和暴力话语,如语言攻击、角色攻击、杀死角色、抢夺装备、骗装备等。

"一些人有钱,但是不谦虚。玩游戏玩不过就骂人。"(M08)

"我出牌出得慢,有人就会骂我,我的对家就会帮着我骂他。"(F04)

"有个人老是出牌很慢,我就忍无可忍,就骂他。还有就是别人骂我我回骂他。"(M05)

"我还是新手的时候遇到过骗子,骗我装备。和我一起玩游戏,说好有装备了各取所需,结果打了装备了他直接拿了就跑。还有人骗我游戏币,交易的时候本来说好他给我100游戏币,结果他自己修改成10了,我损失90游戏币。"(M28)

有学者认为,网络游戏中的暴力行为,与网络空间中玩家的身体不在场密切相关。同时,网络游戏设计在客观上提供或鼓励各种竞争和杀怪升级行为。目前流行的网络游戏,大多包含暴力内容,有些网络游戏甚至将暴力美化为英雄、爱国和正义行为,这客观上对青少年的暴力意识和暴力行为起了一种激发作用(黄少华等,2017)。面对各种怪兽、菜鸟、敌人或仇家,攻击常常成为游戏玩家在游戏过程中常见的行为选择。

"打架、或者开红名杀人,然后再挂白。也有时脑子发热,半夜开红杀挂机打怪的号。有些游戏有竞技场,在里面打架,不会变红名;还有就是帮派战,开了模式也不会变红。如果是这两种以外的,游戏里杀了人名字都会变红,或者受到其他惩罚。我玩的那种是善恶值,杀了人善恶值就变负,名字也变红。这时候如果被人杀,就会掉装备或者掉背包里的物品。"(M23)

"有人会欺负新手或者级别低的人。我被欺负过,那家伙滥杀无辜,最后我们团队里几个级别高的,把他干掉了。为朋友两肋插刀,游戏里也是。"(M27)

"我喜欢在游戏里杀人。尤其我老婆欺负我的时候,我上游戏里看谁不顺眼就揍谁。"(M28)

由于游戏强调的生存法则是级别,为了升级,有些玩家还会在游戏过程中抢夺其他玩家的装备,有时这种抢夺甚至发生在团队内部。

"有的时候团长开出一个极品装备,例如凤凰坐骑,就自己抢了,直接退组了,也不怕别人刷屏骂。还有高手抢夺新手的装备,等等。"(M09)

在网络游戏过程中,报复常常是引发暴力行为的一个重要原因。有些玩家往往为了报复而去攻击他人。

"有一次,我带队遇到跳队(注:游戏中背叛团队,影响团队利益的行为)的人。他跑了,我就什么事也不干,开了强行PK,到处找他,直到把他杀了为止。"(M07)

"在某些中立的地方,我们都会遵守和平规则,可是有些玩家偏偏跑到那里去搞偷袭,不让别人做任务。我很生气,会反击,有时候叫上老大和其他兄弟,去PK。"(M19)

值得注意的是,青少年玩家在游戏中的虚拟暴力行为,如果满足某些特定情境或条件,例如共同在场或者相识,甚至有可能引发现实生活中的暴力冲突。

"打怪掉宝,有个人老跟着我,我打了怪,他就马上抢宝,我都来不及拿就被他拿走了。我很生气,两个人都骂起来了,他骂街很难听。我同学中有个认识他的,知道他成天混哪几个网吧。我那次非常生气,当下就带着我几个同学找他打架了。两个人都流血了,之后他老实了很多。"(M28)

"我和几个同学组成团队,有个同学级别低,还老不服从管理,挺自私。有次作战,他不合作,去捡一个装备,我们团瞬间崩

溃了。我一下急了,找到他上去就是一拳。"(M08)

在网络游戏中,以不正当手段欺骗他人以获取利益的欺骗行为,也是虚拟暴力的一种重要形式。网络游戏中的欺骗行为,主要表现为游戏作弊、骗取装备、盗号盗装备、骗取钱财等。

"盗号,把号上的东西都卖了然后金币换点卡,或者盗号骗钱,或者直接交易的时候,他把东西点没了,让你白花钱,很无耻啊。或者本来是我这个职业用的装备,他也 roll 点,最后被他拿走了,这个情况最多。"(M09)

"交易时候的诈骗,买游戏币或者装备的时候。你要卖一把刀,应该是 30 000,但是他只给你了 3 000,交易时你没注意到,很影响心情。"(M20)

网络游戏世界的身体不在场、虚拟性特征,容易激活人性中的消极面,降低参与者的社会责任感,从而导致传统道德规范的弱化甚至消解,现实生活中的伦理规范弱化甚至被束之高阁(黄少华,2010)。在网络游戏中,男女之间公然的打情骂俏、性骚扰等也屡见不鲜,婚姻爱情的真实与神圣,被谎言与低俗所取代,感情成为某些玩家骗取物品、金钱的一种手段。

"一般都是女的骗男的,当然也有男的骗女的。有的游戏里一个女孩子不知道有多少个游戏老公,反过来也是一样。让异性帮助她升级,有时候趁机借钱,然后不还了,或者骗钱等。"(M03)

"他叫我老婆,我让他给我买衣服理所应当啊,要不让他做我老公干什么,哈哈,我找他给我花了不少钱,有 2 000 到 3 000 块钱的吧。他自愿的,我又没强迫他。他追我追得挺勤的,但是玩游戏啊,谁会答应他!"(F10)

青少年在玩网络游戏过程中的暴力行为及其对现实社会行为的负面影响,是人们对网络游戏充满焦虑的一个重要原因。学界对青少年网络游戏行为的研究,也非常关注网络游戏中的暴力行为。但是本研究通过对青少年玩家的访谈发现,在青少年眼里,网络游戏不仅仅只有欺骗、暴力等负面影响,网络游戏还集合了信息、娱乐、互动、合作、竞技、交易等众多正面功能。玩家在网络游戏中不仅会参与欺骗、暴力等负面行为,而且更多是在参与探险、竞争、互动、合作、交易等积极社会行为。通过访谈我们发现,青少年玩家不仅在网络游戏中建构了复杂的社会关系,开展了不同程度的社会合作,而且引入了对身份进行游戏的种种新可能(波斯特,2000)。网络游戏导致了多元、不确定、流动的自我建构,并通过这种自我建构获得了自我实现的成就感。

四、结论

按照实证研究的理论逻辑,概念是有结构的。明确有效的概念结构分析,是对变量进行科学测量的基础。本研究提出了网络游戏行为概念,并运用文献分析和深度访谈,对青少年网络游戏行为的结构进行了初步的探索性研究,发现网络游戏行为是一个包含社会互动、团队合作、角色扮演、虚拟交易和虚拟暴力等维度的多维度概念。本研究对网络游戏行为所做的质性分析,为进一步梳理和澄清青少年网络游戏行为的测量维度,提供了初步的基础。后续研究可以在此基础上,发展出科学合理的测量工具。

网络游戏中的暴力内容、青少年在玩网络游戏过程中呈现出来的暴力倾向及其对现实行为的负面影响,是导致人们对网络游戏世界充满焦虑的一个重要原因。以往国内学界对青少年网络游戏行为的研究,也侧重于关注网络游戏中的暴力及网络游戏成瘾等偏差行为。但本研究发现,青少年的网络游戏行为,虽然存在着上述行为偏差,但总体而言,青少年在网络游戏中的行为倾向,更偏向通过游戏实现社会互动、团队合作和自我认同。青少年在网络游戏中建构了一种复杂的社会关系,这种虚拟社会关系甚至可能成为青少年在其他社会场所展开互动的基础(Jenkins,1998)。同时,网络游戏也引入了对身份进行游戏的种种新可能(波斯特,2000),为青少年提供了一个自己能够操控的自我认同形塑空间。

穆尔认为,网络游戏之所以有这样的形塑自我认同功能,是因为游戏具有嬉戏的维度。在网络游戏中,一个玩家可以有很大的自由来决定行为的结果,因此游戏必然是多线性的,会导致多元、不确定、流动、零散和碎片化的自我认同建构。"在嬉戏世界中,玩家与游戏所揭示的各种可能性的空间产生认同,可能行动的领域被反思性地运用于自身,与制定的规则相连的各种可能结果的无限性被内化,被挪用和吸收,结果改变了玩家的认同。"(穆尔,2006)

需要说明的是,本研究仅仅是对网络游戏行为结构的一个初探性质的研究,无论是样本的代表性,还是资料收集方法,都存在着明显的不足。因此,本研究的相关发现,尚需通过收集其他资料(尤其是定量数据)做进一步的分析和验证。

第二章 网络游戏行为的情感维度

一、研究背景

今天,互联网已经全方位地侵入了人们的日常生活,尤其对于青少年来说,网络更是他们展开日常生活的主要平台与场域。网络游戏因其虚拟现实性、情感体验性、交互性、社会性、娱乐性、沉浸性等特征,已成为青少年日常娱乐、社交、自我表达和呈现的重要场域。中国互联网络信息中心发布的第52次中国互联网络发展状况统计报告显示,截至2023年6月,我国网民规模已达10.79亿,互联网普及率达76.4%,其中网络游戏用户5.5亿,占网民整体规模的51.0%,而青少年则是网络游戏用户的主体。

目前学界对青少年网络游戏的研究,主要集中在以下几个方面:

(一)网络游戏行为

对网络游戏行为的研究,是学者关注的焦点之一。社会学、心理学、传播学等学科的学者,对网络游戏中的社会行为进行了多学科的研究。黄少华和刘赛借助深度访谈方法探讨了网络游戏行为的结构,认为网络游戏行为是一个包含社会互动、团队合作、角色扮演、虚拟交易和虚拟暴力等维度的多维度概念(黄少华等,2013)。钟智锦通过对467名网络游戏玩家的问卷调查,发现大部分玩家在游戏中有社会化行为,如团队合作,合作是玩家在虚拟世界生存和发展的必要手段,同时也给玩家带来了具有实质性意义的社交生活和集体生活。游戏中的社会化行为是玩家喜爱甚至沉迷于网络游戏的重要原因(钟智锦,2011)。刘瑞儒等借助量表对814名陕西青少年进行的定量测量,发现青少年的网络游戏行为包括正向激励、学习懈怠、行为失度、生理疲劳、游戏依赖和人际疏远六个维度(刘瑞儒等,2011)。

(二)网络游戏动机

学界对网络游戏动机的研究,大致存在两种分析思路:一种是借助需要层次论、成就动机论等动机理论视域,来界定和梳理网络游戏动机;另一种思路是运用心理实验、深度访谈、田野观察等实证研究方法,对网络游戏动机进行经验归纳。在这些对网络游戏动机的研究中,乐趣、愉悦是最受研究者关注的游戏动机,成就感、社交、沉浸、放松、娱乐、逃避等也受到较多关注,其他受研究者关注和探讨的网络游戏动机,还包括幻想、自我呈现、角色扮演、团队合作和攻击、增加虚拟财富等(魏华等,2011)。多里亚(Dauriat)等人通过对696名玩家的在线调查,发现成就感、社交、沉浸、放松、逃避是玩家参与MMORPG的主要动机(Dauriat et al.,2011)。林(Lin)等人采用市场营销学中的"方法目的链"(MECs)作为理论模型,运用深度访谈方法收集资料,发现增加互动、获得愉悦、提高效率、虚幻满足、获得胜利、新奇保证、增加财富、减轻压力是游戏玩家追求的游戏目的;角色扮演、界面互动、多人游戏、独立游戏、虚拟宠物是玩家注重的游戏特征;而玩家追求的价值目标,则包括愉悦、成就感、与他人情感联系、归属感和安全感(Lin et al.,2011)。布兰吉(Beranuy et al.,2013)等人运用扎根理论,对9名正在治疗中的网络游戏成瘾玩家进行了质性访谈,发现寻求愉悦、逃避现实和虚拟交友是游戏成瘾玩家的主要游戏动机。比利克斯(Billieux)等人招募了690名《魔兽世界》玩家,经过长达8个月的跟踪监测,发现团队合作和竞争是《魔兽世界》玩家最重要的游戏动机(比利克斯等,2013)。格雷厄姆(Graham)等人借助利克特量表对1413名《魔兽世界》玩家进行测量发现,网络游戏动机主要包括社交动机、成就动机、沉浸动机、领导动机和独立动机(格雷厄姆等,2013)。格里菲斯等认为,体验控制感、升级带来的快感和成就感、人际沟通和情感交流是最主要的网络游戏动机(格里菲斯等,2004)。尚俊杰等通过对网络游戏玩家描述游戏经验的30篇文章的词频分析和内容分析,将玩家的网络游戏动机归纳为休闲娱乐、社会交往、成就、权力、逃避和刺激、角色扮演、满足好奇心、战胜自我、满足认知和赢利等(尚俊杰等,2006)。李仪凡等借助深度访谈和焦点小组方法,归纳出网络游戏玩家的主要游戏动机包括成就动机、亲和动机、领导动机、攻击与贬低动机、探索动机、性的动机和赚钱动机(李仪凡等,2005)。他们以此为基础开展的后续定量研究,又进一步把网络游戏动机区分为领导、沉溺、攻击与贬低、性、赚钱、角色探索、亲和、休闲与自由8个方面(李仪凡等,2007)。张红霞等把网络游戏动机区分为内在动机和外在动机两类,其中内在动机包括享受乐趣、自我效能、人际交往、超越现实和交换利益五个维度,外在动机则包括时间限制、主观规范和游戏涉入度三个维度(张红霞等,2008)。杨银娟以网络游戏《摩尔庄园》为例,发现儿童玩家的游戏动机,包括好奇与探索、虚拟现实对现实的补偿、社会交往、玩乐、民主参与和逃避等(杨银娟,2009)。胡小兰等通过对206名有网络游戏经验的大学生的问卷调查,发现大学生的网络游戏动机主要由享受乐趣、成就体验、人际交往、逃避现实四个维度构成(胡小兰等,2012)。张玄桥通过对中国台湾网络游戏玩家的调查,发现台湾玩家参与网络游戏的主要动机,包括角色扮演、人际互动、自我认同、休闲娱乐及匿名爱情(张玄桥,2004)。而郑朝诚通过质性访谈,发现网络游戏玩家参与游戏的主要动机,包括自我实现、社交、便利以及经济利益四个方面。网络游戏玩家普遍有沉迷经历,会投入相当多的时间与精力在游戏中,花大量时间练功升级,以达到竞争、社交、探索游戏以及获取经济利益等目的(郑朝诚,2003)。黄少华基于马斯洛的需求层次理论,通过问卷调查,发现休闲娱乐、忘掉学习压力、消磨时间、与他人交往与实现自我是引发青少年参与网络游戏的主要动机;青少年主要把网络游戏视为休闲娱乐的工具,通过网络游戏寻求情感上的满足与慰藉,或者把网络游戏作为逃避学习压力和消磨时间的方式;有不少青少年玩家玩网络游戏,是为了与其他玩家展开互动,通过游戏实现自我价值,获得成就感(黄少华,2008)。

(三)网络游戏情感

最早关注网络游戏情感研究的领域是网络游戏设计,如加利福尼亚大学情感实验室(The emotion laboratory at Glasgow Caledonian University)为了更好了解游戏玩家的游戏心理,增强游戏的趣味性和游戏沉浸感,对玩家在角色扮演类网络游戏中的情感机制进行了较为系统的研究。弗里曼(Freeman)强调情感对网络游戏的重要性,认为游戏开发者应为玩家提供丰富的情感体验(弗里曼,2005)。有学者发现,情感对玩家的游戏选择和游戏行为有着重要的影响,网络游戏已经成为许多青少年宣泄情绪、缓解压力、娱乐身心的重要方式和途径,这也是网络游戏广受青少年玩家青睐和欢迎的一个重要原因(黄少华,2009)。雷雳等认为,不同的玩家和游戏类型会带来不同的情感体验,如有趣、放松、竞争、合作、心流、享乐、浪费时间、挫折、无聊等(雷雳等,2018)。另有学者认为,玩家在网络游戏中的情感体验,主要基于对网络游戏行为本身的感受和网络游戏中玩家之间的互动(徐静,2018)。而科尔(Cole)等人发现,MMORPG作为一个高度社交化的虚拟环境,有助于产生牢固的友谊和情感联系(Cole et al.,2007)。波尼尔(Poels)等人探讨了网络游戏情感体验的结构,认为网络游戏情感体验包括即时体验和事后体验两个维度,每个维度又分别包含享受、心流(flow)、想象沉浸(immersion)、感觉沉浸、悬疑、能力、控制、负性情感、社会临场感9个方面(波尼尔等,2007)。他们还分别探讨了成人的游戏情感体验和儿童的游戏情感体验结构,发现成人游戏情感体验包括沉浸、紧张、胜任、心流、负性情感、挑战和积极情感7个方面,而儿童的网络游戏情感体验在此基础上增加了社交体验和身体体验2个方面(波尼尔等,2008)。Carr认为,网络游戏中的快感体验,包括沉浸、卷入(engagement)和心流等(卡尔等,2015)。苏贝特(Sublette)等人通过对2005至2009年间发表的16篇MMORPG研究论文的回顾,发现大多数论文的一个共同结论,是玩家在游戏中存在着积极的情感体验,如愉悦、成就感、友谊和社区感(苏贝特等,2012)。张玉佩则以阅听人(受众)的愉悦经验为核心,探讨了网络游戏的阅听人愉悦经验。她发现,网络游戏的阅听人愉悦模式包含控制性愉悦(受文本复杂程度和玩家互动影响)、社交性愉悦(包含隶属感、亲密感与控制感)、叙事性愉悦(受故事美感与合理性影响)、展演性愉悦(延伸与增强现实世界的想象)四种类型(张玉佩,2011)。而徐小龙等则认为,网络游戏虽然有助于青少年实现情感互动,但也会导致过度沉溺网络游戏从而造成情感障碍,在现实生活中出现情感冷漠等负面影响(徐小龙等,2010)。

(四)网络游戏对青少年的影响

网络游戏因为具有互动性、娱乐性、耐玩性、探索性、可操控性及游戏过程和结果的不确定性特征,深受青少年玩家的喜爱,也因此对青少年的成长带来重大影响。关于网络游戏的社会后果,学界关注最多的是网络游戏成瘾和网络游戏暴力。例如有学者强调,青少年较多接触暴力游戏后,他们的行为和话语会变得比较激烈、具有攻击性,并且会变得不愿意帮助他人;经常接触暴力游戏,会让青少年对暴力变得麻木,还会强化攻击信念,增强控制感,从而增加攻击行为发生的可能性(陈怡安,2003;金荣泰,2001;燕道成,2009)。但是尽管如此,也有不少学者强调网络游戏对青少年玩家的积极意义。例如,陈俞霖借助访谈发现,网络游戏已经不仅成为青少年一种新的休闲方式,而且成为形塑青少年同辈群体,促进他们的社会化,以及建构和形塑自我认同的一种新的方式和途径(陈俞霖,2003)。陈怡安认为,网络游戏已经改变了青少年的休闲方式和日常生活作息,满足了青少年的各种需要,甚至导致真实世界与虚拟世界的交融(陈怡安,2003)。佛洛姆(Fromme)则强调,对网络游戏吸引力的解释不能仅仅考虑媒介的作用,更为重要的是看游戏玩家做了什么。他认为,当青少年想要释放孤独时,网络游戏的互动性的确相当有吸引力。没有必要对青少年热衷网络游戏过于惊慌,即使青少年对网络游戏十分感兴趣并经常参与,也并不意味着他们会放弃其他的休闲方式,比如户外活动或体育运动。玩网络游戏也并没有减少青少年的社会交往(佛洛姆,2003)。

总体而言,在现有网络游戏研究中,专门针对青少年网络游戏行为情感维度的研究数量仍相对较少。有鉴于此,本章尝试立足情感社会学理论视角,对青少年网络游戏行为的情感维度及其对游戏玩家的影响,进行探索性的实证分析。

二、研究方法

本研究是一个探索性的质性研究,主要采用参与观察法和深度访谈法收集资料。

参与观察法是研究者深入研究对象的生活背景,在实际参与研究对象日常社会生活的过程中观察研究对象的一种资料收集方法。本研究主要采用隐匿观察和隐匿参与方法,以网吧管理员身份观察网吧环境及在网吧中玩游戏的青少年玩家,同时以玩家身份在网吧中参与游戏活动,观察青少年玩家的游戏行为和情感状态。

访谈作为一种资料收集方式,包括结构访谈、半结构访谈和无结构访谈三种基本形式。本研究采用半结构访谈收集资料。访谈对象的选取,采用立意抽样和滚雪球抽样方法,选取最近三个月玩过网络游戏的13~24岁青少年作为访谈对象。先通过私人关系接触最初的受访者,再通过受访者介绍,接触更多的符合本研究要求的青少年网络游戏玩家。最后成功完成12名青少年玩家的深度访谈工作,其中男性10人,女性2人。每位受访者的实际访谈时间控制在60分钟左右。访谈开始时,先告知受访者访谈目的,经受访者同意后开始访谈。访谈内容包括玩家个人信息、网络使用情况、玩网络游戏情况、玩过的网络游戏类型、在网吧中玩网络游戏的情况,尤其是游戏过程中的资源交换和情感互动情况。

一般而言,质化研究的资料分析,包括浓缩资料重点、呈现分类主题、导出结论三个基本环节。本研究也采用这三个步骤分析访谈和观察资料。先根据研究问题整理和浓缩资料;然后对资料进行分类整理,以探讨青少年玩家网络游戏行为的情感维度;最后,将分析结果进行整合,得出研究结论。

三、研究发现

(一)青少年在网络游戏中的情感状态

如果说理性化是现代社会的主要特征,现代人的社会行为主要是一种工具理性行为,那么,在网络社会中,情感则是网络社会行为的一个重要特点,是影响网民社会互动和社会行为的重要变量。

在情感社会学研究中,人们对情感的定义并不一致。例如戈登(S. L. Gordon)把情感定义为感觉、表现性姿势和文化意义的一种从社会角度被建构的模式。霍克希尔德(A. R. Hochschild)则认为情感是一个映像、一种思考、一段记忆与身体的合作、一种个体所意识到的合作。王鹏和侯均生通过对情感社会学中有关情感定义的系统梳理,发现大多数对情感的定义,都是在界定情感的组成要素,主要包括以下几个成分:身体和生理感觉的变化,姿势和表情的展现,对背景或情境刺激的评价,文化与社会标签(王鹏等,2005)。本研究尝试立足情感的上述构成要素,对青少年在网络游戏中的情感表达和情感状态进行初步的梳理和分析。

1. 网络游戏中的身体和生理感觉

身体的感觉包括内脏的和肌肉的感觉,主要是与肾上腺素的流动有联系的自主唤醒的征候,如心跳和呼吸的加快、脸发红以及颤抖(王鹏等,2005)。我们在访谈中发现,受访者多会用"兴奋""刺激""爽""舒服"等词来形容自己在游戏过程中的心理和生理感觉。

"刚刚开始玩的时候没什么感觉,还很笨,但后来玩法掌握了,打到高潮时,感觉心跳加快,脸热热的,很兴奋。"(F01)

"我玩的游戏带有暴力性,感觉刺激,很爽。"(M07)

"卡丁车,玩起来刺激,很上瘾!让人有一种身临其境的感觉。"(M03)

2. 网络游戏中的姿势和表情展现

一般情况下,人的情感会通过外显的面部表情和身体姿态表现出来。在扮演游戏中的虚拟角色时,玩家的情感会随着角色命运和游戏进展情况而不断展现出来。我们通过在网吧场域的参与观察,发现在网吧中玩游戏的青少年,常常沉浸在游戏之中,甚至完全漠视周围的人和事物。以下是我们在网吧的观察记录:

"网吧中90%多的人在玩网络游戏,其中绝大多数是青少年。网吧大厅中很喧闹,除了此起彼伏的键盘声,还不时传来骂人声、吵闹声。在这喧闹的环境中,大多数游戏玩家戴着耳机,眼睛直盯屏幕,双手不停地击打键盘,完全沉浸在游戏中。表情一,玩家双眼紧盯屏幕,基本无视线移动,嘴大张持续达1分多钟,面露惊讶;表情二,玩家正在玩赛车游戏,面部基本无表情,只是眼睛紧盯屏幕,身体随着游戏中赛车运动的方向左右摇摆,偶尔发出啊啊的声音;表情三,玩家和其他玩伴一同在网吧组队玩角色扮演游戏,表情很激动,会随着游戏情节大声指挥其他玩伴,时而很气愤地谩骂,失败时会用力摔打键盘和鼠标。"(2013—07—28)

有研究发现,在玩射杀性游戏时,有些玩家会因为自己扮演的角色死亡而产生强烈的情感反应,这种情感非常类似于濒临死亡的感觉。我们在访谈中发现,有些玩家非常享受这种由于角色死亡而带来的解脱感。

3. 玩家对背景和情境刺激的评价

对情境的评价或定义是指行动者对互动的客观条件与先在态度的主观意识。情境的社会定义是人们赋予他们身体感觉的至关重要的决定因素(王鹏等,2005)。吉登斯认为,社会互动与社会行为都是在一定的时空边界内发生的,时空区域是限定互动的重要情景因素(吉登斯,1998)。卡斯特强调,网络空间是一个流动空间(卡斯特,2003),而网吧空间正是这种流动空间的生动呈现,网吧空间漫溢着流动欲望,在此人们寻找渴望与欲求,商业、娱乐、消费、欲望……都围绕网吧的软硬件流动着(纪慧怡,2004),网吧也因此被不少玩家视为"新天堂乐园"(陈怡安,2003)。在网络游戏过程中,青少年玩家的行为同时受现实上网情境和虚拟游戏情境两种因素的影响,处于现实与虚拟二元交织的情境空间,这种二元交织的时空情境,建构着青少年玩家对情境刺激的评价。

"我第一次去网吧,看到别人打的游戏,画面特美,还有音乐,很惹人啊。我很享受在里面做任务,就像生活在那个环境,怎么说呢?很陶醉,所以有些沉溺。"(M05)

"网吧里人多热闹,可以聚集N多人打CS,打魔兽,大家一起玩,超热闹啊。此起彼伏的叫声,打到激烈时,我们一个队的就在那高呼。在网吧上网的MM也有N多,有时我们打得好,她们也过来看。呵呵,感觉很自豪,在网吧里也可以很清楚地看到邻机的一举一动。还可以一边玩游戏,一边看大片或动画……"(M06)

在不少玩家眼里,不仅作为游戏空间的网吧,而且游戏中的角色、场景和情节设置,也能赋予他们积极的情感体验,有些青少年玩家甚至因此沉迷游戏。

"我玩的是梦幻西游,里面有三个族,我是人族的剑侠,最帅的,我在大堂官府里面,10级以前不能去一个固定场所,有一些剧情、任务在那练习。级别越高,去的地方越多,越有意思,越高越厉害,级满为155级,还能飞升,真的太有意思了。"(M06)

"劲舞团里面的卡通人物大眼睛,很漂亮,玩这个主要是练人的反应能力,而且里面有最流行的音乐,只要玩就可以听自己喜欢的音乐。"(F02)

在不少玩家眼里,网吧空间指向的是一个多元、颠覆、解放的世界,是一个能让青少年玩家逃避现实世界,重新塑造自我认同的场域。在其中,真实和虚拟相互渗透、相互交织,聚合成为一个虚实交织的世界。流心认为,网络游戏厅是一个现实和虚拟界限模糊,没有钟表时间的即时空间(流心,2005)。网吧空间漫溢着流动欲望,青少年玩家能够在这一空间场域中找到满足自己渴望与欲求的方式,以至于有些玩家"将游戏看作自己在网吧中的事业,甚至不惜没日没夜地'工作',仅仅依靠些方便面、瓶装饮料维持生存,不将一款游戏玩深玩透誓不罢休……在游戏过程中,只有

体验,只有在线,而网吧中没有人打扰你的体验。一起的朋友,也会分享你的体验。"(M08)

4. 网络游戏中情感的文化与社会标签

文化与社会标签是指如何获得、识别、表达和解释每种情感的词汇、评价性观念与社会维度。包括处在不同位置的个体可能会感觉到什么和不会感觉到什么,应该表现出什么和不应表现出什么的规则,以及哪些情感能被成功地控制、哪些情感则不能控制的观念(王鹏等,2005)。青少年在网络游戏过程中的情感呈现,蕴含着丰富的文化与社会标签。

"玩游戏的感受?有个词,五味杂陈。对,这个词能反映我的复杂感受。记得第一次进入游戏很兴奋、激动。魔兽世界真的好漂亮,可以看星星,看日出,看月亮。里面还有很多人帮我,带着我打装备,感觉幸福又浪漫。后来有一次,有一个人走了过来让我让让,我都不知道他在说什么,就接着在那打怪物。忽然不知道怎么了就回到了城里。后来朋友说我被杀了,为什么他要杀我,我在打我自己的怪,他来就让我走。凭什么啊,说实话,提起这件事,我现在还很气愤。后来就拼命地练级,我自己很强大了就保护比我弱的,这很有成就感。但一结束游戏回到家里,对父母说去学习了,就很惭愧。特别是我妈妈说我脸色不好,是不是学习累的,就感觉对不起她。后来我妈病了,我就彻底不玩了。当时很矛盾,也舍不得,但一狠心,拼命地学习,呵呵,要不我真考不上大学。"(F02)

这位受访玩家的情感展现,既包括在游戏情境中获得的快乐、兴奋、成就感等积极情感,也包括愤怒、气愤等消极情感,以及在现实生活中面对父母时的羞愧感。当个体能够控制好自己的情感或者某种情感占上风时,就会修正、调节或控制自己的行为。一种情感由身体的唤起而产生冲动,并进一步由行为者对社会情景的解释而被赋予性质与方向(王鹏等,2005)。每一种情感,都是由某种社会关系和文化观念与身体感觉和姿势的不同结合而被建构的。

(二)网络游戏情感对行为的影响

情感社会学强调情感对行为的激发作用,认为引导和激发微观行动的关键机制是情感。例如苏珊·肖特(Susan Shott)认为,有六种情感对控制个体的行为特别重要,即负罪感、羞耻感、尴尬感、自豪感、成就感和移情。个体根据想象他人对自己的思想或行为的反应而体验到积极或消极的情感。当感到羞耻、罪恶或尴尬时,行动者会约束自己的行为,而自豪感、成就感则是愉快的情感体验,这种情感体验会进一步激发、鼓励和奖赏个体既有的行为(肖特,2001)。

1. 消极情感与青少年网络游戏行为

根据肖特的情感理论,负罪感、羞耻感、尴尬感是消极情感。负罪感伴随着消极的自我评价,当个体意识到自己的行为与其应当做的行为之间存在差距时,消极的自我评价就会出现,负罪感会被激活。而产生负罪感的行为是被重要人物或一般化他人视为不道德的行为。在现实生活中,负罪感会把个人带回规范的阵营,改变其行为,从而促进社会团结。在访谈时我们发现,现实世界的价值判断对玩家的游戏行为仍有一定的约束力,但由于网络游戏具有虚拟、匿名、娱乐等特性,因而在游戏过程中往往会有较多的攻击、欺骗等暴力行为。

"我玩的大话西游被盗号了,后来找回来了,发现里面的装备等物品全部不见了,很气愤。我最恨骗子了,我自己不会骗人家的装备,有本事自己练啊。骗来的有什么意思。"(M05)

"网络游戏中有很多欺骗。我玩《传奇》的时候被骗过,现在《魔兽》就好。被骗了就在里面狂吼,可以降低骗子的信任度。有人认为网络游戏是虚拟的,骗骗人没什么,其实那些不好的东西会成为一种习惯,游戏中是什么样的现实生活中也差不多,我不和网络游戏中骗人的人做朋友。"(M07)

当行为违背道德规范时,一般还会产生羞耻感,它是一种特别强烈的情感。当感到羞耻时,行动者会约束自己的失范行为,并刻意回避让自己产生这种羞耻感的情境和人。

"欺骗？打纸牌的时候，和同学一伙的确骗过别人，当时感觉很好，赢了很多欢乐豆，后来另一个同学问我们怎么这么厉害啊，我俩没好意思说，感觉不好意思，以后就没做过。"(M04)

但访谈时我们也发现，有些青少年对游戏中的欺骗行为不以为然。

"游戏玩玩而已，谁傻就让人骗，谁让他傻。我玩游戏时交了一个朋友，他把账号密码都给我了，后来我一个朋友说可以卖钱，我就把号给盗了，装备都给清空了！他又在生活中找不到我，不能把我怎样。"(M08)

虽然网络游戏是虚拟的，但如上所述，网络游戏空间与日常生活空间之间的界限是模糊的。有的青少年很容易将网络游戏世界中的失范行为带入现实生活，如果缺乏有效的监督和引导，就有可能引发现实生活中的失范行为。

当个体所展现的情境定义在他人看来是不恰当的时候，行动会产生尴尬感，它会激发个体的补偿性行为，以表明不恰当只是一时的疏忽。当玩家产生尴尬感后，一般会花时间学习和练习，提升自己的游戏水平。

"我刚开始无聊的时候玩了《坦克世界》。记得刚开始不一会，一辆敌军的坦克开了过来，直奔我们的基地，我们五辆坦克把他包围了，他那辆坦克跑得好快，我那时是新手，比较紧张就只顾开抢，最后敌军被灭，我的子弹打完了，我的战绩是－1。原来我的炮孔朝向了后边，我只顾追赶开枪，炮弹都打到了后边，我后面的那个兄弟就悲剧了。人家问我会不会啊，我当时那个尴尬啊，后来整天琢磨、练习，要雪耻啊。现在不会那么菜鸟了。"(F01)

2. 积极情感与青少年网络游戏行为

积极情感是指人们在社会交往的过程中对自我、他人、社会以及自然所产生的肯定的、正面的情感。肖特的情感互动理论强调自豪感、成就感、移情是三种最重要的影响行为的积极情感。本研究中的受访青少年玩家，几乎都谈到了网络游戏中体验到的强烈的自豪感和成就感。

"记得有一次,我杀了 10 个人,真是爽啊。以前只有被人杀的份,从来没有杀别人的快感。所以同学都说我游戏上没天分。我也承认。没事做时就和同学一起玩游戏,有天我们宿舍 4 个人刚好到齐,然后组队和我们班其他宿舍的同学对战。我选的是张辽,非常猛哦。以前打这个一样被人杀,但那天我打得非常好,把以前经常杀我的胖子也杀了几次,报仇雪恨啊,到最后一共杀了 10 个,爽啊,把以前的账都算回来了,终于出了一口恶气。心情也特别高兴。其实我觉得游戏不一定是会使人变堕落,只要自己有控制力,我反而觉得游戏是一种很好的休闲方式,可以使人的精神放松。"(M09)

"当我打败别人时,感到很高兴,感觉自己非常厉害,在生活中谁也不怕。而且打到了好装备,越玩越刺激,甚至都放不下。记得每次玩《罗马执政官》的时候,我都非常兴奋。当我指挥着一队队穿着略带反光的盔甲的军团士兵冲向敌人,和敌人厮杀的时候,我难以抑制自己激动的心情,情不自禁地开始大叫起来。我让两个弓兵军团的士兵同时向敌方放箭,有 1 000 多支羽箭飞上天空,箭纷纷落入敌军那里,敌人的士兵齐齐倒下,有种说不出的成就感。我看过一个人写的东西,说玩网络游戏,你可以当'酋长',一统部落;可以做'富翁',富可敌国;可以当狙击手,看谁不顺眼就毙了谁;也可以乘上'飞马',到哪个山头上,都可以一跃而下,毛发无损。真的就是这种感觉。"(M10)

在肖特看来,自豪感、成就感是一种比较持久的情感。许多青少年喜欢享受在虚拟世界中"自己就是王"的感觉,也就是自己是这个世界的主宰的感觉,视克服重重关卡、征服困难为挑战,从中获得自豪感和成就感。

"玩这么长时间了,我玩的人物级数也挺高了,比较狂了,所以我有很大的自豪感和成就感。特别是与别人 PK 的时候,与大家组成一个团队去抓鬼,大家合作打赢升级时,感觉很爽。越玩越爱玩。而且也结识了一批'死党',吃了亏,招呼一声,应者云集,帮我铲平。而且在玩的过程中,过关斩将,上百个关口打过,就像自己是英雄,想不自我膨胀都找不到理由。这些体验在学习中根本得不到,这种体验的过程对我是一种巨大的诱惑和满足。"(M05)

青少年玩家在游戏过程中与同伴一起玩游戏、聊游戏,一同打怪升级,激发了成就感,满足了自身对成就和支配感的需求。青少年通过玩网络游戏,实现了自己的梦想,开拓了潜能,达到了自我实现与满足。

"我们下课了,同学们一说起某某游戏的玩法,就是滔滔不绝、津津乐道。若是有谁还没见识过这游戏,就会有自愧不如的感觉,因此就想去试一试、玩一玩。当学会玩法后,就会着迷而一发不可收拾,接下来就是不断地想要升级、做武兵,赚到几百万、几千万,然后到学校在同学面前就更有得吹了。"(F01)

"我练到级别高的时候,装备特牛,一出来很多人赞、羡慕。后来我组了个盟,大家推我为盟主,比武侠里的盟主更威风。我也很照顾跟我的弟兄,我们一起努力,扩大盟的边界和装备,真自豪啊。现实中我没体验过这种感觉。"(M05)

我们在访谈中发现了一个值得关注的现象,就是负罪感、羞耻感、尴尬感等消极情感,在不少游戏玩家身上常常会和自豪感、成就感等积极情感交织在一起,甚至在同一种游戏行为中,同时体验到负罪感和成就感:

"我在全服中打了全服第一,感觉特自豪,有了这个装备不管是谁,我都能杀他,大家也都怕我。游戏时杀人后常常会有负罪感,但一般时间很短,过后就忘了。在同等级中,我要是无敌的情况下,就非常有成就感,很自豪啊。"(M05)

四、结论

网络游戏作为一种综合性的社会行为,内在地包含着情感这一重要维度,情感是网络游戏行为的重要驱动因素。在网络游戏中,恰当的情感唤起与标识,能调适、控制和规制玩家的游戏行为。

通过对青少年游戏玩家的深度访谈和参与观察，我们发现，青少年玩家在参与网络游戏的过程中，会产生多维度的情感体验。基于从身体和生理感觉变化、姿势和表情展现、对背景或情境刺激的评价、文化与社会标签四个方面的具体分析，本研究发现，青少年网络游戏玩家在游戏过程中有着复杂的情感体验，借用一位玩家的话来说，可以说是"五味杂陈"。在访谈中，青少年玩家提到的情感体验，包括"爽""刺激""解脱""陶醉""兴奋""激动""快乐""自豪""成就感""惭愧""负疚""羞耻""尴尬""愤怒""欲罢不能"等。这其中，既有积极的情感体验，也有消极的情感体验。值得注意的是，在青少年玩家身上，积极和消极两种相反的情感体验常常在游戏过程中交织在一起。其中，积极的情感体验在一定程度上有助于培养青少年的规则意识，缓解青少年的内心压力，形塑青少年的自我意识，从而帮助青少年平稳度过青春期。而消极的情感体验则容易引发网络暴力、游戏成瘾等失范行为。

本研究还发现，青少年网络游戏玩家在游戏过程中的复杂情感体验，对青少年的网络游戏行为甚至线下行为都会产生不同程度的影响。例如，当游戏玩家产生羞耻感时，就会约束自己在游戏中的不恰当行为，或者回避让自己产生羞耻感的情境和人；尴尬感则会激发玩家的个体补偿性行为，以表明自己的不恰当行为只是由于一时疏忽；而自豪感和成就感则容易导致青少年玩家沉浸在虚拟世界中，通过玩网络游戏满足自己对成就感和支配感的需求。有学者强调，如果网络游戏不能唤起积极的情感体验，就有可能引发在线甚至线下不良行为的产生（施芸卿，2012）。这意味着，网络游戏内容和情节设计，需要着力于唤起青少年玩家的积极情感体验，避免触发青少年玩家的消极情感体验，以免引发暴力、成瘾等不良行为后果。

第三章　网络游戏中的角色扮演与人际互动

一、问题提出

互联网的崛起是 20 世纪下半叶一个重要的经济、政治、社会与文化事件。由互联网的兴起所引发的数字化、信息化和全球化革命,正以十分迅捷的速度广泛影响着人们的社会生活,并全方位地改变着人类社会的面貌,改变着我们的思考方式、行为倾向、社区形态以及自我认同(黄少华等,2006)。在网络社会中,人们的生活、工作、学习、娱乐等都不可避免地与网络相关,并受到网络的极大改变。网络游戏作为一种数字化娱乐方式,早已进入人们的日常生活,成为网络使用者参与度颇高的一项网络行为。根据中国互联网络信息中心发布的第 52 次中国互联网络发展状况统计报告,截至 2023 年 6 月,我国网民规模已达 10.79 亿,其中网络游戏用户 5.5 亿,占网民整体规模的 51.0%。

究竟是什么原因使网络游戏具有如此巨大的魅力,吸引着人们的广泛参与呢? 黄少华认为,网络游戏为人们创造了一个具有时空压缩、无边界、开放、自由、匿名等特征的虚实交织的想象世界,让人们能够在其中从事探险、交往、竞争、互动、建构认同等社会行为。正是网络游戏这种丰富的多元化功能,吸引着越来越多的人,尤其是青少年投身其中,尽情玩乐(黄少华,2008)。陈怡安指出:"从美国的《在线创世纪》到韩国的《天堂》所造成的在线游戏风潮,绝非以往的游戏形态所能比拟,多少人流连忘返于这虚拟世界。"(陈怡安,2003)互联网的兴盛,建构起了一个数字化的虚拟世界,结合了声光、幻想、表演、动作的网络游戏空间,让玩家可以在其中毫无顾忌地展现及释放自我,展开各种形式的社会互动。网络游戏除了给玩家提供休闲和娱乐空间外,也方便玩家透过角色扮演在网络游戏中经营在线人际关系,获得各种不同的需求满足,体验各种真实的情感。玩家在网络游戏中建构起一个梦寐以求的天堂,一群素不相识、来自世界不同地方的玩家聚集在一起,他们每个人都是自己的主角,并掌握着自己的角色命运,他们远离现实世界的束缚,凭借自己丰富的想象力,全身心地投入一个完全忠于自我感受的世界,尽情地表演、体验与感受,在游戏世界中留下他们的记忆,写下他们的历史,创造着一个属于他们自己的天堂。正因为如此,网络游戏充满了魅力,进入每个玩家的心中,甚至让玩家沉溺其中。在真实与虚拟之间的界限逐渐模糊和消融时,游戏已不再只是游戏,而是一个真实的生存空间和生活世界。

  网络游戏的日益普遍化,赋予了作为社会学重要概念的"角色扮演"和"社会互动"新的含义。角色扮演是网络游戏最重要的特性之一,在网络游戏中,存在着多种可以由玩家控制的角色。通过扮演角色,玩家们可以在游戏世界中进行各种各样的冒险,并与其他玩家展开互动,尽情体验由虚拟世界带给他们的新鲜感与刺激感,在此过程中实现角色成长。角色扮演强调玩家在游戏中的参与以及与其他玩家的互动,离开了角色扮演,玩家的游戏参与无法进行,游戏中的互动也无法展开,也就不会有既真实而又虚拟的游戏"天堂",网络游戏也就不会具有如此巨大的魅力吸引玩家了。那么,在网络游戏空间中,玩家的角色扮演与人际互动究竟是怎样展开的呢?本研究试图借助深度访谈方法,对这一问题进行讨论。

二、文献探讨

(一)角色与角色扮演

  社会学和社会心理学中的所谓"角色",是指处于一定社会地位的个体,依据社会的客观期望,借助自己的主观能力适应社会环境、遵循社会规范所表现出来的行为模式(周晓虹,1997)。这个定义表明,角色作为一种行为模式,它的基础是社会地位,动因是社会期望,目的是适应社会(王建冬,2008)。

关于角色扮演,在社会学中存在两种不同的理论解释路向,分别是衣阿华学派的"结构角色论"和芝加哥学派的"过程角色论"(特纳,2001)。结构角色论强调个体的行为是由其在社会结构中的地位以及与地位相关的社会期望所决定的,个体承担角色的过程不过是这种被结构化了的行为的释放过程,因此"角色行使"比"角色扮演"更能恰当地反映角色承担的真实情形。而过程角色论则强调,由于角色是通过互动创造的,而互动是一个过程,因此只有从动态、从角色扮演的全过程来分析角色,才能建立合理的角色理论,人们在社会生活中承担角色并不是单纯的"角色行使",而是一种"角色扮演"或"角色创造"。结构角色论的角色概念是建立在社会系统层次上的,把角色看作社会结构的构成单位和微观展现,角色是根据社会系统的需要而分配给个人的,并要使个人的行动适应这种角色的分配。过程角色论的角色概念则建立在个人层次上,强调角色是通过社会互动过程逐渐建构和形成的。换言之,当把角色作为整体中的局部所承担的部分功能来理解时,角色呈现的是部分与社会整体的关系,角色结构、角色分配等表现了这一侧面。而把角色作为一种过程来理解的时候,角色扮演是个人行动,角色履行、角色扮演等就表现了这一侧面。因此,尽管两种不同理论视角下的角色概念关注的焦点不同,但他们对角色行动性质的看法并无实质分歧。结构角色论把社会看得太有秩序,以至于把个体的行为看成一种对社会结构的机械反应;角色过程论把个人扮演角色看作对他人期待的顺应,结果也只揭示了个人适应社会的那一面(翟学伟,1999)。

有学者强调,在网络社会中,传统社会学的角色理论面临着巨大的挑战。与传统社会中的角色不同,网络空间中的角色扮演是建立在身体不在场和匿名基础上的,这使得人们在网络中的角色扮演能够摆脱现实社会利益和规则的约束,充分展示自己的真实情感,呈现出更真实的自己。

网络空间中的角色扮演主要遵循的是网络空间中的行为方式和规范。与现实角色扮演所受的诸多限制相比较,想象力是网络中角色扮演的主要制约因素,这种想象是网民在身体不在场和匿名的网络空间中,依据自己对角色的期望而展开的生存和行动过程。由于这种想象力,网络中的角色扮演是自主和开放的,更多的是网民自由选择和塑造的结果(黄少华等,2002)。这意味着,在网络空间这种全新的社会情境中,传统的角色理论面临巨大的挑战。在网络社会中,人们现实生活中的社会地位是隐匿的,社会客观期望的制约作用大大降低,因而人们的角色扮演主要是依据自己的主观能力去适应网络空间中的虚拟社会环境。这一方面使得人们扮演的角色可以多种多样,并且不同角色之间也不容易像在现实生活中那样产生角色冲突;另一方面,人们扮演的角色也可以最大限度地表露个体的真情实感(王建冬,2008)。

(二)网络游戏中的人际互动

陈怡安认为,角色扮演类网络游戏为青少年提供了一个全新的人际交往空间。在网络游戏世界中,玩家不仅是在玩游戏,同时也在经历一场复杂的人际互动,这对青少年玩家来说既是一个挑战,也是一种锻炼(陈怡安,2003)。刘柳认为,网络的特殊性改变了传统的人际互动模式,形成了一个新的人际交往空间,人们在其中依靠化名建立起类似于现实社会中的人际互动,虚拟社区能够满足人们在现实生活中所不能得到满足的心理需求(刘柳,2006)。刘晋飞和王茂福认为,网络游戏互动是青少年释放情感和心理压力的舞台,可以让青少年实现成功扮演社会角色的内在诉求,网络游戏中的工具性符号为青少年实现虚拟世界的持续性互动提供了条件,互动规范影响了青少年网络游戏可持续性行为(刘晋飞等,2006)。

曼宁认为,网络游戏不同于传统游戏的地方,在于它可以让许多玩家同时在线参与,并在游戏中展开互动行为。他以哈贝马斯的交往行为理论作为分析框架,研究了网络游戏中玩家之间的各种互动方式,他们在网络游戏中的相互影响、交流与合作(曼宁,2003)。林鹤玲和郑芳芳通过对青少年网络游戏玩家"血盟"参与的研究,对网络游戏中的合作行为进行了分析,梳理了青少年游戏玩家在网络游戏过程中发展出来的复杂互动机制,阐明了网络游戏对于青少年玩家社会网络建构的意义(林鹤玲等,2004)。有学者认为,在网络游戏建构的虚拟世界里,存在着真实的人际关系,并且这种关系会延伸到现实生活中,数字化生存已经深入人们的生活,虚拟和现实已经彼此交融而不是相互分隔。网络游戏吸引人的不只是它的游戏性,它的真正魅力在于人际互动。彭涛和杨勉的研究表明,网络游戏虚拟社区中的人际互动受到游戏角色和现实玩家的生理和心理两方面因素制约,共同促成新型人际关系——泛亲缘关系、交易关系、心理关系、"敌对"关系——的形成(彭涛等,2007)。

对网络游戏中的人际互动类型的探讨,是学界关注的重要议题。李家嘉发现,线上游戏包含四类人际互动行为:一是合作,玩家之间可以组队,一起在游戏世界中冒险;二是交换,玩家彼此可以相互交换虚拟道具,或在一定条件下给予其他玩家虚拟道具;三是对立,在游戏中的对立行为可能是玩家向其他玩家下战书要求决斗,以争取游戏中的有利地位,获胜的一方可以获取游戏中的经验值;四是聊天,游戏进行时,玩家可以和其他玩家对话,以增加游戏的互动性及趣味性(李家嘉,2002)。杨波认为,MMORPG 中玩家的互动行为包括以下几种:一是聊天,在 MMORPG 中,玩家不只是打怪、升级,游戏还提供了一个吸引玩家的功能,即聊天。在游戏过程中,玩家可以通过具有聊天功能的视窗与其他玩家谈话、聊天。二是分享游戏经验,在网络游戏中,玩家可以分享游戏经验,如打怪物、打宝物的技巧与秘诀,到有趣的地方探险等。三是分享现实生活中的事件,聊天能让玩家与网上的朋友彼此分享生活中的事件与想法,通过分享加深彼此之间的感情。四是社会交换,玩家在参与角色扮演网络游戏时,常会如同现实社会那样进行商品买卖。如玩家在游戏中打宝物、打怪物之后,将得到的宝物与装备卖给其他玩家,再购买自己角色需要的装备。五是情感沟通,在游戏过程中不仅一起练功,还交流真情实感,如助人、给予、宽恕等(杨波,2009)。此外,还有学者把网络游戏中的人际互动区分为欺骗、斗争、助人、友情和爱情(杨莹,2004),或者聊天交友、帮助、交换、合作、竞争等类型(朱丹红等,2013)。

三、研究方法

本研究以《魔兽世界》玩家为研究对象,采用半结构式深度访谈方法收集资料,了解《魔兽世界》玩家的角色扮演与人际互动行为。研究对象的选取采取立意抽样与滚雪球抽样相结合的方法。首先,根据研究目的,研究者基于自己的主观判断选择两名《魔兽世界》玩家作为访谈对象,然后由他们介绍,找到其他《魔兽世界》玩家作为访谈对象。在选择访谈对象时,我们主要考虑以下两个因素:一是玩《魔兽世界》的时间至少在半年以上,二是每星期玩《魔兽世界》的时间平均不少于15小时,目的是找到对游戏有较深刻体验的玩家。访谈采用面对面形式进行。每次访谈开始时,研究者都会向受访者介绍访谈的目的、内容、方式以及有关保密原则,访谈过程均采用录音记录。每名受访者的访谈时间都在90分钟以上。最后成功完成对5名玩家的访谈,其中男性4名,女性1名。

资料分析分浓缩资料重点、呈现分类主题、导出结论三个阶段进行。首先,根据研究问题整理访谈资料,对资料进行分类归纳,剔除对本研究没有实际意义的访谈资料;其次,依据整理好的访谈资料,对玩家的网络游戏角色扮演和人际互动状况进行分析;最后,在资料分析基础上得出研究结论。

四、研究发现

(一)《魔兽世界》中的角色扮演

角色扮演游戏是玩家在特定游戏场景下,通过扮演一个或几个虚拟角色展开的在线游戏。角色根据不同的游戏情节和统计数据(如生命值、法力、力量、灵敏度、智力等)具有不同的权力。角色扮演类网络游戏一般具有丰富的故事情节,玩家扮演的角色为了顺利完成任务,必须了解角色所处的环境和遭遇的问题,并努力解决这些问题,通过打败敌人来提升自己的角色等级。虚拟角色之间需要交流、协作与配合，以便在游戏世界中探险、完成任务，获得物品、装备等，战胜怪物获得经验值并升级，从而有能力打败更强大的怪物、获得更好的装备。

角色扮演是角色扮演类网络游戏的主要特性之一，大多数玩家在游戏中常常扮演着不止一个角色。当玩家选择扮演一个角色时，有时会另外再练一个较为低阶的角色，玩家称之为"分身"，也即"多重角色扮演"（侯蓉兰，2002）。打怪、捡宝物、交易、战斗、攻城等是玩家在角色扮演类游戏中的主要任务，这些任务不仅增加了玩家在游戏中进行角色互动的机会，也让玩家借此使自己的游戏角色具有更大的力量和智慧，实现角色的成长与发展，并最终让扮演的角色成为游戏中的强者（王利静，2008）。在角色扮演网络游戏中，游戏玩家能够在网络空间以一种全新的面貌出现，自由扮演自己及他人所希望和要求的角色。由于匿名的保护，游戏中的角色扮演常常表现为一个在想象基础上展开的无拘无束的过程。在身体不在场的网络虚拟角色扮演中，个人能够充分展示内心的"自我"，也能够更容易地塑造自己的人格认同，从而重塑自我，影响自我的发展（黄少华等，2002）。同时，在角色扮演游戏中，玩家们还通过各种不同的角色，彼此之间进行交往、互动，体验着虚拟游戏世界中不同寻常的生活。

在《魔兽世界》中，每个玩家扮演的角色常常不止一个，玩家通常会尝试扮演多种角色，并通过扮演不同角色来感受游戏世界的魅力。

"魔兽世界里很少有人只玩一个职业的，一般人有一个大号，还想再玩个小号。"（M04）

"我现在都有四个号了，那天我一激动差点又玩一个号。我现在的四个号，分别是战士、法师、猎人和骑士，不过我平时最喜欢的还是战士，很勇猛，很威风。玩不同的职业就会有不同的感受，既然玩就多玩几个。"（M03）

本研究中的 5 名受访者，共在《魔兽世界》中扮演过 13 个角色，其中有 6 个是联盟中的角色，7 个是部落中的角色，涉及游戏设定中 7 个种族和 9 种职业（见表 3.1）。

表 3.1　　　　　　　　受访玩家在《魔兽世界》中扮演的角色

角色	职业	性别	种族	阵营	类型
1	圣骑士	母	血精灵	部落	混合类,第二治疗者
2	战士	公	牛头人	部落	主要肉盾
3	猎人	公	血精灵	部落	远程物理攻击者
4	术士	公	血精灵	部落	减益法术施放者
5	法师	公	亡灵	部落	远程魔法攻击者
6	萨满祭司	公	兽人	部落	混合类,第二治疗者
7	潜行者	公	兽人	部落	近战伤害输出者
8	牧师	公	暗夜精灵	联盟	治疗者
9	战士	母	人类	联盟	主要肉盾
10	法师	公	人类	联盟	远程魔法攻击者
11	潜行者	公	人类	联盟	近战伤害输出者
12	德鲁伊	公	暗夜精灵	联盟	混合类,主要是治疗者
13	法师	公	侏儒	联盟	远程魔法攻击者

注:根据访谈资料整理。

《魔兽世界》中的角色与职业有很大的关联,当问及"你在魔兽世界中扮演的角色或人物是什么"的时候,受访者通常首先想到的是自己在游戏中的职业,如"我在魔兽里是一个法师"(F01)。这意味着,在网络游戏世界中,玩家更倾向于用职业来定位自己的角色。拉尔夫·林顿(Ralph Linton)把地位和角色作为一对概念来使用,即"地位—角色"。他认为,一个人占有的是地位,而扮演的是角色,当地位所代表的权利和义务发生效果时即为角色扮演。借用这种说法,我们可以说,网络游戏世界中存在的是一种"职业—角色"概念,玩家们拥有的是职业,扮演的是角色,当玩家围绕某个职业的属性在游戏中展开一系列互动,就是在进行角色扮演。按照职业特征,《魔兽世界》中的角色可以分为三种类型:防御型角色、治疗型角色和输出型角色。属于防御型的有战士;属于治疗型的有牧师、萨满祭司、德鲁伊、圣骑士;属于输出型的有潜行者、猎人、法师、术士。

在《魔兽世界》中，玩家要想进入游戏，就必须创建自己的游戏角色。每一个玩家都可以根据《魔兽世界》的背景以及角色的种族和职业来设定角色在游戏中的性格，每一个角色都有自己的性格，其言谈举止都体现着角色的个性。玩家可以赋予角色独特的身份特征，比如玩家可以根据游戏中设定的阵营、种族和职业来选择自己扮演的角色所属的阵营、种族及职业，也可以根据游戏中提供的角色性别、皮肤颜色、面部特征、发色等来选择和塑造自己角色的外形特征。

"我选的战士是女的，她是联盟中的人类，所以她的长相也完全接近我们人类，不过她是模仿欧洲白人那种形象设计的，我给她选了黑色的头发，因为我觉得黑头发比较好看。我的女战士非常漂亮，身材很苗条，她穿着一件特别漂亮的黑衬衣，戴着黑色的手套，肩膀上戴着闪闪发光的板甲，拿着一个圆盾，提一把剑，骑着马，感觉有点像金庸小说里的女侠。"（M05）

在游戏中，控制游戏角色命运的是玩家自己，只要有时间，玩家就可以在游戏里不断地做任务，使角色升级，从而实现由一个小角色到一个大角色的转变。在游戏角色成长过程中，玩家可以改变自己所选角色的外观、造型、技能等。在游戏过程中，玩家可以对角色做进一步的塑造，无论是角色的外在形象，还是角色的内在技能与属性，都可以在游戏中重新塑造。

"装备有绿色的、蓝色的、紫色的、橙色的，因为它们颜色不同，穿在身上的话，效果也是不一样的。好的装备都要求等级达到 70 级，到了这个级别才能穿上它。绿色的装备是一般装备，蓝色的是属性好点的，紫色的话是属性更好的。装备都可以加属性，属性加得越高，角色就越厉害。比如说绿色的可以加 10 耐力（生命力），紫色的就可以加更多了。"（M04）

另外，由于游戏中的角色是由玩家控制的，因此，玩家的一些品格特征以及为人处世的态度总会投射到游戏角色的身上，通过角色的行为反映出来。

"一个角色在团队里人品怎样,从这个角色的行为就能够看出来,比如一个团队把BOSS打死了,获得了装备,但也牺牲了好几个同伴。这时候,有的人就在那看装备,不去复活同伴,这种人看起来就让人觉得很不爽;有的人就不顾一切,第一个冲过去复活同伴,而且非常卖力,这种人就是做起事情来很踏实的人,是值得信任的人。"(M03)

玩家的一些品格特征以及为人处事的态度投射到角色身上,也使得游戏角色变得更加生动丰满。

陈怡安指出,角色属性的设计是角色扮演网络游戏非常重要的一环,不同的属性会造成不同的角色命运、性格与特性,也会影响角色可从事的"职业"与游戏的方式(陈怡安,2003)。在《魔兽世界》的设计中,角色属性有力量、敏捷、耐力、智力和精神五种,这些角色属性侧重于角色的各种不同素质,不同的角色属性会使角色具有不同的素质。比如,力量属性可以增加游戏角色使用近战武器的攻击力,增加游戏角色使用盾牌所能阻挡住的伤害值。游戏中每个职业都具有初始的角色属性,角色属性会在游戏过程中不断增强。

"各职业的属性需要不一样,比如我的战士需要力量,而猎人需要敏捷,法师需要耐力和智力,骑士需要力量和智力,精神对他不重要。治疗职业的,像牧师,就主要需要精神。"(M03)

"法师的角色属性是耐力和智力,术士的角色属性和法师差不多,因为用的都是法术嘛,所以都需要智力,这些属性在以后升级和做任务的过程中也会慢慢加强的。"(M04)

由于网络游戏的身体不在场和匿名特征,玩家可以隐藏自己在现实生活中的真实性别,在游戏中扮演不同于自己真实性别的角色。在本研究中,有受访者表示他们在游戏中曾经扮演过异性角色,他们选择异性角色的主要原因,是追求游戏角色的美感,满足自己的审美需求。

"我的骑士选的是女的,因为我觉得女骑士好看。"(M03)

"很多人骂我是人妖,说我想凭借女性这个角色来获得其他男性玩家的青睐。实际上,我选择女战士是因为觉得女战士非常养眼,比较好看,外形各方面都比较美观,如果是个男战士,那五大三粗的很影响视觉呢。"(M05)

在《魔兽世界》中,玩家可以依据自己的喜好任意选择游戏中的角色。通过访谈,我们发现,玩家选择游戏角色的动机大致有以下几种情况:

第一,以游戏角色的战斗方式为取向。

"法师的攻击比较厉害,他主要用各种元素攻击,比如水、火、土、电,另外加一个毒气伤害。我不喜欢战士那种干砍,太单调了,法师攻击的时候,游戏所呈现出的画面非常好看。"(F01)

第二,以游戏角色的外形或能力为取向。

"骑士选的是女的,因为我觉得女骑士好看。"(M03)

"潜行者这个人物比较强大,练到60级的时候就是见谁可以杀谁的那种,见人杀人,见鬼杀鬼,在族里面都是比较厉害的。"(M02)

第三,以团队合作需要为取向。

"当初我们几个人一块儿玩,为了配合大家以后打副本,因为打副本每个职业都需要有嘛,我们当中缺术士这个职业,所以我就玩术士了。"(M04)

第四,以游戏中的虚拟报酬为取向。

"法师玩起来比较爽,我选法师就是为了自己以后升级升上去了带小号,因为法师带小号刷副本比较好,带的话绝大多数是收费的,很少有免费的。"(M04)

第五,以游戏角色符合玩家在现实生活中的角色期望为取向。

"我不太喜欢特别暴力的事情,也不太喜欢在野外和别人打架,我喜欢做一点辅助类的工作,或者做能帮助别人的事情。萨满是一个特别好的辅助者,能帮助大家治疗,类似一个医生,他能给全队提供很好的医疗保障。在现实生活中,我崇拜甘地,我也喜欢和平,讨厌暴力,萨满是部落里面的一个和平主义者,他的法术是为别人服务,而并不是去打、去攻击别人。他在团队里面扮演了一个白求恩式的角色,有强烈的牺牲和奉献精神,能够服务于大家,帮助大家。"(M05)

此外,也有玩家出于多种考虑选择角色。

"我选择战士,一方面是觉得他挺有个性的,也觉得他挺好看的,另一方面是因为别人的需要。一个团队肯定要几名战士,冲在最前面去扛 BOSS,让其他人输出,保护其他人,死也是战士第一个死……战士就是做别人不敢做的事情,还有就是在一个团队中无需求地去扛一些东西。在现实生活中,我也是这样,如果我们一伙人遇到什么困难了,我也想自己一个人扛着。一马当先,冲在最前面。"(M03)

(二)《魔兽世界》中的人际互动

角色是在互动过程中形成的。一个角色在游戏情境中与其他角色的互动过程也就是角色扮演的过程。科尔伯特(Kolbert)认为,MMORPG 虚拟世界是一个围绕叙述性的主题(通常是虚幻的)构建而成的持久稳固的、社会的、实质的世界。在这个真实世界中,玩家除了从事杀怪、攻城堡、捡宝物、交易物品等活动外,还可以与其他玩家展开互动。

"我在游戏里的主要活动就是打怪、升级、交换物品、买卖东西、查资料,还有跟其他玩家聊天。在游戏中相互帮忙也是很常见的。"(F01)

李家嘉认为,网络游戏中人际互动包括合作、对立、交换与聊天四类(李家嘉,2002)。杨波发现,MMORPG 中玩家的互动行为,可以概括为聊天、分享游戏经验、分享现实生活中的事件、社会交换与情感沟通五类(杨波,2009)。本研究通过深度访谈发现,《魔兽世界》中玩家之间的互动,主要有以下几种形式:

1. 聊天

《魔兽世界》在设计之初,充分考虑了玩家之间的社交活动。玩家可以通过关键词来搜索、寻找和自己同处在一个区域的其他玩家,并添加到自己的好友名单中,以了解这些玩家的行踪,方便与之组队和聊天。在游戏中,玩家可以从一次偶然的相遇聊天,发展到经常并肩作战,由陌生人发展为朋友。无论是在作战状态下还是在非作战状态下,玩家之间都可以聊天与讨论,形成角色之间的话语互动。玩家之间的交流,增加了游戏的互动性与趣味性。

"在团队作战中,大家要发表意见,相互交流,讨论一个副本该怎么打。"(M02)

"在游戏里面也可以跳舞,如果那边站个女号,你就对着她跳舞,或者跟她讲笑话,一般她们都会很配合,如果是在一个团队里,所有的玩家都可以看见我们两个人,也能听见我们的对话。在公会里,如果没有活动的话,大家也可以聊天,比如今天看什么电影啦,遇到什么不开心的事情啦,聊聊学习,聊聊生活,什么都可以聊的。我喜欢唱歌,就下载了那个团队语音,没事的话就去某个频道听别人唱歌,那里面一般女玩家比较多,听她们唱完,我自己也选歌来唱,唱完之后,她们就开始说啊、谈论啊。"(M03)

网络游戏为玩家提供了一个很好的情感沟通平台,在这里,玩家们相遇、结识,并发展出友谊。

"我在游戏里面认识一个朋友最传奇的经历是这样的,我当时是个女骑士,用了一个我在现实生活中认识的女生的名字。在游戏里,就有一个人跑过来问我认识叫这个名字的女生吗?我说,认识。他说:'怎么这么巧,我们是初中同学'。我们两个人就说了很多话,他问我这个女生现在干什么啊,问我在干什么啊,我们两个人聊得很投机,在游戏里,面对面站在那儿,聊了一个多小时……这样认识的朋友挺好的,以后我遇到什么困难了他都会来帮我。"(M03)

在网络游戏中,玩家之间的聊天话题可以围绕游戏展开,比如讨论游戏中的作战方式,也可以围绕现实生活中发生的事情展开,或是进行情感交流,比如聊自己在现实生活中的经历。

"我在游戏中有一些朋友,大家除了一起做任务,也经常一起聊天,比如他们是什么职业啊,在哪个学校啊,学什么专业等,公会里面的一些女生也有给我传她们的照片。"(M03)

2. 竞争

在《魔兽世界》中,玩家之间的对立在其一进入网络游戏时就已确定,联盟与部落在游戏中是两个敌对的阵营,选择了联盟阵营的玩家就必然与部落阵营的玩家成为对立的一方。玩家在攻城和野外战场杀掉对方的守卫,都能积累一定的点数,随着点数的积累,玩家可以得到特别的利益,比如用点数购买游戏中的装备、武器和坐骑。正因为如此,玩家对游戏中的竞争乐此不疲。游戏中的竞争场面大概分为两种。一种是玩家们在野外战场上一对一、一对多或多对一的打斗,一般称为 PK(即 Player Killing)。"在游戏中,两个敌对阵营的玩家可以互相 PK,用尽各种办法和所有技能攻击对方,将对方打倒,很有激情,也很有成就感。"(F01)另一种竞争是有组织的、规模较大的战斗场面,最具代表性的就是游戏中的"屠城"。屠城是一方阵营的多名玩家在公会组织下对另一方阵营的主城发起进攻,是群体对抗群体的战争。"如果一个公会可以成功地组织一次大规模的屠城,就可以说明这个公会人多势众,实力很强,它的名气也就出来了。"(M05)

在这种有组织的屠城活动中,一方阵营的玩家进攻,另一阵营的玩家防守。屠城的场面是游戏中最为宏大的多人互动场面,犹如现实世界中一场规模浩大的战役。

"第一次参加屠城的时候我是猎人,我们公会派出五个团,有 200 多人参加,我在二团,一团和二团在前,三四五团在后。那场面很宏大,全部人都站在一块儿,前边全是战士,牛头人战士,非常高大威猛。战士在前面一直往前冲,后面是术士、法师们输出,治疗职业的在中间,骑士们全场做技,那场面就像拍电影一样,相当震撼!战士们过去把敌对阵营的玩家和 NPC 全都引到一起，然后后边的人上来把他们全部杀完，接下来就去杀他们的首领。我是猎人，在后面输出，前面战士扛，指导我，我拿弓箭射敌方。我们前面战士，后面跟加血的，队伍中基本上不可能没有伤亡。人数太多了，一二团冲过去，三四五团再过去，敌对玩家和NPC全被杀死了，全城尸体。这是我参加过的场面最宏大的一次屠城，我们花了两个小时就屠了联盟的四个城，非常刺激，非常有成就感。"（M03）。

3. 合作

在《魔兽世界》中，很多任务需要通过组队来完成，队员共同作战并共享游戏中的经验值奖励。在团队中，玩家一起杀怪、冒险。最能体现玩家之间团队合作的是组队下副本，当玩家的级数达到一定程度时，就可以下副本。副本地下城是游戏世界中的虚拟实境，从游戏系统的副本入口可以进入副本，副本的形式有很多，有可能是一片森林或一座庙宇，也有可能是一座塔或是一个露天战场。在打副本时，团队中玩家要分工合作，由玩家控制的不同职业的角色要各司其职、各显其能，在团队领导者的指挥下，做好各项防御与进攻，共同打怪。

"在一个团队里，会有一个团长，团长可以一边做好自己职业分内的事情，一边指挥大家打怪，比如他是一个战士，那他就要拉好怪。当然，他也可以什么都不做，专职指挥好大家就行，各个职业的角色要做好各个职业的事情。团长要眼观六路、耳听八方，如果一个队25个人，那每个人他都要注意到，每个人的技能怎么样、怪物对每个人的伤害程度大不大等都要注意到，还要对将要到来的困难做出各种预言，然后告诉其他玩家该怎么做、怎么应对。有的玩家不知道该做什么，有的玩家可能忘了做某些事情，团长都会告诉他们。"（M03）

4. 交易

如同在现实生活中一样，网络游戏中也存在一定的经济活动，玩家之间可以在游戏中交易或买卖。不同的是，在网络游戏中，玩家之间交易或买卖的是虚拟物品，如游戏中的装备、游戏币等。玩家之间可以相互交换虚拟物品，也可以用一定数目的游戏币买卖虚拟物品。在《魔兽世界》中，"主城相当于一个大城市，人数众多，里面构建了一个很大的商业区，有拍卖行、银行等，玩家到了70级以后需要经常去主城办一些事情，比如去银行存款、去拍卖行拍卖。主城里还有各种各样的披甲、锁甲，在那里，玩家可以进行自由买卖"。(M05)随着网络游戏的不断发展，玩家之间的虚拟物品交易进一步延伸到现实世界中，玩家通过实际货币买卖虚拟物品。

"我原来玩联盟法师的时候，赚钱很快，法师带别人赚钱很快。有一次打J团（即金团）我赚了一千多金，就是游戏里面的金币，当时，一个玩家想跟我交易，他花30元人民币给我充了点卡，然后我在游戏里边给了他一千多金。"(M03)

和现实社会一样，在网络游戏世界中，为了保证人际互动的顺利展开，需要建立一定的互动规则。在《魔兽世界》中，主要有三种互动规则：

一是游戏开发商和运营商制定的规则，这些规则大多制定得清楚而严格，虽然在实际操作中存在很大的弹性，但如果玩家违反或无视规则，就会受到游戏管理者的制裁。如《魔兽世界》RP（即Role-Playing）服务器针对骚扰的管理规则如下：

如果发现某个玩家意图对角色扮演玩家进行骚扰，他/她将会受到警告。如情节严重，将被暂时停权。

二是"约定俗成"的规则，是人们在现实生活中遵循的社交礼仪在网络游戏行为中的投射和反映，如使用礼貌用语。正如加芬克尔所说，在人际互动中存在着一套不言自明的规则，使人们在彼此不认识的情况下也能有效沟通和互动。

"在团队里面大家一般都要听指挥的，努力做好分内的事情。如果大家都在奋力打怪、紧张地作战时，有一个玩家突然开了一个不合时宜的玩笑，那大家都会鄙视他，以后也不跟他那样的人组队。我一般情况下都会听指挥的，很尽职尽责地做事。

有时候当大家打一个BOSS打不过去,心情都很不好的时候,指挥在那骂人,骂很难听的话,那大家就不听他了,会直接走人。"(M04)

三是由玩家提议、其他玩家赞同并自觉遵从而明确下来的非正式的规则,它们一经确定,便成为能够调节玩家行动的"外显"力量,影响和制约着游戏中的互动。《魔兽世界》中一些公会的规章制度,就属于这种类型的规则。

"每个公会都有自己的规章制度,不然就乱了。在公会里,有一种制度就是DKP制度,类似于咱们的公分制度,比如我参加一次活动公会给我记10分。大家去打一个副本,打到一件装备,这件装备分给谁?有时候,如果大家都很谦让、很和谐的话,那么谁最需要就给谁了。但是有时候就得靠出DKP来决定了,你出10,我出20,那这个装备就归我。"(M05)

在网络游戏中,玩家一旦进入游戏,就意味着要遵守游戏中的规则,否则很难在游戏中立足。那些无视规则或经常违反规则的玩家,会受到其他玩家的排斥,因此多数玩家在游戏中会遵守规则。"在游戏中,大家都是为玩游戏而玩游戏嘛,所以,大部分人还是比较遵守规则的,不遵守的人占少数。你不遵守了,就没办法玩游戏了。"(F01)

五、结论与讨论

基于对《魔兽世界》玩家的深度访谈,我们发现,角色扮演和在线人际互动是玩家在网络游戏中的重要社会行为。在网络游戏中,玩家倾向于用职业表示自己所扮演的角色的特征。一定程度上,"职业—角色"概念可以作为描述网络游戏世界中角色扮演的重要概念,玩家在游戏中拥有的是职业,扮演的是角色,围绕职业在游戏中展开一系列的行动与互动。在网络游戏中,玩家对角色的选择有很大的自主性,可以根据自己的喜好,选择游戏中不同阵营、种族或职业角色,也可以选择角色性别、皮肤颜色、面部特征、发型、发色等。玩家在游戏中的角色扮演具有多元、开放特征,通常不只扮演一个角色,而是体验着多重角色扮演所带来的快乐。网络游戏"让流动性、多重的身份概念得以实现,并将它发挥到极致"(特克,1998)。

正如特克所说,"在以我的电脑为中介的世界里,自我是多元的、流动的,而且是在与电脑网络的互动中被建构出来的"(特克,1998:12)。《魔兽世界》玩家在游戏中的角色扮演,主要通过游戏中的人际互动来实现。《魔兽世界》中的人际互动主要有聊天、竞争、合作和交易四种形式。通过人际互动,游戏角色在玩家的控制下逐渐成长起来。值得注意的是,网络游戏中的角色虽是虚拟的,但却是玩家的"网络化身体",当玩家以这种网络化身体参与到游戏中,角色互动会变得更加生动,更具现实感,游戏的沉浸感也因此而被强化(朱丹红和武艳,2023)。这种网络具身和沉浸式的角色互动,对游戏玩家存在一定的积极意义。网络游戏中的角色扮演活动,具有心灵慰藉的功能。在网络游戏中,玩家借助角色扮演释放了内心的压抑与沉闷,获得心灵慰藉与快乐。

"玩游戏可以放松一下啊,比如说有时候碰到一些很不开心的事情(现实生活中的),自己很不高兴、很不爽的时候,就去游戏里面逛逛,跟大家一起打打副本,聊聊天,心情就好多了。"(M04)甚至有玩家通过网络游戏中的角色扮演和人际互动,获得了在现实生活中缺少的自豪感和成就感。

"比如我今天这个任务完成了,打死了一个非常强大的怪,还拿到一件很不错的装备,别人都很羡慕我,我就觉得挺有成就感的。有时候下副本赚了很多钱,也让我很有成就感。"(M02)"在游戏中,帮助别人杀死一个怪,别人就会谢我,让我很有成就感。"(F01)"我玩游戏认识了很多朋友,他们都挺讲义气的,平时没事了大家在一起聊聊天啊,开开玩笑啊什么的,关系都挺好的。"(M03)

吉登斯强调,现代社会中,个人及制度都具有高度的反思性(吉登斯,2001)。玩家在网络游戏中的角色扮演与人际互动,有助于玩家反思自己在现在生活中的角色与互动。正如黄厚铭所说,人们在网络空间中的行为模式,终究会影响现实世界中的社会行为。玩家在网络游戏世界中体验着不同的"我",通过把这种虚拟"我"与现实"我"相比较,有助于玩家反思现实"我",甚至重新定位现实"我",在一定程度上对现实"我"做出积极改变(黄厚铭,2001)。"游戏中的萨满与现实中的我是一种相互的映衬,他的性格与我的性格很相符。在游戏里,他是个和平主义者,可能是受他的影响,我在现实生活中会倾向于一种自然而然的、平和的态度,不会刻意地追求什么,不激进,也不偏激,就是正心诚意地生活。"(M05)"现在,游戏就是我生活中的一部分,我现在把游戏中的一些思想已经带到了我的生活中了,比如说在游戏中我的战士想做什么就做什么,我觉得在现实生活中我也可以这样。大一刚来的时候我跟班里的同学不怎么说话,尤其是跟女生。现在不一样了,我可以敞开心扉,敢跟女生聊天、讲笑话,做我想做的事儿。大学的这两年,《魔兽世界》对我影响挺大的,我对它的思考比较多,也被它改变了许多。我曾经沉迷在那里边,根本没有考虑过现实,现在不一样了,我对现实的思考很多,比如思考自己在现实生活中的定位,我可以做什么,不可以做什么,什么事情我能做到,什么事情我做不到,真的会想很多啦。"(M03)

这种由网络游戏引发的玩家自我反思,显然有助于促进玩家的成长与成熟。

第四章　网络游戏互动对心流体验的影响

一、引言

作为一项综合性的社会行为,网络游戏包含信息交流、角色扮演、社会互动、团队合作、在线交易等多种社会功能,一直深受青少年玩家的喜爱,成为他们表达情绪、缓解压力、休闲娱乐、获得成就感、扩大社会交往的重要方式。在对青少年网络游戏行为的研究中,游戏玩家的情感体验和情感行为,尤其是沉浸式心流体验也因此深受研究者的关注。有学者认为,网络游戏之所以能够吸引青少年玩家沉浸其中,获得积极的心流体验,是因为游戏具有强大的角色扮演、趣味性、临场感、可选择性、操控性和社会互动功能(陈怡安,2003;伊斯比斯特,2018)。青少年玩家在网络游戏中的社会互动,是他们获得心流体验的一个重要途径。在过去十几年里,学界围绕游戏动机、临场感、角色扮演、游戏互动等因素,对心流体验的影响因素进行了大量的实证研究,但是,对于网络游戏影响心流体验的内部中介机制以及有哪些因素对两者之间的关系起着调节作用,目前还缺乏系统、具体和令人信服的实证研究结论。而探讨游戏互动影响心流体验的内部作用机制和外部调节因素,对理解青少年玩家的网络游戏行为和网络游戏心流体验是十分重要的。

本研究采用来自武汉、西安和宁波三个城市 1 790 名青少年网络游戏玩家的问卷调查数据。在对青少年网络游戏互动和心流体验的结构进行定量测量的基础上,实证分析了网络游戏互动对心流体验的影响作用,以及性别、游戏频率和游戏时长对两者关系的调节作用。研究发现,玩网络游戏能够激发玩家积极的情感体验,让玩家在游戏过程中产生强烈的心流体验,而游戏过程中的社会互动则对心流体验有显著的正向作用,游戏互动程度越高,玩家的心流体验就越强烈。同时,游戏玩家在游戏进程中产生的心流体验,还与玩家的个人特征相关。性别、游戏频率和游戏持续时间都会影响心流体验。游戏时长在游戏互动对心流体验的影响中起着显著的倒 U 形调节作用,意味着适度玩网络游戏能够提升青少年玩家的心流体验,而过度沉迷网络游戏则有可能削弱玩家的心流体验,甚至产生成瘾、孤僻、冷漠等负面影响(王等,2019;格里菲斯等,2004)。因此对网络游戏互动与心流体验关系的分析,需要关注游戏时长的调节效应。政策制定者和研究人员要合理评估影响网络游戏使用中的心流体验和游戏时长等因素对社会和个人的影响。需要适度控制青少年网络游戏玩家的游戏时长,避免长时间玩游戏对青少年造成身体和精神伤害。

需要指出的是,网络游戏除了让青少年玩家产生心流体验外,也有可能对玩家造成负面的心理影响,如攻击性行为、精神异常、网络游戏成瘾等(黄少华和朱丹红,2017)。玩家在游戏中的心理状态既可以是积极的,也可以是消极的。当玩家沉迷于网络游戏时,可能只是为了简单地寻求乐趣和享受,但也可能是为了逃避现实。玩家在游戏中的心理状态会进一步影响其现实生活中的行为和心理状态。与能够在虚拟世界和现实世界之间保持适度平衡的人相比,那些过度沉迷于虚拟世界,在网络游戏中花费较多时间的玩家,其自我意识和自我感知的程度较低。花大量时间在虚拟世界中,有可能增强思维能力、生存技能和创造力,但也有可能导致焦虑、抑郁、攻击性增加或其他心理伤害。因此,在分析网络游戏互动与心流体验之间的关系时,关注游戏时长的调节作用,有助于我们更好地理解网络游戏玩家是如何通过互动获得沉浸式心流体验的。

二、文献回顾与问题提出

中国互联网络信息中心从 2008 年开始,连续 9 年对 25 岁以下青少年的网络行为进行了专题调查并发布《中国青少年上网行为研究报告》,发现青少年对网络游戏、网络音乐等网络娱乐类应用存在明显偏好,其使用率一直维持在一个较高的水平,基本稳定在七成左右,而且始终高出网民总体将近十个百分点(中国互联网络信息中心,2016)。从 2018 年开始,共青团中央维护青少年权益部与中国互联网络信息中心每年对未成年人互联网使用情况开展全国调查并发布《全国未成年人互联网使用情况调查报告》,通过对 6 岁至 18 岁未成年网民网络使用行为的抽样调查,了解互联网对未成年人学习和生活的影响。最新的调查发现,玩游戏是未成年网民主要的网上休闲娱乐活动,占比为 67.8%,其使用率仅次于网上学习(88.7%),在未成年人经常从事的各类网络活动中位列第二(共青团中央维护青少年权益部、中国互联网络信息中心,2023)。为什么网络游戏对青少年网民有这么大的吸引力?有学者认为,最主要的原因,是网络游戏创造了一个不需要身体共同在场的虚实交织的娱乐空间,这是一个比现实娱乐空间更加感性、开放、自由、流动、灵活的娱乐空间。游戏的走向和内容生产,相当程度上取决于游戏玩家在游戏过程中的表演和实践,取决于玩家之间以及玩家与游戏之间的互动。玩家在游戏中通过杀怪、攻城、捡宝、探险、角色扮演等活动,形塑自我面貌、展开自我表达、探索自我认同;通过与其他玩家聊天、竞赛、合作、分享、交换、打斗等各种形式的互动,建立和扩展自己的在线社会关系网络,从而获得感官上的满足和精神上的快乐(黄少华和朱丹红,2017)。简言之,通过角色扮演和网络互动获得情感满足,是网络游戏吸引青少年玩家的主要原因。

因为网络游戏能带给游戏玩家强烈的情感体验和情感支持(胡晓梅,2021),因此,游戏玩家的情感体验、情感结构和情感行为一直受到研究者的关注。苏贝特(Sublette)等人通过对 2005 年至 2009 年间发表的 16 篇 MMORPG 研究论文的元分析,发现大多数论文有一个类似的结论,就是玩家在网络游戏中存在着愉悦、成就感、友谊和社区感等积极情感体验(Sublette et al.,2012)。廖(Liao)等人提出了一个基于心流体验和社会认同理论的个性化化身吸引力模型,发现个性化化身会影响网络游戏玩家的心流体验、内在乐趣和忠诚度(廖等,2019)。卡特兰(Catalán et al.,2019)等人根据心流理论发现,网络游戏广告能够提升玩家的游戏意识和心流体验。

波尼尔等人探讨了网络游戏情感体验的结构,认为网络游戏情感体验包括即时体验和事后体验两个维度,每个维度又分别包含享受、心流体验、想象沉浸、感官沉浸、悬疑、能力、控制、负面情感、社会临场感9个方面(波尼尔等,2007)。卡尔(Carr)认为,网络游戏中的快感体验,包括沉浸感、参与感和心流体验(卡尔,2015)。孙秀丽等人通过对青少年玩家的深度访谈和参与观察发现,网络游戏中存在多维的情感体验,包括心流、刺激、解脱、陶醉、兴奋、激动、快乐、自豪、成就感等积极情感体验,以及惭愧、负疚、羞耻、尴尬、愤怒、欲罢不能等消极情感体验,而且这两种相反的情感体验,常常在游戏过程中交织在一起(孙秀丽和黄少华,2014)。徐静也发现,青少年玩家的网络游戏情感,包括愉悦感、归属感、认同感等积极情感和愤怒、怨恨、复仇等消极情感(徐静,2018)。还有学者发现,不同的玩家和游戏类型会带来不同的情感体验,如有趣、放松、竞争、合作、心流、享乐、浪费时间、挫折、无聊等(雷雳、张国华和魏华,2018),或者乐趣、放松、竞争、合作、心流体验、享受、浪费时间、沮丧和无聊等。张玉佩则以阅听人(受众)的愉悦经验为核心,探讨了网络游戏阅听人的愉悦经验。她发现,网络游戏阅听人的愉悦模式包含控制性愉悦、社交性愉悦、叙事性愉悦、展演性愉悦四种类型(张玉佩,2011)。

不难发现,虽然学者对网络游戏情感体验结构的理解各不相同,但心流体验(flow experience)是受到大多数网络游戏研究者关注的情感体验维度。大量研究将心流视为网络游戏情感体验最重要的维度之一(许等,2004;金等,2012)。伊斯比斯特强调,游戏情感研究的重心应该在心流体验而不是传播效果,而且心流理论可以帮助我们更好理解网络游戏的传播效果(伊斯比斯特,2018)。但进一步梳理文献可以发现,学者对网络游戏心流体验结构的理解其实不尽相同。例如许(Hsu)等人把网络游戏心流体验界定为极其愉快的体验,游戏玩家全身心地参与和投入网络游戏,在其中享受乐趣、控制感、专注和内在兴趣(许等,2004)。周(Chou)等人把网络游戏心流体验概括为专注、趣味性、时间扭曲、临场感和探索行为5个维度(周等,2003)。而斯威特(Sweetser)等人提出的网络游戏心流模型(Game Flow Model),则包括专注、挑战、技巧、控制、明确目标、反馈、沉浸和社交互动8个维度(斯威特等,2017;斯威特等,2020)。

除了对网络游戏心流体验的概念结构进行探讨外,还有不少关于心流体验前因和后果变量的讨论。在有关前因变量的讨论中,社会互动、角色扮演、网络游戏的开放性、玩家的技能与需求等是较受研究者关注的变量。不少研究发现,网络游戏中的社会互动对心流体验有显著的影响(亨林森,2009;金等,2012;茜恩等,2017;龚等,2023)。陈怡安认为,网络游戏所独有的角色扮演、趣味性、远距临场感、操控性、即时多人互动等特性,是导致玩家产生心流体验的重要原因(陈怡安,2003)。许等人发现,人机交互、社交互动、技能和挑战都对心流体验有显著的正向影响(许等,2016)。伊斯比斯特认为,网络游戏的可选择性、角色扮演和互动,让玩家沉浸在游戏之中(伊斯比斯特,2018)。魏婷发现,游戏特性和玩家的心理需求,对心流体验有显著的正向影响(魏婷,2015)。而在后果变量的讨论中,网络游戏行为意向、网络游戏忠诚度、网络游戏成瘾等变量较受研究者关注。例如许等人借助技术接受模型(TAM),发现心流体验对网络游戏行为意向有显著的预测作用(许等,2004)。茜恩(Shin)运用包含了心流体验、主观规范、感知愉悦、感知安全等变量的修正了的技术接受模型对游戏玩家的研究发现,玩家的心流体验强化了游戏的忠诚度(茜恩,2010)。薛(Xue)发现,网络游戏玩家的心流体验会显著影响玩家的游戏参与度和互动交流(薛,2015)。秀玲(Xiuling)发现,网络游戏玩家的心流体验与病理性网络游戏行为之间存在明显的正相关(秀玲,2016)。黄少华等人的研究也发现,青少年网络游戏玩家的心流体验对游戏成瘾存在着显著的正向影响(黄少华和朱丹红,2021)。

综观国内外学界有关网络游戏心流体验的研究,都充分认识到了心流体验对理解游戏玩家及其游戏行为的重要性,并呈现出研究视角多元,注重对心流体验的概念结构、前因和后果变量的研究等特点,取得了不少有价值的研究成果。但也存在一些有待深化和拓展的研究空间:首先,对网络游戏心流体验结构的理解存在一定的分歧,对其概念结构讨论还不够充分,尚缺乏统一有效的概念测量工具。其次,大多数针对网络游戏心流体验的因果关系的研究,都仅限于对心流体验与相关变量之间的相关性分析,较少关注网络游戏心流体验与相关变量之间的内部作用机制与外部调节机制。有鉴于此,本研究尝试基于网络游戏心流体验的已有研究成果,从专注、愉悦感、时间扭曲、高峰体验、即时反馈、自我掌控感、全神贯注等维度,测量青少年网络游戏玩家的心流体验,探讨网络游戏互动对心流体验的影响。并在此基础上,以性别、网络游戏频率和游戏时长作为外部调节因素,定量分析性别、网络游戏频率和游戏时长对网络游戏互动与心流体验关系的调节作用。

三、数据、模型与变量

(一)数据来源

本章的分析数据,来自国家社会科学基金项目"青少年网络游戏行为及其影响因素研究"课题组于 2016 年 10 月至 12 月在武汉、西安和宁波三城市进行的问卷调查,此次调查的对象为年龄在 12～23 岁的城市青少年。每个城市分别调查初中、高中和大学各两所。初中和高中部分,首先在每个城市随机抽取一个区,然后在抽中的区随机抽取初中和高中各两所;大学部分,则在每个城市随机抽取大学两所。在每所抽中的学校,采用简单随机抽样方法,从每个年级随机抽取 40 名学生作为调查对象,其中大学部分的抽样,考虑到部分高校大四学生外出实习的实际情况,只在大一至大三 3 个年级的学生中抽样。调查实际发放问卷 2 139 份,最后获得有效样本 1 790 个,有效问卷回收率为 83.68%。经过数据清理,符合本文数据分析要求的有效样本共 1 781 个。其中男性玩家 1 064 人,占

59.7%；女性玩家717人，占40.3%。平均年龄16.38岁(sd=2.754岁)，最小12岁，最大23岁；其中年龄在14岁以下的受访者占11.22%，14～16岁的占14.03%，16～18岁的42.16%，18～20岁的16.8%，20～23岁的15.7%。受教育程度为初中的有598份，占33.6%；高中有563份，占31.6%；大学有620份，占34.8%。

(二)假设与模型

心流理论认为，人们之间的社会互动，是影响心流体验的重要因素。契克森米哈赖(Csikszentmihalyi)强调，人在有朋友、家人或他人为伴时最快乐。沮丧或不快乐的人最主要的特征，就是缺少人际互动(Csikszentmihalyi,2017)。网络游戏作为一个随互联网兴起而产生的新行为空间，其重要特点就是让玩家可以同时在线玩游戏，并且在游戏过程中展开各种形式的社会互动。玩家在游戏过程中大多会参与聊天、交易、帮助、PK、合作、聚会、组建团队、加入公会或血盟组织等互动行为，这些互动行为提升了玩家在游戏过程中的心流体验(陈怡安,2003；黄少华,2009；Kim et al.,2012；Su et al.,2016；Shin et al.,2017)。基于上述理论逻辑和研究发现，本研究假设：

假设1：网络游戏互动与心流体验存在正相关关系。网络游戏互动程度越高，心流体验越强烈。

为了检验假设1，本章选择以网络游戏互动为自变量，心流体验为因变量，采用OLS回归模型，定量分析网络游戏互动对心流体验的影响。

有研究发现，青少年的网络游戏互动行为和心流体验，会受性别、玩网络游戏频率和时长等因素的影响(黄少华,2009；金盛华和周宗奎等,2015；Grifiths et al,2004)。与男性玩家相比，女性玩家更喜欢在游戏中与其他玩家互动(Yee,2006)；而玩网络游戏的频率和时长，都对网络游戏互动和心流体验有正向影响，玩游戏频率越高，时间越长，参与互动的程度越高，心流体验也越强烈(陈怡安,2003；黄少华和朱丹红,2021)。因此，本研究引入性别、玩网络游戏频率和时长作为调节变量，并进一步提出以下研究假设：

假设2:性别在网络游戏互动对心流体验的影响中起调节作用。女性玩家比男性玩家更容易通过互动获得心流体验。

假设3:网络游戏频率在网络游戏互动对心流体验的影响中起正向调节作用。游戏频率越高,心流体验越强烈。

假设4:网络游戏时长在网络游戏互动对心流体验的影响中起正向调节作用。玩游戏时间越长,心流体验越强烈。

为了检验以上假设,本文在OLS回归模型中进一步引入性别、玩网络游戏频率和时长与网络游戏互动的交互项,形成一个嵌套模型:

$$y = b_0 + b_1 x_1 + b_2 x_2 + b_3 x_3 + b_4 x_4 + b_5 x_1 \cdot x_2 + b_6 x_1 \cdot x_3 + b_7 x_1 \cdot x_4 + e$$

其中 x_1 为自变量网络游戏互动,x_2、x_3、x_4 为性别、玩游戏频率、玩游戏时长,$x_1 \cdot x_2$、$x_1 \cdot x_3$ 和 $x_1 \cdot x_4$ 分别为网络游戏互动与性别交互项、网络游戏互动与游戏频率交互项、网络游戏互动与游戏时长交互项。

(三)变量操作化

1.因变量

本研究以青少年玩家的网络游戏心流体验为因变量。心流体验(flow experience)[①]是契克森米哈赖提出来的一个重要概念,是指人们全神贯注地投入一个活动时所感觉到的极度愉悦的爽体验。当人们处于心流状态时,会专注于任务,心无旁骛,完全忽略掉其他与任务不相关的知觉,无视周围环境,感觉时间过得飞快。一旦产生了这种心流体验,即使没有外部激励或者物质奖励,行动者也非常乐于重复行为以维持这种愉悦体验。契克森米哈赖认为,心流体验包括九项元素:有挑战性的任务、全神贯注、目标明确、从活动中获得即时反馈、心无旁骛地专注于任务、有强烈的内在愉悦感、"忘我"状态及自我掌控感和自我增强感明显、时间感改变(契克森米哈赖,2017)。继契克森米哈赖之后,有学者进一步尝试对心流体验维度进行不同的划分。例如韦伯斯特等人把心流体验分为控制

---

① 在国内学界,对心流体验存在多种不同的翻译。除译为"心流体验"(米哈里·契克森米哈赖:《心流:最优体验心理学》,张定绮译,中信出版社2017年版)外,最常见的翻译是"沉浸感"。此外,也有学者译为"沉醉感""爽体验""福乐体验"等。

感、注意力集中、好奇和内心真正的感受4个维度(韦伯斯特等,1993),豪斯曼(Hausman)等人提出心流体验涉及挑战、专注、控制和愉悦感4个维度(豪斯曼等,2009),奥立弗(Oliver)则将心流体验概括为全神贯注、完全投入、内在享乐体验、集中注意力和完全投入导致时间扭曲5个维度(奥立弗,1980)。本研究参照学界对心流体验概念结构的探讨,结合斯威特等人提出的网络游戏心流模型(斯威特等,2020),从专注、愉悦感、时间扭曲、高峰体验、即时反馈、自我掌控感、全神贯注等维度,采用"玩游戏时,我全身心地投入""玩网络游戏让我快乐""玩网络游戏时,觉得时间过得特别快""我很享受网络游戏带给我的巅峰体验""玩游戏时感觉自己与游戏融为一体""当我玩网络游戏时,感觉自己很灵活""玩网络游戏时,我常常无视周围环境"7个指标,测量青少年玩家的网络游戏心流体验。

2. 自变量

本研究以青少年网络游戏互动为自变量。学界对网络游戏中的互动行为有大量研究,例如伊认为,网络游戏中真正有趣的是玩家之间的互动,这些互动包括帮助他人、聊天、与他人形成友谊、团队合作等(伊,2006);李家嘉发现网络游戏中的人际互动,包括合作、交换、对立、聊天四种形式(李家嘉,2002);黄少华等人基于对《魔兽世界》玩家的深度访谈,把大型角色扮演游戏中的互动行为归纳为聊天、竞争、合作和交易四类(黄少华和杨岚,2015);朱丹红等人则把网络游戏中的社会互动,区分为聊天交友、帮助与交换、合作与竞争等(朱丹红等,2013)。基于学界已有研究发现,本研究选择从人际互动与团队互动两个维度,对网络游戏互动进行测量。具体测量指标包括"在游戏过程中与其他玩家聊天""做任务时与其他玩家相互帮助""与其他玩家进行情感交流""加入或组建游戏团队(如公会、血盟等)""在做任务时与其他团队成员积极合作""参加公会组织的集体打副本、做任务等活动"6个题项。

3. 控制变量

对网络游戏行为影响因素的已有研究发现,性别、年龄、教育程度、收入、职业等人口统计变量,以及网龄、网络使用频率和上网持续时间等网络使用变量,都会对网络游戏行为产生影响(陈怡安,2003;黄少华,2009;金盛华和周宗奎等,2015;黄少华和朱丹红,2021;格里菲斯等,2004)。具体到青少年网络游戏中的心流体验,受性别、游戏频率和游戏时长的影响较为显著。因此,本研究将性别、网络游戏频率和游戏时长作为控制变量引入回归方程,以更好地了解和解释青少年玩家的网络游戏互动对心流体验的影响。主要控制变量的均值、标准差与变量说明见表 4.1。

表 4.1　　　　　　　控制变量的均值、标准差与变量说明

	均值	标准差	变量说明
性别($N=1\,781$)	0.58	0.49	二分变量,1 为男性,0 为女性
网络游戏频率($N=1\,712$)	0.65	0.48	二分变量,是否每周玩游戏(是=1)
网络游戏时长($N=1\,735$)	2.12	1.87	定距变量,每次玩网络游戏持续时间

4. 调节变量

为了检验假设 2、假设 3 和假设 4,估计性别、网络游戏频率和游戏时长在网络游戏互动对心流体验影响中的调节作用,本章进一步把"网络游戏互动×性别""网络游戏互动×游戏频率""网络游戏互动×游戏时长"3 个交互项引入回归模型。

四、变量测量结果

(一)心流体验

本研究采用从"非常符合"到"非常不符合"五点尺度李克特量表,用 7 个题项对青少年玩家的网络游戏心流体验进行了测量。在这 7 项测量指标中,得分较高的是"玩网络游戏时,觉得时间过得特别快"($M=4.11$,$sd=0.97$)、"玩网络游戏让我快乐"($M=3.93$,$sd=0.96$)、"玩网络游戏时,我全身心地投入其中"($M=3.82$,$sd=1.07$)。得分相对较低的是"玩游戏时感觉自己与游戏融为一体"($M=3.09$,$sd=1.28$)和"玩网络游戏时,我常常无视周围环境"($M=2.79$,$sd=1.34$),但其均值也分别达到了 3.09 和 2.79,可见多数青少年玩家在网络游戏过程中,有着较为明显

的心流体验。

为了简化网络游戏心流体验量表的结构,我们采用因子分析方法,对量表包含的 7 个题项进行因子分析。因子分析采用主成分分析作为抽取因子的方法,以特征值大于 1 作为选择因子的标准,采用正交旋转法中的最大方差旋转法作为转轴方法,以降低因子的复杂性。由于因子分析的前提条件是观测变量之间存在一定的相关关系,因此在进行因子分析前,先运用 KMO 测度和 Bartlett's 球状检验方法评估对项目进行因子分析的适当性。经计算发现,量表的 KMO 值为 0.887,Bartlett's 球状检验的卡方值为 5 564.822,自由度为 21,$p<0.000$,说明存在潜在共享因子,适合进行因子分析。因子分析结果,测量网络游戏心流体验的 7 个指标,被浓缩为 1 个因子,所有指标的因子负荷除一项接近 0.6 外,其余均超过或接近 0.7,因子的方差贡献率为 57.105%。其中"玩网络游戏时,我常常无视周围环境"一题的共同度较低,只有 0.356,其他题项的共同度均超过或接近 0.5,达到了因子分析的要求(见表 4.2)。对量表的信度检验,采用分析内部一致性 Cronbach's α 系数方法进行,信度分析结果表明,量表的 Cronbach's α 系数为 0.868,说明量表具有较高的信度。

表 4.2　　　　　　　　网络游戏心流体验的因子负荷

	因子负荷	共同度
玩游戏时感觉自己与游戏融为一体	0.836	0.699
我很享受网络游戏带给我的巅峰体验	0.836	0.698
玩网络游戏时,我全身心地投入其中	0.775	0.601
当我玩网络游戏时,感觉自己很灵活	0.767	0.589
玩网络游戏让我快乐	0.757	0.573
玩网络游戏时,觉得时间过得特别快	0.694	0.481
玩网络游戏时,我常常无视周围环境	0.597	0.356
特征值	3.997	
方差贡献率(%)	57.105	

网络游戏心流体验因子分析得到的是一个均值为0,标准差为1的标准化值。为了比较直观地呈现青少年玩家的网络游戏心流体验得分情况,我们根据因子值转换公式:转换后的因子值=(因子值+B)×A[①],将因子值转换为1到100之间的指数。转换前因子的最大值为1.647 78,最小值为-2.964 22,平均值为0,标准差为1。转换后的最大值为100,最小值为1,平均值为64.629 2,标准差为21.465 74,中位值为65.152 9,众数为100。可见,本研究中的青少年玩家具有较高程度的网络游戏心流体验。

(二)网络游戏互动

本研究采用"经常""较多""一般""较少""从不"五点尺度李克特量表,用6个题项对网络游戏互动进行了测量。在这6项网络游戏互动行为中,青少年玩家参与程度由高到低分别为"在做任务时与其他团队成员积极合作"($M=3.73, sd=1.24$)、"做任务时与其他玩家相互帮助"($M=3.54, sd=1.22$)、"在游戏过程中与其他玩家聊天"($M=3.23, sd=1.31$)、"加入或组建游戏团队(如公会、血盟等)"($M=3.18, sd=1.44$)、"参加公会组织的集体打副本、做任务活动"($M=3.05, sd=1.44$)和"与其他玩家进行情感交流"($M=2.51, sd=1.34$)。

为了简化网络游戏互动量表,我们采用探索性因子分析方法,对6个题项进行因子分析。量表的KMO值为0.836,Bartlett's球状检验的卡方值为3998.358,自由度为15,$p<0.000$,说明存在潜在共享因子,适合进行因子分析。因子分析结果,测量网络游戏互动的6个指标,被浓缩为1个因子,因子的方差贡献率为56.066%。所有题项的因子负荷均超过了0.6,共同度都超过或接近0.5,达到因子分析的要求(见表4.3)。信度分析结果表明,量表的Cronbach's α系数为0.842,说明量表具有较高的信度。

[①] $A=99/$(因子值最大值-因子值最小值),$B=(1/A)-$因子值最小值。B的公式亦为:$B=$[(因子值最大值-因子值最小值)/99]-因子值最小值(边燕杰、李煜:《中国城市家庭的社会网络资本》,《清华社会学评论》,2000年第2期)。

表 4.3　　　　　　　　　网络游戏互动的因子负荷

	因子负荷	共同度
加入或组建游戏团队(如公会、血盟等)	0.794	0.630
参加公会组织的集体打副本、做任务等活动	0.785	0.616
做任务时与其他玩家相互帮助	0.768	0.589
在游戏过程中与其他玩家聊天	0.752	0.566
与其他玩家进行情感交流	0.702	0.492
在做任务时与其他团队成员积极合作	0.685	0.470
特征值	3.364	
方差贡献率(%)	56.066	

网络游戏互动因子分析得到的是一个均值为 0,标准差为 1 的标准化值。为了比较直观地呈现网络游戏互动的得分情况,我们将因子值转换为 1 到 100 之间的指数。转换前因子的最大值为 2.908 24,最小值为 −2.143 07,平均值为 0,标准差为 1。转换后的最大值为 100,最小值为 1,平均值为 43.001 8,标准差为 19.598 88,中位值为 43.689 7,众数为 75.25。可见,青少年玩家在网络游戏中存在较多的人际交流和互动行为。

五、假设检验

假设 1"网络游戏互动与心流体验存在正相关关系。网络游戏互动程度越高,心流体验越强烈"是本研究的核心研究假设。为了检验假设 1,我们以网络游戏互动为自变量,以心流体验为因变量进行回归分析(见表 4.4 模型 1)。从模型 1 可见,网络游戏互动对心流体验有显著的正向影响,说明网络游戏互动程度越高,心流体验越强烈。模型的削减误差比例为 15.8%。这意味着本研究的假设 1 得到了证实。

表 4.4　　　　　　　心流体验影响因素 OLS 回归模型

	模型 1($N=1758$)		模型 2($N=1632$)		模型 3($N=1632$)	
	$B(S.E)$	Beta	$B(S.E)$	Beta	$B(S.E)$	Beta
常量	0.000 (0.022)		−0.372*** (0.049)		−0.406*** (0.051)	
网络游戏互动	0.397*** (0.022)	0.397	0.312*** (0.024)	0.310	0.312*** (0.047)	0.311
游戏互动× 性别					0.042 (0.048)	0.032
游戏互动× 游戏频率					0.078 (0.049)	0.060
游戏互动× 游戏时长					−0.039** (0.012)	−0.118
性别			0.097* (0.047)	0.048	0.096* (0.047)	0.047
游戏频率			0.180*** (0.048)	0.086	0.184*** (0.049)	0.088
游戏时长			0.096*** (0.013)	0.177	0.115*** (0.014)	0.212
R^2	0.158		0.200		0.205	
adjusted R^2	0.157		0.198		0.202	
F	329.452***		101.249***		59.888***	

注：* $p<0.05$，** $p<0.01$，*** $p<0.001$。

为了更好地估计自变量网络游戏互动对因变量心流体验的净效应,我们在模型 2 中加入性别、网络游戏频率和网络游戏时长作为控制变量。从模型 2 的回归分析结果可见,这 3 个变量均对心流体验有显著的正向影响。男性玩家与女性玩家相比,更有可能在网络游戏中获得心流体验;每周至少玩一次游戏的玩家,比玩游戏频率少于每周一次的玩家,获得心流体验的可能性更大;每次玩网络游戏延续的时间越长,心流体验的程度越高。在控制了性别、网络游戏频率和网络游戏时长 3 个变量后,网络游戏互动对心流体验的净效应有所下降,但仍是模型 2 中对心流体验影响最大的变量。模型 2 的削减误差比例为 20.0%,比模型 1 的解释力有所提升。

在模型 3 中,我们进一步把"网络游戏互动×性别""网络游戏互动×游戏频率""网络游戏互动×游戏时长"3 个交互项引入回归模型,以估计性别、网络游戏频率和游戏时长在网络游戏互动对心流体验影响中的调节作用,从而对假设 2、假设 3 和假设 4 进行检验。从模型 3 可见,3 个交互项的回归系数分别为 0.042($p>0.05$)、0.078($p>0.05$)和 -0.039($p<0.01$),说明"网络游戏互动×性别""网络游戏互动×游戏频率"对心流体验有正向影响,而"网络游戏互动×游戏时长"对心流体验的影响则为负向。但在这 3 个变量中,性别和游戏频率的调节作用不显著;而网络游戏时长的调节作用虽然显著,但是与研究假设 4 假设的作用方向不一致。也就是说,游戏时长在游戏互动对心流体验的影响中起显著的负向调节作用,每次玩游戏的时间越长,通过游戏互动获得心流体验的可能性越小。这意味着,网络游戏互动对心流体验的正向作用,是受青少年玩网络游戏时长约束的。

在模型 2 中,网络游戏互动和网络游戏时长均对心流体验呈显著的正向作用,即网络游戏互动程度越高,玩游戏时间越长,心流体验越强烈。而在模型 3 中,游戏互动和游戏时长的交互项却对心流体验呈负向作用。为了更好地理解游戏互动与游戏时长交互对心流体验的影响机制,我们在控制性别和网络游戏频率基础上,把网络游戏互动、网络游戏互动平方、网络游戏时长、网络游戏时长平方作为自变量引入模型进行回归分析。分析结果见表 4.5。

表 4.5　网络游戏互动和游戏时长对心流体验的影响($N=1\ 632$)

	B	S.E	Beta	t	Sig.
常量	-0.494	0.060		-8.223	0.000
网络游戏互动	0.303	0.024	0.302	12.549	0.000
网络游戏互动平方	0.013	0.020	0.014	0.636	0.525
网络游戏时长	0.200	0.029	0.368	6.832	0.000
网络游戏时长平方	-0.011	0.003	-0.207	-3.970	0.000

续表

	B	$S.E$	$Beta$	t	$Sig.$
性别	0.081	0.047	0.040	1.725	0.085
网络游戏频率	0.159	0.049	0.076	3.270	0.001
R^2	0.207				
adjusted R^2	0.204				
F	70.841				0.000

从表4.5可见，网络游戏互动和网络游戏互动平方对心流体验的影响均为正向，而网络游戏时长与网络游戏时长平方对心流体验的影响方向不一致，其中网络游戏时长的影响为正向，而网络游戏时长平方的影响则为负向，说明玩网络游戏的时间长度对心流体验的影响呈倒U形。也就是说，随着玩网络游戏时间的增加，青少年玩家的心流体验强度会逐步提高，而当玩游戏时长达到一定的程度后，心流体验会随着游戏时长的继续增加而减弱，甚至有可能出现成瘾、孤僻、冷漠、紧张等负面后果。为了验证这种倒U形关系，我们根据网络游戏时长均值（2.12）和标准差（1.87），把青少年玩家分为4组，通过比较发现，玩网络游戏时长从最短到最长的4组玩家的心流体验均值分别为−0.368 085 2、−0.141 187 0、0.384 538 1和0.290 525 2。说明在前3组玩家中，随着玩游戏时间的增加，心流体验强度不断提升，而玩游戏时间最长的一组，心流体验强度相对于均值最高的第3组反而是下降的。也就是说，网络游戏时长对心流体验的影响的确是呈倒U形的。

综合表4.4的模型3和表4.5的数据分析结束，可以发现，假设2和假设3在本研究中均没有获得证实，而假设4则获得了部分证实。

六、结论与讨论

在互联网的众多使用功能中，网络游戏是引发焦虑和争议最多的功能之一，其社会和媒体形象也最模糊暧昧。网络游戏从一开始就引发了诸多社会争议。从"玩物丧志"到"电子海洛因"再到"娱乐新天地"再到"新文化产业引擎",网络游戏在不同的媒体、社会大众和专家学者眼里,呈现出多种截然不同的社会形象(朱丹红和黄少华,2021)。有很多人认为,网络游戏给青少年带来了成瘾、暴力、欺骗、孤僻、冷漠、紧张、不合群、焦虑、肥胖、脱离社会、缺乏活力等负面影响,青少年过度使用网络游戏,正在成为新的社会风险。但也有学者强调,网络游戏唤起和激活了积极的情感体验,让玩家获得出类拔萃的心流体验(麦戈尼格尔,2012),从而对人们的日常活动产生积极影响。适当玩网络游戏,有助于释放游戏玩家的负面情绪,提高逻辑思维能力、战略思维能力和创造力。

　　本研究借助网络游戏心流体验量表对青少年玩家的测量,发现不少青少年玩家具有较高程度的网络游戏心流体验,意味着在青少年玩家群体中通过网络游戏获得心流体验,已经是一种较为普遍的现象。在网络游戏心流体验的影响因素中,游戏互动是一个较受关注和重视的变量。本研究通过回归分析发现,网络游戏互动对心流体验有显著的正向影响,网络游戏互动程度越高,心流体验就越强烈。麦戈尼格尔(McGonigal)认为,游戏互动之所以能够唤起和激活心流体验,是因为游戏让人们能够以现实世界中实现不了的方式联系在一起,让陌生人结盟、分享、交流、互动、合作,创造强大的社群和有意义的社会参与空间(麦戈尼格尔,2012)。本研究对网络游戏互动的测量,侧重网络游戏中的沟通、帮助、情感交流、团队合作等内容。研究发现,网络游戏中的这些互动行为,对心流体验有显著的正向影响。这意味着,麦戈尼格尔提出的解释逻辑,在本研究中得到了一定程度的证实。或者说,从游戏互动视角分析和解释网络游戏心流体验,是一种较为恰当和有效的路径,后续研究值得进一步从理论上深化和完善这一分析视角和研究路径。

　　本研究发现,性别、网络游戏频率和网络游戏时长对心流体验均有显著影响,但是,"网络游戏互动×性别""网络游戏互动×游戏频率""网络游戏互动×游戏时长"3个交互变量只有"网络游戏互动×游戏时长"对心流体验的影响显著,且影响方向与假设4假设的方向不一致。进一步分析发现,玩网络游戏时长与心流体验之间呈倒 U 形关系。这意味着,适度的网络游戏时长能够提升青少年玩家的心流体验,而如果玩游戏的时间过长,过度沉迷网络游戏,则不仅不能提升玩家的心流体验强度,反而有可能对玩家造成成瘾、孤僻、冷漠等负面影响。这一研究发现的政策意义在于,在肯定网络游戏互动对心流体验的正向作用的同时,需要注意游戏时长的调节效应。有必要控制玩网络游戏的时间长度,以避免网络游戏对青少年造成负面影响。为了保证游戏玩家的身心健康,避免网络游戏成为青少年逃避现实、退出现实世界的虚拟场所,避免青少年因网络游戏中遭遇挫折引发负面情绪,变得易怒、不安、具有攻击性,制定和执行适当有效的游戏控制策略至关重要。

　　作为一项探讨青少年网络游戏互动与心流体验关系的验证性研究,本研究存在一些不足。例如对网络游戏互动的测量,侧重从人际互动和团队互动两个维度,选择 6 项指标进行测量,虽然采用内部一致性 Cronbach's α 系数方法进行的信度检验,表明量表具有较高的信度,但不可否认,本研究采用的量表只是对游戏互动的一种比较简略的测量。我们通过访谈发现,青少年的网络游戏互动形式极为丰富,后续研究需要尝试其他不同的变量操作化方案,以进一步提升网络游戏互动测量的信度和效度。同时,在控制变量设置上,本研究基于文献回顾,重点控制了性别、网络游戏频率和游戏时长 3 个变量,没有涉及更多的控制变量,这也是未来研究中需要进一步完善和改进的。另外,本研究的样本数据限于武汉、西安和宁波三城市青少年。未来应该选择更多地区和年龄段的网络游戏玩家作为样本进行研究,并考虑更多的中介变量和调节变量,以深入理解网络游戏互动与心流体验的关系。

第五章　网络游戏心流体验对游戏成瘾的影响

一、文献回顾与问题提出

网络游戏是一项颇受青少年喜爱的在线活动。有大量研究表明,在互联网的各项功能中,青少年对玩网络游戏存在明显的偏好。共青团中央维护青少年权益部和中国互联网络信息中心于2019年至2023年连续发布《全国未成年人互联网使用情况调查报告》,最新调查发现,在6岁至18岁的未成年网民中,网络游戏使用率为67.8%,在未成年网民经常从事的各类网络活动中位列第二(共青团中央维护青少年权益部和中国互联网络信息中心,2023)。不少学者发现,相对于互联网的工具性使用,偏向于娱乐性的互联网使用更容易引发网络成瘾。例如顾海根(2008)发现,大学生的网络信息获得行为与网络成瘾有显著的负相关,而网络游戏行为则与网络成瘾有极其显著的正相关。正因为如此,在网络成瘾研究中,网络游戏成瘾受到的关注一直最多。2013年,在《精神障碍诊断与统计手册》(*Diagnostic and Statistical Manual of Mental Disorders*)第五版(DSM-5)中,网络游戏成瘾(Internet Gaming Disorder)首次被美国精神病学会(American Psychiatric Association)正式认可为一种行为成瘾(behavioral addiction),这是继赌博成瘾(gambling disorder)之后,第二种被正式命名的行为成瘾(American Psychiatric Association,2013)。世界卫生组织(WHO)也在2018年发布的《国际疾病分类》(*International*

Classification of Diseases)手册第 11 版中(ICD-11)中,在行为成瘾障碍下增加了网络游戏成瘾。

格里菲斯(Griffiths)是较早对网络游戏成瘾进行系统研究的学者。在他看来,网络游戏成瘾是一种行为成瘾,而显著性、情绪调节、耐受性、戒断症状、冲突性和复发性等是网络游戏成瘾的 6 个核心特征,符合这些特征的网络游戏行为在操作上都可以被定义为是一种成瘾行为(格里菲斯,2017)。其中显著性是指参与网络游戏的专注性,包括认知层面、情绪层面和行为层面的专注性;情绪调节是指玩家因使用网络游戏获得快感并逃避现实生活;耐受性是指需要逐渐增加使用网络游戏的时间和精力,才能获得先前的积极效果;戒断症状是指减少网络游戏使用会产生负面的心理和生活影响;冲突性是指因过度使用网络游戏而产生的人际冲突;复发性是指尝试减少使用网络游戏失败。根据这 6 个特征,格里菲斯提出了包含"每天都玩游戏""经常玩很长时间,一般 3 到 4 小时""玩游戏的时候表现得非常激动""当不能玩游戏的时候心情很差""因为玩游戏不参加社会活动和体育活动""只玩游戏而不完成作业""想要缩短玩游戏的时间但都失败了"7 个指标的测量工具,用于诊断网络游戏成瘾。国内学者针对中国青少年玩家的网络游戏行为特点,也提出了相应的网络游戏成瘾测量指标。例如雷雳等(2018)对网络游戏成瘾的测量,强调凸显性、耐受性、强迫性上网、戒断症状、心境改变、社交抚慰和消极后果等指标。刘建银等(2017)提出的测量指标,则包括行为依赖、生理依赖、情绪依赖、功能损害、认知依赖等。

学界对网络游戏成瘾影响因素的分析,主要针对青少年和大学生玩家展开。其中受研究者关注最多的影响因素,集中在网络游戏的媒介特征、青少年玩家的个人特征、家庭学校等社会环境因素三个方面。(1)在网络游戏媒介特征方面,比较一致的看法是,网络游戏的互动性、临场感等特点,是诱发青少年网络游戏成瘾的重要原因。例如格里菲斯认为,网络游戏的刺激性和替代性特征,是引发游戏成瘾的重要原因。罗莫等(2016)认为,网络游戏可以多人一起互动、功能多样、易操作、即时性等特征,让青少年在网络游戏中更容易获得乐趣、宣泄情绪、缓解压力、体验权力、实现自尊、打发时间、摆脱无聊,因而也更容易引发游戏成瘾。(2)在玩家个人特征方面,性别、网络游戏动机、焦虑和自尊等人格心理特征,以及心流体验等都受到不同程度的关注。例如 Kuss 等人通过对 175 名 MMORPG 玩家和 90 名非 MMORPG 玩家的比较研究,发现逃避动机、成就动机与不良游戏行为对网络游戏成瘾影响显著。查尔顿(Charlton)等(2010)对 388 名 MMORPG 玩家人格因素的测试发现,外向性、情感稳定性、亲和性、外倾性、吸引性五大人格指数与网络游戏成瘾之间存在显著的关联,外向性、亲和性、情感稳定性以及吸引力降低,会导致网络游戏成瘾可能性上升。(3)在家庭学校等社会环境方面,有不少学者的研究发现,亲子关系、父母教养方式、学校氛围、学业和升学压力、同伴关系、社会支持等环境因素,都对青少年的网络游戏成瘾有不同程度的影响(周宗奎等,2017;雷雳,2016)。李董平等人还考察了多种社会因素风险累积对青少年网络成瘾的影响效果,发现累积风险对青少年网络成瘾有显著的不利影响,这种不利影响比任何单一风险因素的作用都更显著(李董平,2016)。

在网络游戏成瘾影响因素研究中,有关心流体验与网络游戏成瘾的关系受到了不少学者的关注。撒切尔(Thatcher)等(2008)发现,心流体验与网络游戏成瘾呈显著正相关,对网络游戏成瘾有很好的预测作用。周(Chou)等对中国台湾高中生游戏玩家的研究也发现,在游戏过程中有高心流体验的玩家更有可能网络游戏成瘾,玩家的心流体验程度越高,网络游戏成瘾的可能性也越大,心流体验得分与网络游戏成瘾得分之间呈显著正相关(周等,2003)。杨(Yang)等(2017)对中国台湾大学生的研究发现,在各种网络行为中,网络游戏行为的心流体验程度更高,且能够很好地预测游戏成瘾。但是,也有学者发现,心流体验与网络游戏成瘾之间并不存在显著的正相关。例如,万(Wan)等(2006)对青少年网络游戏成瘾的交叉滞后研究发现,心流体验与网络游戏成瘾之间呈负相关,心流体验不能有效预测网络游戏成瘾。他们还发现,网络游戏成瘾玩家的心流体验程度甚至比非成瘾玩家更低(万等,2006)。这意味着,心流体验要成为解释青少年网络游戏成瘾的一个有效视角,还需要对心流体验影响游戏成瘾的内部作用机制做更深入的研究。基于目前学界对网络游戏心流体验与游戏成瘾关系的研究发现,我们认为有两个问题值得做更进一步的探讨:第一,为什么作为积极情感体验的心流体验,会引发游戏成瘾这一消极现象?第二,为什么同样有网络游戏心流体验的青少年玩家,有些会游戏成瘾,有些却不会?本章尝试从网络游戏意识角度,提出一个解释心流体验影响游戏成瘾机制的新视角来回答这两个问题。

二、数据、假设与变量

(一)数据

本章的分析数据来自国家社会科学基金项目"青少年网络游戏行为及其影响因素研究"课题组于2016年10月至12月在武汉、西安和宁波三个城市进行的问卷调查。此次调查的对象为年龄在12岁至23岁的城市青少年。调查采用多阶段抽样方法,共发放问卷2 139份,最后获得有效样本1 790个,有效问卷回收率为83.68%。经过数据清理,符合本章数据分析要求的有效样本共1 781个,其中男性玩家1 064人,占59.7%,女性玩家717人,占40.3%。

(二)研究假设

通过文献回顾,我们发现大多数关于网络游戏心流体验与游戏成瘾关系的研究,都证实了两者之间存在正相关关系,因此本研究假设:

假设1:网络游戏心流体验与游戏成瘾存在正相关关系。网络游戏心流体验越强烈,游戏成瘾的可能性越大。

对于心流这种积极的情感体验,为什么会引发游戏成瘾这样的消极后果,曾有一些学者尝试从理论上提出了若干解释。例如魏华等(2012)依据理性成瘾理论,认为成瘾在某种程度上是追求收益最大化的理性抉择,获得心流体验是成瘾行为最直接的收益,因此追求心流体验会导致游戏成瘾的发生。许(Hsu)等(2009)认为,心流体验导致玩家过分夸大网络游戏的正面价值和不可替代性,这种认知偏差有可能引发游戏成瘾。而周等(2003)则认为,心流体验带给网络游戏玩家的乐趣和成就感,会促使玩家花大量时间重复使用网络游戏,心流体验与重复使用的交互作用会导致网络游戏成瘾。这些解释,对于探索和理解心流体验影响游戏成瘾的内部作用机制和外部调节因素有其积极意义。本研究则尝试从网络游戏意识角度,提出一个新的解释心流体验影响游戏成瘾作用机制的视角。

结构化理论认为,拥有认知能力是人类行动者的显著特征,行动者是具有认知能力的能动者,而不是只受其行动环境影响的被动接受者。因此,对行动者的认知能力尤其是"实践意识进行解释,是探讨社会行为各方面特征的一个必不可少的要素"(吉登斯,1998)。按照结构化理论的理论逻辑,对社会行为的探讨,不能只停留在客观变量分析层面,而需要进一步阐明行为意识对行为的影响。尤其是在网络空间中,客观结构性因素对网络行为的制约作用在相当程度上被弱化了,而网络意识和网络价值观念的影响作用,则被前所未有地凸显了出来(黄少华,2009)。因此对网络游戏行为和游戏成瘾的分析,需要强调主观因素的影响作用。技术接受模型在解释影响使用者接受或采纳一项新技术的因素时,强调使用者接受和采纳新技术是由其对新技术的态度及感知有用和感知易用决定的,同时态度又受感知有用和感知易用的影响。本研究认为,包括感知有用在内的价值感知,是网络游戏意识的一个重要维度,因而会影响行动者的网络游戏行为(包括网络游戏成瘾行为)。青少年游戏玩家的网络游戏意识,会在心流体验与游戏成瘾之间起中介作用,分析这种中介作用,有助于更好地解释心流体验与游戏成瘾之间的内部作用机制。基于这样的理论逻辑,本研究进一步提出二个研究假设:

假设2:网络游戏价值感知与游戏成瘾之间存在正向相关。网络游戏价值感知程度越高,游戏成瘾的可能性越大。

假设3:网络游戏心流体验不仅直接正向影响游戏成瘾,而且通过价值感知间接正向影响游戏成瘾。网络游戏价值感知在心流体验与游戏成瘾之间起中介作用。

(三)变量

(1)因变量

本研究以青少年网络游戏成瘾为因变量。有关网络游戏成瘾的研究,发端于20世纪90年代。自从戈德伯格(Goldberg)在20世纪90年代提出网络成瘾概念以来,网络游戏成瘾作为网络成瘾的重要类型,一直是网络成瘾研究中的核心议题。杨最早依据物质和行为成瘾的界定标准制定了网络成瘾测量指标,包括耐受性、强迫性上网症状、戒断症状、控制障碍等。格里菲斯认为,显著性、情绪调节、耐受性、戒断症状、冲突性和复发性等是网络游戏成瘾的核心特征。美国精神病学会(2013)在DSM-5中提出了沉迷游戏、戒断反应、耐受性、控制障碍、逃避不良情绪等9条诊断网络游戏成瘾的指标。这些指标被广泛应用于网络游戏成瘾测量。本研究在梳理学界有关网络游戏成瘾已有测量指标的基础上,基于网络游戏成瘾是一种行为成瘾这一观点,参照行为成瘾的测量指标,编制了包括"为了玩游戏拒绝朋友的邀请""一有时间,总是想着尽快上网玩游戏""停止玩游戏时,会变得心神不宁""尝试减少玩游戏的时间,但无法做到""如果没有时间玩游戏,会变得心情烦躁"等8个指标的测量量表,作为青少年网络游戏成瘾的测量工具。

(2)自变量

本研究以青少年玩家的网络游戏心流体验为自变量。心流体验是指人们全神贯注地投入一个活动时所感觉到的极度愉悦的爽体验。当人们处于心流状态时,会专注于任务,心无旁骛,完全忽略掉其他与任务不相关的知觉,无视周围环境,感觉时间过得飞快。一旦产生了这种心流体验,即使没有外部激励或者物质奖励,行动者也非常乐于重复行为以维持这种愉悦体验。契克森米哈赖认为,心流体验包括九项元素:有挑战性的任务、全神贯注、目标明确、从活动中获得即时反馈、心无旁骛地专注于任务、有强烈的内在愉悦感、"忘我"状态、自我掌控感和自我增强感明显、时间感改变。本研究参照学界对心流体验的已有研究成果,尝试从专注、愉悦感、控制感、时间扭曲、高峰体验等维度,采用"玩游戏时,我全身心地投入""玩网络游戏让我快乐""玩网络游戏时,觉得时间过得特别快""我很享受网络游戏带给我的巅峰体验""玩游戏时感觉自己与游戏融为一体"等7个指标,对青少年玩家的网络游戏心流体验进行测量。

(3)中介变量

价值感知是本研究的中介变量。价值是人们与能满足其某种需要的客体属性之间的关系,而价值感知,则是对客体属性能满足人们的某种目的和需求的判断与评价。一般认为,价值感知是个多维度的构念,例如科科斯拉(Cocosila)等(2015)认为,价值感知包括功能性价值、情感性价值、经济性价值和社交性价值四个维度。有学者强调,网络游戏有助于青少年玩家进行社会互动、扩展社会关系、积累社会资本、获得情感满足、缓解现实压力。常(Chang)等(2014)把玩家对网络游戏这些价值的感知,区分为功利性感知和享乐性感知两个方面,前者强调的是网络游戏的工具性价值,后者则更为关注网络游戏带给玩家的游戏乐趣。基于学界对网络游戏价值感知的相关研究,本研究尝试从工具性价值和情感性价值两个层面,采用"在游戏过程中挑战困难很有趣""游戏中的团队竞争很有乐趣""角色扮演游戏让我体会到了探索自我的快乐"等7个指标,对网络游戏价值感知进行测量。

(4)控制变量

对网络游戏行为影响因素的已有研究,发现性别、年龄、教育程度、收入、职业等人口统计变量,以及网龄、网络使用频率和上网持续时间等网络使用变量,都会对网络游戏行为产生影响(格里菲斯等,2004;黄少华,2008)。青少年网络游戏成瘾受性别、游戏频率和游戏时长的影响均较为显著(沈冯娟等,2011)。因此,本研究将性别、网络游戏频率和游戏时长作为控制变量引入回归方程,以更好地了解和解释自变量网络游戏心流体验和中介变量价值感知对游戏成瘾的影响。控制变量的均值、标准差与变量说明见表5.1。

表 5.1　　　　　　　　控制变量的均值、标准差与变量说明

	均值	标准差	变量说明
性别($N=1\,781$)	0.58	0.49	二分变量,1 为男性,0 为女性
网络游戏频率($N=1\,712$)	0.65	0.48	二分变量,是否每周玩游戏(是=1)
网络游戏时长($N=1\,735$)	2.12	1.87	定距变量,每次玩游戏持续时间

三、变量测量结果

(一)网络游戏成瘾

本研究采用"经常""较多""一般""较少""从不"五点尺度李克特量表,用 8 个题项对网络游戏成瘾进行了测量。测量结果显示,8 项测量指标中,青少年玩家在"玩游戏能让自己忘掉学习和生活中的烦恼"和"挂念游戏中尚待处理的事情"两项指标上的发生频率较高,经常和较多发生的比例分别为 33.2%($M=2.91, sd=1.279$)和 22.7%($M=2.66, sd=1.168$),其他 6 项指标的发生比例相对较低。其中比例最低的是"停止玩游戏时会变得心神不宁"和"为了玩游戏拒绝朋友的邀请",经常及较多发生的比例分别为 6.3%($M=1.75, sd=0.984$)和 7.4%($M=1.86, sd=1.003$)。为了对青少年玩家的网络游戏成瘾现状有一个定性判断,我们以上述诊断网络游戏成瘾的 8 项指标作为测量工具,通过对青少年玩家在这 8 项指标上的回答进行重新赋值(赋值方法为:经常、较多赋值为 1,一般、较少和从不则赋值为 0,因此其理论取值范围为[0,8]),将每个个案在这 8 项指标上的得分相加,获得其"网络游戏成瘾得分"。然后,根据被访者的网络游戏成瘾得分,将他们区分为两组,得分等于及大于 5 分的样本为一组,属于网络游戏成瘾者,而其他样本则为非网络游戏成瘾者。结果显示,在全部有效样本中,网络游戏成瘾者所占比例为 6.1%。

本研究采用探索性因子分析方法,对网络游戏成瘾量表结构进行简化。因子分析采用主成分分析作为抽取因子的方法,以特征值大于 1 作为选择因子的标准,采用正交旋转法中的最大方差旋转法作为转轴方法,以降

低因子的复杂性。由于因子分析的前提条件是观测变量之间存在一定的相关关系,因此在进行因子分析之前,先运用 KMO 测度和 Bartlett's 球状检验方法对项目因子分析的适当性进行评估。经计算发现,量表的 KMO 值为 0.915,Bartlett's 球状检验的卡方值为 7 557.590,自由度为 28,在 0.000 (sig.＝0.000)水平上统计检验显著,说明存在潜在共享因子,适合进行因子分析。因子分析析出一个因子,方差贡献率为 59.425%。除"玩游戏能让自己忘掉学习和生活中的烦恼"一题的共同度稍低外,其他题项的共同度均超过 0.5,达到因子分析的要求(见表 5.2)。对量表的信度检验,采用分析内部一致性 Cronbach's α 系数方法进行。信度分析结果显示,量表的 Cronbach's α 系数为 0.897,说明网络游戏成瘾量表具有较高的内部一致性,信度良好。

表 5.2　　　　　　　　　　网络游戏成瘾的因子负荷

	因子负荷	共同度
需要不断增加玩游戏的时间才能得到满足	0.862	0.742
一有时间,总是想着尽快上网玩游戏	0.848	0.720
停止玩游戏时,会变得心神不宁	0.818	0.668
如果没有时间玩游戏,就会变得心情烦躁	0.788	0.621
尝试减少玩游戏的时间,但无法做到	0.747	0.558
挂念游戏中尚待处理的事情	0.728	0.530
为了玩游戏拒绝朋友的邀请	0.717	0.515
玩游戏能让自己忘掉学习和生活中的烦恼	0.633	0.400
特征值	4.754	
方差贡献率(%)	59.425	

网络游戏成瘾因子分析得到的是一个均值为 0,标准差为 1 的标准化值。为了比较直观地呈现青少年玩家的网络游戏成瘾状况,我们根据因子值转换公式:转换后的因子值＝(因子值＋B)×A,将因子值转换为 1～100 的指数。转换后网络游戏成瘾的平均值为 28.073 7,标准差为

20.7480 6,中位值为 25.750 0,众值为 1.00。其中综合得分超过 60 分的占全部有效样本($N=1$ 750)的 8.1%,有一半青少年玩家的综合得分在 25 分以下。

(二)心流体验

本研究采用从"非常符合"到"非常不符合"五点尺度李克特量表,用 7 个题项对青少年玩家的网络游戏心流体验进行了测量。在 7 项测量指标中,得分较高的是"玩网络游戏时,觉得时间过得特别快"($M=4.11, sd=0.970$)、"玩网络游戏让我快乐"($M=3.93, sd=0.966$)、"玩网络游戏时,我全身心地投入其中"($M=3.82, sd=1.074$)。得分相对较低的是"玩游戏时感觉自己与游戏融为一体"($M=3.09, sd=1.284$)和"玩网络游戏时,我常常无视周围环境"($M=2.79, sd=1.348$),但其均值也分别达到了 3.09 和 2.79,可见青少年玩家在网络游戏中有着较高程度的心流体验。对量表的因子分析结果,参见本书第 4 章,尤其是表 4.2。

(三)价值感知

本研究采用从"非常同意"到"非常不同意"五点尺度李克特量表,用 7 个题项对网络游戏价值感知进行了测量。在这 7 项指标中,青少年玩家同意程度由高到低分别为"游戏中的团队竞争很有乐趣"($M=4.05, sd=1.032$)、"在游戏过程中挑战困难很有趣"($M=3.88, sd=1.099$)、"我从游戏战绩中获得了成就感和满足感"($M=3.76, sd=1.118$)、"角色扮演游戏让我体会到了探索自我的快乐"($M=3.66, sd=1.145$)、"网络游戏让我找到了精神寄托"($M=2.68, sd=1.292$)、"玩游戏提高了我的学习兴趣"($M=2.69, sd=1.3321$)和"玩游戏增强了我的信心"($M=3.44, sd=1.233$)。

为了简化价值感知量表,我们采用探索性因子分析方法,对 7 个题项进行因子分析。计算发现,量表的 KMO 值为 0.863,Bartlett's 球状检验的卡方值为 4 241.761,自由度为 21,在 0.000($sig.=0.000$)水平上统计检验显著,说明存在潜在共享因子,适合进行因子分析。因子分析结果,测量网络游戏价值感知的 7 个指标被浓缩为 2 个因子,因子的累积方差贡献率为 65.537%。所有题项的因子负荷均超过了 0.6,共同度也都超过了 0.6,达到因子分析的要求(见表 5.3)。信度检验采用分析内部一致性 Cronbach's α 系数方法进行,信度分析结果表明,2 个因子的 Cronbach's α 系数分别为 0.818 和 0.717,整个量表的 Cronbach's α 系数为 0.833,说明量表具有较高的信度。

表 5.3　　　　　　　　网络游戏价值感知因子负荷矩阵

	乐趣感知	提升感知	共同度
在游戏过程中挑战困难很有趣	0.801	0.186	0.675
我从游戏战绩中获得了成就感和满足感	0.783	0.264	0.684
游戏中的团队竞争很有乐趣	0.772	0.112	0.608
角色扮演游戏让我体会到了探索自我的快乐	0.738	0.277	0.622
玩游戏提高了我的学习兴趣	0.113	0.810	0.669
网络游戏让我找到了精神寄托	0.205	0.790	0.667
玩游戏增强了我的信心	0.483	0.656	0.663
特征值	2.683	1.904	
方差贡献率(%)	38.332	27.205	
累积方差贡献率(%)	38.332	65.537	

根据因子分析结果和因子所包含题目的具体含义,我们把 2 个因子分别命名为"乐趣感知"和"提升感知",分别体现青少年玩家对网络游戏情感价值和工具价值的感知。为了比较直观地呈现青少年玩家的价值感知得分情况,我们将因子值转换为 1 到 100 之间的指数。转换前乐趣感知因子的最大值为 1.931 04,最小值为 −4.119 14;提升感知因子的最大值为 3.445 11,最小值为 −2.456 91。转换后乐趣感知因子的最大值为 100,最小值为 1,平均值为 68.402 1,标准差为 16.363 15,中位值为 69.711 1,众数为 81.47;提升感知因子的最大值为 100,最小值为 1,平均值为 42.212 04,标准差为 16.773 92,中位值为 42.091 8,众数为 73.96。

可见,相比之下,青少年玩家对网络游戏的乐趣体验价值有更高程度的感知。

四、假设检验

假设1"网络游戏心流体验与游戏成瘾存在正相关关系。网络游戏心流体验越强烈,游戏成瘾的可能性越大"是本研究的基本研究假设。为了检验假设1,我们以网络游戏成瘾为因变量,以心流体验为自变量进行回归分析(见表5.4模型1)。从模型1可见,网络游戏心流体验对游戏成瘾有显著的正向影响,说明网络游戏心流体验程度越高,游戏成瘾的可能性越大。本研究的假设1得到了证实。模型的削减误差比例为24.0%,说明心流体验对游戏成瘾变异有24.0%的解释力。

表5.4 网络游戏成瘾影响因素OLS回归模型

	模型1(N=1 722)		模型2(N=1 599)		模型3(N=1 706)		模型4(N=1 580)	
	B(S.E)	Beta	B(S.E)	Beta	B(S.E)	Beta	B(S.E)	Beta
常量	−0.002 (0.021)		−0.410*** (0.046)		−0.008 (0.022)		−0.480*** (0.048)	
心流体验	0.491*** (0.021)	0.490	0.408*** (0.022)	0.406				
乐趣感知					0.203*** (0.022)	0.203	0.150*** (0.022)	0.151
提升感知					0.334*** (0.022)	0.333	0.275*** (0.023)	0.270
性别			0.159*** (0.044)	0.078			0.197*** (0.046)	0.096
游戏频率			0.152*** (0.046)	0.072			0.166*** (0.048)	0.079
游戏时长			0.156*** (0.012)	0.196			0.129*** (0.013)	0.239
R^2	0.240		0.297		0.152		0.237	
adjusted R^2	0.240		0.295		0.151		0.235	
F	543.303***		168.289***		153.070***		97.835***	

注:* $p<0.05$,** $p<0.01$,*** $p<0.001$。

为了更好地估计自变量网络游戏心流体验对因变量游戏成瘾的净效

应，我们在模型 2 中加入性别、网络游戏频率和网络游戏时长作为控制变量。从模型 2 的回归分析结果可见，这 3 个变量均对游戏成瘾有显著的正向影响。男性玩家与女性玩家相比，游戏成瘾的可能性更大；每周至少玩一次游戏的玩家，比玩游戏频率少于每周一次的玩家，游戏成瘾的可能性也更大；每次玩网络游戏延续的时间越长，越有可能游戏成瘾。在控制了性别、网络游戏频率和网络游戏时长 3 个变量后，网络游戏心流体验对游戏成瘾的净效应略有下降，但仍是模型 2 中对游戏成瘾影响最大的变量。模型 2 的削减误差比例为 29.7%，比模型 1 的解释力有所提升。

在模型 3 中，我们以网络游戏价值感知的 2 个因子乐趣感知和提升感知为自变量，以游戏成瘾为因变量进行回归分析，以检验假设 2。从模型 3 可见，价值感知的 2 个因子均对游戏成瘾有显著的正向影响，说明网络游戏价值感知程度越高，游戏成瘾的可能性也越大。本研究的假设 2 也得到了证实。从价值感知 2 个因子的回归系数可见，提升感知相比乐趣感知，对网络游戏成瘾的影响更大。也就是说，那些相信网络游戏能提升学习兴趣和信心的青少年玩家，更有可能网络游戏成瘾。模型的削减误差比例为 15.2%，说明价值感知对游戏成瘾变异有 15.2% 的解释力。

我们在模型 4 中进一步把性别、网络游戏频率和网络游戏时长作为控制变量加入模型，以更好地估计价值感知对游戏成瘾的净效应。从模型 4 的回归分析结果可见，这 3 个变量均对游戏成瘾有显著的正向影响。男性玩家与女性玩家相比，游戏成瘾的可能性更大；每周至少玩一次游戏的玩家，比玩游戏频率少于每周一次的玩家游戏成瘾的可能性也更大；每次玩游戏延续的时间越长，越有可能游戏成瘾。模型 4 的削减误差比例为 23.7%，比模型 3 的解释力有所提升。

假设 3 是体现本研究主要理论逻辑的研究假设，目的是探索心流体验影响游戏成瘾的中介机制。图 5.1 的路径模型呈现的就是这种中介效应。从模型可见，网络游戏心流体验对游戏成瘾的直接效应显著，路径系数为 0.419（$p<0.001$）。心流体验对乐趣感知和提升感知的路径系数分别为 0.606（$p<0.001$）和 0.042（$p>0.05$），而乐趣感知对游戏成瘾的路径系数为 0.110（$p<0.001$），提升感知对游戏成瘾的路径系数为 0.132（$p<0.001$）。这意味着，网络游戏价值感知的乐趣感知维度在心流体验与游戏成瘾之间的中介作用显著，心流体验不仅直接正向影响游戏成瘾，而且通过乐趣感知间接正向影响游戏成瘾，中介效应为 0.072，因此心流体验对网络游戏成瘾的总效应为 0.491（心流体验对游戏价值感知的提升感知维度影响不显著，但提升感知本身对网络游戏成瘾有显著的正向影响，路径系数为 0.132）。假设 3 部分成立，网络游戏价值感知部分中介了心流体验与网络游戏成瘾的关系。

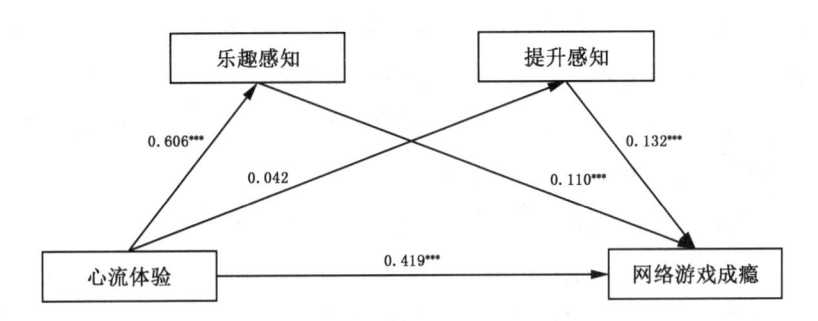

图 5.1　网络游戏成瘾的中介效应模型

五、结论与讨论

成瘾是现代社会生活中一个重要的社会挑战。吉登斯（2011）从社会学视角分析了成瘾的基本特征，包括高峰体验、自我沉醉、个人平常生活和行为的暂停、暂时放弃日常生活的自我认同、丧失的自我感被羞愧感和悔恨感所代替、作为一种特别经验在其发作时其他东西都无济于事、解脱或束缚得更紧等。互联网对青少年的生活和学习有许多正面和积极的意义，但同时也带来了一系列新的社会问题和社会风险，网络游戏成瘾便是其中引人注目的社会问题之一。本研究发现，大约有 6.1%的青少年玩家是网络游戏成瘾者，而从网络游戏成瘾综合得分来看，有 8.1%的青少年玩家的得分在 60 分以上，说明的确有一部分青少年玩家存在网络游戏成瘾问题。因此相关部门和机构必须充分重视青少年的网络游戏成瘾问题。值得注意的是,学界对青少年网络游戏成瘾状况的调查结果并不一致。格里菲斯分析了在2000年到2010年间公开发表的约60项网络游戏成瘾研究(其中大多数研究针对MMORPG),发现这些研究对网络游戏成瘾的预估范围为1.7%~10%,存在较大的差异(格里菲斯,2017)。这其中部分原因是不同学者采用的测量工具有所不同。另一个重要原因,是有学者发现不同地区玩家的游戏行为存在明显的文化差异。例如DSM-5工作组对240多篇已发表论文的分析发现,亚洲国家游戏玩家的网络游戏成瘾比例普遍高于欧美国家的游戏玩家(American Psychiatric Association,2013)。有学者认为,这与亚洲地区的集体主义文化有关,游戏体验与文化情境之间存在一定的关联(靳宇倡等,2019)。后续研究可以将文化情境作为一个调节变量,对不同地区青少年玩家的网络游戏体验与成瘾行为展开跨文化比较分析。

契克森米哈赖认为,心流体验是人类的基本需求,人们总是会在日常生活中寻求并试图满足自己的心流体验。网络游戏的互动性、临场感、挑战性、刺激性等特点,容易让青少年玩家产生心流体验,从而让玩家沉浸在网络游戏空间流连忘返,甚至诱发网络游戏成瘾(黄少华,2009)。本研究对网络游戏心流体验与游戏成瘾关系的分析发现,心流体验对游戏成瘾有显著的正向影响,心流体验程度越高,游戏成瘾的可能性越大。这一发现与在此议题上已有的很多研究发现一致(撒切尔等,2008;周等,2003;杨等,2017;金等,2009)。本研究基于结构化理论和技术接受模型的理论逻辑,从网络游戏意识角度,提出了一个用网络游戏价值感知解释心流体验影响游戏成瘾的内部作用机制的分析框架,以解释为什么作为积极情感体验的心流体验,会引发游戏成瘾这一消极现象。研究发现,心流体验不仅直接正向影响游戏成瘾,而且通过乐趣感知间接正向影响游戏成瘾,乐趣感知在心流体验与游戏成瘾之间的中介作用显著。韦伯等人发现,网络游戏心流体验与乐趣感知之间存在高相关性,游戏过程中的心流体验能够较好地预测乐趣体验。这意味着,网络游戏心流体验和乐趣体验程度高的玩家,更倾向于对网络游戏作正面和积极的评价,更倾向于通过玩网络游戏获得成就感和满足感,也更容易忽略网络游戏的风险和消极面,因而更容易引发网络游戏成瘾。这一研究发现,无疑有助于我们加深对网络游戏心流体验与游戏成瘾之间内部作用机制的理解。当然,心流体验只解释了游戏成瘾24.0%的变异,同时网络游戏价值感知也只起部分中介作用。这意味着,还存在其他影响青少年网络游戏成瘾的重要变量,需要后续开展更深入全面的研究。

在政策性意义层面,本研究的主要发现为预防和减少青少年网络游戏成瘾现象提供了一种新的思路。学界以往对青少年网络游戏成瘾影响因素的分析,大多强调网络游戏的媒介特征、青少年玩家的个人特征和社会环境三方面因素的作用,相关预防和干预建议也基本上强调这三个方面,较少有从青少年玩家的网络游戏意识角度进行探讨的成果。本章的研究发现,从网络游戏意识角度分析和解释网络游戏成瘾,是一种较为恰当和有效的路径;同时也意味着加强青少年的网络游戏素养教育,引导青少年玩家养成恰当的网络游戏意识,切实提升青少年对网络游戏的辨识能力,是预防和减少游戏成瘾的重要路径之一。

第六章　网络游戏意识对网络游戏行为的影响

一、问题的提出

网络游戏是指以网络空间为依托,既可以一人进行也可以多人同时参与的在线游戏,它使游戏从单一的休闲娱乐活动,扩展为包括聊天、角色扮演、虚拟会议、虚拟社区等多种功能的综合性社会行为。网络游戏为人们创造了一个具有时空压缩、无边界、开放、自由、匿名等特征的虚实交织的想象世界,让人们能够在其中从事探险、交往、竞争、互动、建构认同等社会行为。与传统游戏相比,网络游戏具有强烈的互动性、娱乐性、耐玩性、探索性、不确定性等特点。游戏没有固定的程序与确定的结果,玩家可以把自己的喜怒哀乐投射到游戏角色身上,通过提升自己的游戏技能和等级,影响游戏的进程,并且在游戏过程中与其他游戏玩家实时互动,从中获得精神上的快乐与感官上的满足。在今天,玩网络游戏已经成为许多青少年宣泄情绪、缓解压力、娱乐身心、塑造自我、实现自我的一种重要方式和途径,这也是网络游戏广受青少年青睐和欢迎的一个重要原因。

近年来,随着青少年网络游戏玩家数量的快速增长,对青少年网络游戏行为的研究,开始进入学者的视野。概括而言,学界的研究主要集中在两个方面：

首先,对青少年网络游戏中社会互动、自我认同和暴力行为的研究,是青少年网络游戏行为研究中最受关注的内容。(1)有研究者强调,网络游戏容易导致青少年沉迷网络,从而削弱其现实社会联系,而且网络游戏参与程度越高,现实社会联系越差(骆少康和方文昌等,2003)。但其他学者却发现,玩网络游戏并没有使青少年的社会交往减少,相反,网络游戏可以让许多玩家同时在线参与游戏这一不同于传统游戏的特点,使青少年能够在游戏中展开社会互动和合作。青少年热衷于网络游戏的一个重要原因,正是因为网络游戏能让玩家在虚拟空间建立起以前只有在现实世界中才能建立起来的社会联系(杨可凡,2001;陈怡安,2003;林鹤玲和郑芳芳,2004;弗洛姆,2003;曼宁,2003)。(2)有学者强调,网络游戏是一个发现自我甚至重塑自我的实验室,有助于游戏玩家建构平行、多元、去中心化、片段化的后现代自我认同。在网络游戏世界中,玩家对游戏展示的各种可能性空间的认同,会被反思性地运用于自身,从而改变玩家的认同。这对于青少年纾解情绪,增加自我认识,发现自己的潜力,形成自己对未来工作的概念与自我理想,都有重要的意义(特克,1998;陈怡安,2003;侯蓉兰,2003;穆尔,2006)。(3)有学者认为,网络空间是一个匿名、可以自由发表言论且信息快速流通的虚拟世界。由于不知道彼此的真实身份,故不必害怕他人对自己的评价,亦无须担心自己的表现,因此在网络空间经常会发生言语冲突与怒火(flaming)。比起面对面沟通,在网络空间有较多的言语侵犯、不避讳的言语论述与不适当的吵架行为(帕克斯和弗洛伊德,1996;琼斯等,1998)。青少年较多地接触暴力游戏后,其行为和话语会变得比较激烈、具有攻击性,并且会变得不愿意帮助他人;经常接触暴力游戏,会让青少年对暴力变得麻木,还会强化攻击信念,增强控制感,从而增加攻击行为发生的可能性(金荣泰,2001;陈怡安,2003)。

其次,对青少年网络游戏行为影响因素的研究,也颇受国内外学界的关注。在这一问题上,已有研究所采用的主要分析角度和解释逻辑,基本上延续了结构分析的思路。分析所涉及的主要变量,包括性别、年龄、教育程度、收入、职业,以及社会资源和社会规则等人口统计变量和社会结构变量。主要解释逻辑,是强调上述社会结构因素对网络游戏行为的影响(格里菲斯,戴维斯和查普尔,2003,2004)。但也有学者强调,网络空间在相当程度上消解了社会结构因素对网络游戏行为的制约作用,他们尝试提出了一种不同于结构分析的理论视角,这一视角强调网络意识和网络价值观念对网络行为的影响(黄少华和翟本瑞,2006)。比方说,按照现实生活中的价值观,武力并不能代表一切,但在网络游戏中,角色的等级和功力成为人们能否成为重要人物的关键,由此导致青少年网民对网络游戏中角色功力(武力)的推崇(李曜安,2004)。青少年在玩网络游戏过程中形成的这种游戏意识和价值观念,会对网络游戏行为产生不可忽略的影响。

综观国内外学界的相关研究,存在两个主要缺陷:(1)对网络游戏行为的研究较为零散,缺乏对其概念结构的完整、充分检视,更没有以此为基础发展出有效的概念测量工具;(2)有关网络游戏意识对网络游戏行为影响作用的分析,基本上停留在理论分析层面,缺乏相应的实证研究支撑。基于学界的这一研究现状,本研究设定了两个研究目的:一是尝试梳理网络游戏行为和网络游戏意识的概念结构,并在此基础上发展有效的概念测量工具;二是借助调查数据,定量分析网络游戏意识对网络游戏行为的影响。

二、数据、模型与变量

(一)数据

本章的分析数据,来自国家社会科学基金项目"网络社会行为及其管理"课题组于2004年10—11月在浙江(杭州和舟山)、湖南(长沙和岳阳)和甘肃(兰州和天水)三省进行的问卷调查。此次调查的对象为年龄在13~24岁的城市青少年。调查采用多阶段抽样方法,共发放问卷2 028份,最后获得有效样本1 681个(黄少华,2008),其中符合本章数据分析要求的样本1 466个。

(二)模型

结构化理论认为,拥有认知能力(包括话语意识、实践意识和无意识)是人类行动者的显著特征,"所有的行动者都是具有认知能力的行动者,而不是只受其行动环境影响的被动接受者"(吉登斯,2007)。对行动者的认知能力尤其是"实践意识进行解释,是探讨社会行为各方面特征的一个必不可少的要素"(吉登斯,1998)。建构主义也强调,人们对世界的概念性表述,制约和影响着人们的社会行为。因此,对社会行为的探讨,不能只停留在客观结构分析层面,而需要进一步阐明人们是如何按照各自对行为场景和行为规则的话语意识和实践意识,去组织和建构现实社会行为的。基于这样的理论逻辑,本研究设计了以青少年网络游戏行为为因变量,网络游戏意识为自变量,青少年个体因素、地区差异、网络使用状况为控制变量的分析架构。

根据这一分析架构,我们设计了一个包含两个回归模型的嵌套模型(nested models)。首先以人口统计变量、地域和网络使用状况为自变量,建构一个基准模型:

$$y = b_0 + b_1 x_1 + b_2 x_2 + b_3 x_3 + \cdots + b_7 x_7 + e \tag{1}$$

其中,y 为因变量,即青少年网络游戏行为,x_1、x_2、$x_3 \cdots x_7$ 分别代表控制变量性别、年龄、省份、城市、网龄、网络使用频率和上网持续时间,b_1、b_2、$b_3 \cdots b_7$ 分别代表各控制变量的偏回归系数。b_0 和 e 分别代表常数项和不可观测的随机误差。

在模型(1)的基础上,我们进一步在模型中引入了网络游戏意识变量,形成一个嵌套模型:

$$y = b_0 + (b_1 x_1 + b_2 x_2 + b_3 x_3 + \cdots + b_7 x_7) + b_{\text{网络游戏意识}} x_{\text{网络游戏意识}} + e \tag{2}$$

其中,$x_{\text{网络游戏意识}}$ 为青少年网络游戏意识各自变量,$b_{\text{网络游戏意识}}$ 为青少年网络游戏意识各自变量的偏回归系数。借助模型(2),我们可以在控制人口统计变量、地域因素和网络使用状况的基础上,了解网络游戏意识对网络游戏行为的影响作用。同时,通过比较模型(1)和模型(2)的削减误差比例,我们可以了解网络游戏意识对网络游戏行为的解释力。

(三)变量

1. 因变量:网络游戏行为

本研究以青少年网民的网络游戏行为为因变量。虽然迄今为止学界尚缺乏对网络游戏行为概念的概念结构分析,更没有在此基础上发展出相应的概念测量工具,但考虑到学界已有一些从网络互动、自我建构和行为偏差三个维度入手对网络游戏行为的研究,因此,本研究尝试以这三个维度作为网络游戏行为概念的基本结构,采用量表形式进行测量。

2. 自变量:网络游戏意识

本研究以青少年网民的网络游戏意识为自变量。同样,目前学界也缺乏对网络游戏意识概念的概念结构分析,以及与此相应的概念测量工具。在本研究中,我们基于前期对青少年网民的访谈,尝试从网络互动、自我实现、情感满足、行为虚拟和网络游戏暴力五个维度,采用量表形式,测量青少年的网络游戏意识。

3. 控制变量:人口变量与网络使用行为

对青少年网络游戏行为影响因素的已有研究发现,个体因素如性别、年龄、教育程度、收入、职业等人口统计变量,以及青少年网民的网络使用状况如网龄、网络使用频率和上网持续时间等变量,会对网络游戏行为产生影响(陈怡安,2003;格里菲斯,戴维斯和查普尔,2004)。因此,我们将性别、年龄、省份、城市、网龄、网络使用频率和上网持续时间作为控制变量引入回归方程,以更好地了解和解释青少年网民的网络游戏意识对网络游戏行为的影响。主要控制变量的均值、标准差与变量说明见表6.1。

表6.1　　　控制变量的均值、标准差与变量说明($N=1\,466$)

	均值	标准差	变量说明
性别	0.63	0.48	二分变量,1为男性,0为女性
年龄	17.37	3.50	定距变量,最小值13,最大值24
网龄	2.92	1.10	定距变量
网络使用频率	3.24	1.15	定距变量,每周上网次数
上网持续时间	1.59	0.89	定距变量,每次上网持续时间

三、数据分析

(一)变量测量结果

网络游戏行为和网络游戏意识是本研究中的两个主要变量。作为不能直接观测的潜变量,我们采用量表进行测量,并对测量结果进行探索性因子分析和验证性因子分析。

1. 网络游戏行为

根据前期的文献探讨和对青少年网络游戏玩家的访谈,我们从网络互动、自我建构和行为偏差三个维度,列出了 14 个题项,作为测量青少年网络游戏行为的指标。统计显示,在这 14 项网络游戏行为中,频率较高的分别为"通过练级提高自己在游戏中的等级"(74.1%)、"在游戏过程中和玩友聊天"(73.8%)、"与朋友一起打装备"(68.2%)和"不断尝试游戏的各种新玩法"(66.6%);而频率较低的则有"同时加入敌对双方的组织"(26.4%)、"和异性角色产生感情"(26.3%),以及"盗取别人的 ID 或装备达到升级的目的"(19.1%)。

为了简化青少年网络游戏行为的结构,我们尝试通过探索性因子分析(EFA),提取出有概括力的新因子。在因子分析之前,先进行 KMO 和 Bartlett's 球状检验,KMO 值为 0.922,Bartlett's 球状检验卡方值为 7 612.449,自由度为 91,在 0.000(sig.=0.000)水平上统计检验显著,说明存在共享潜在因子,可以进行因子分析。因子分析采用主成分分析法,以特征值大于 1 作为选择因子的标准,因子旋转采用正交旋转法中的最大方差旋转法。通过因子分析,测量青少年网络游戏行为的 14 个题项,被简化为 2 个因子,其中我们在设计问卷时考虑的网络互动和自我建构两个维度,被简化成了一个因子。2 个因子的方差贡献率分别为 31.707% 和 20.298%,累积方差贡献率为 52.006%,共同度多数超过或接近 0.5,基本达到了因子分析的要求(见表 6.2)。

表 6.2　　　　　　　　网络游戏行为因子负荷矩阵($N=1\,466$)

	亲社会行为	偏差行为	共同度
与朋友一起打装备	0.806	0.158	0.675
通过练级提高自己在游戏中的等级	0.790	0.151	0.646
送给团队中的其他玩友游戏币或装备	0.758	0.185	0.609
加入或组建游戏团队	0.758	0.164	0.602
在游戏过程中和玩友聊天	0.722	0.098	0.531
不断尝试游戏的各种新玩法	0.633	0.214	0.447
为获得好装备 PK	0.630	0.371	0.535
为所属团队的利益牺牲自己	0.610	0.265	0.442
盗取别人的 ID 或装备达到升级的目的	0.000	0.760	0.578
同时加入敌对双方的组织	0.181	0.700	0.522
和异性角色产生感情	0.231	0.631	0.452
和网络游戏中结识的朋友见面	0.109	0.623	0.401
用欺骗或暴力对付游戏中的仇家	0.330	0.576	0.440
频繁更换所属团队	0.342	0.532	0.400
旋转后特征值	4.439	2.842	
方差贡献率(%)	31.707	20.298	
累积方差贡献率(%)	31.707	52.006	

根据因子的共性,我们重新为 2 个因子命名。命名因子 1 为亲社会行为因子,包括"与朋友一起打装备""通过练级提高自己在游戏中的等级"等 8 个题项,主要描述青少年在网络游戏中帮助他人,提升自我的行为;命名因子 2 为偏差行为因子,包括"盗取别人的 ID 或装备达到升级的目的""用欺骗或暴力对付游戏中的仇家"等 6 个题项,主要描述青少年在网络游戏过程中违反社会期待,造成他人痛苦或自我成长停滞的不恰当社会行为。这 2 个因子,大致涉及了青少年网络游戏中的社会互动、自我实现、暴力、欺骗和逃避等主要行为面向,因而具有一定的概括性。

对量表的信度检验,采用分析量表的内部一致性 Cronbach's α 系数方法进行。因子 1 和因子 2 的 Cronbach's α 系数分别为 0.885 2 和 0.750 3,整个量表的 Cronbach's α 系数为 0.883 7。从信度分析的结果可以看出,青少年网络游戏行为量表的信度良好。同时,量表包含的 2 个因子结构清晰,因子内所包含的项目在相应因子上的负荷也较高,均达到 0.5 以上,说明量表的结构效度良好。鉴于因子分析结果,将我们在设计问卷时考虑的网络互动和自我建构二个维度,简化成了一个因子,因此,为了进一步验证二因子维度模型的结构效度,我们对量表进行了验证性因子分析(CFA),结果如下:$Chi\text{-}Square/df=2.78, RMSEA=0.049, GFI=0.88, NNFI=0.87, CFI=0.90$。表明二因子维度模型拟合理想,具有良好的结构效度。

最后,我们以因子值系数为权数,计算出各因子的因子值。为了便于分析,我们根据因子值转换公式:转换后的因子值=(因子值+B)×A[其中,A=99/(因子值最大值-因子值最小值),B=(1/A)-因子值最小值]。将青少年网络游戏行为的因子值,转换为 1 到 100 之间的指数(边燕杰和李煜,2000)。转换后各因子值的均值、标准差、中位值与众值见表 6.3。

表 6.3　　　　网络游戏行为的均值、中位值、众值与标准差

	亲社会行为	偏差行为
均值	48.893	29.167
中位值	49.406	20.808
众值	11.620	20.810
标准差	24.371	19.408

2. 网络游戏意识

为了比较全面地了解青少年的网络游戏意识,我们采用李克特量表,从完全同意到完全不同意五点尺度,从网络互动、自我实现、情感满足、行为虚拟和网络游戏暴力五个维度,用 27 个问题询问了受访青少年的网络游戏意识。其中同意程度较高的题项有:"我喜欢游戏中的团队合作精

神"(71.6%)、"游戏中的团队竞争很有乐趣"(69.6%)、"与朋友一起练级、打装备和 PK 很有趣"(68.4%)、"玩游戏能够增强朋友间的感情"(67.0%)等;而同意程度较低的题项则有:"网络游戏耗费过多时间影响了我的学习"(26.1%)、"游戏使我找到了精神寄托"(31.7%)、"网络游戏容易诱发现实生活中的暴力行为"(33.6%)等。根据被访青少年的回答,我们大致可以得出以下结论:(1)在青少年心目中,网络游戏中的社会互动和团队合作精神非常重要,在同意比例最高的 5 个题项中,有 4 个题项有关网络游戏中的社会互动和团队合作精神。(2)网络游戏是青少年自我实现与放松的一种重要方式,相关的题项如"我从游戏战绩中获得许多成就感和满足感""我喜欢不断玩新游戏带来的新鲜感""游戏给我提供了一个彻底忘掉生活压力的地方""玩游戏让我在现实生活中的烦恼得到安慰""参加游戏中的团队让我有一种归属感"等的同意率均在 50% 以上。(3)值得注意的是,有不少青少年网民对网络游戏中的暴力因素的意识,显得较为模糊。在相关问题上的同意率和不同意率分别为:"游戏中的暴力是虚拟的,不会造成真的伤害"同意 36.1%,不同意 37.5%;"网络游戏容易诱发现实生活中的暴力行为"同意 33.6%,不同意 38.4%;"游戏中的暴力会使玩家对暴力变得麻木"同意 33.5%,不同意 34.0%。而表示"说不清楚"的,则分别达到 26.4%、28.0%和 32.5%。

为了简化青少年网络游戏意识的测量指标,我们对游戏意识量表进行了探索性因子分析。KMO 和 Bartlett's 球状检验结果,KMO 值为 0.928,Bartlett's 球状检验的卡方值为 11 339.875,自由度为 351,在 0.000($sig=.000$)水平上统计检验显著,说明存在共享潜在因子,可以进行因子分析。因子分析采用主成分分析法,以特征值大于 1 作为选择因子的标准,因子旋转采用正交旋转法中的最大方差旋转法。第一次因子分析的结果,共析出 4 个因子,4 个因子的累积方差贡献率为 46.427%。从第一次因子分析结果,我们发现某些题项有缺陷,表现在因子负荷较低,或者负荷分布不够明确,因此我们剔除这些有缺陷的题项,包括"与朋友一起练级、打装备和 PK 很有趣""我从游戏战绩中获得许多成就感和满足感"等 12 题。在剔除这 12 个题项之后,对剩余的 15 题进行二次因子分析(这 15 个题项的 KMO 值为 0.845,Bartlett's 球状检验的卡方值为 5 668.512,自由度为 105,在 0.000($sig=.000$)水平上统计检验显著)。因子分析结果共析出特征值大于 1 的因子 4 个,所有题项的因子负荷均超过 0.5,共同度除"玩游戏锻炼了我的想象力和创造力""游戏能够增强朋友间的感情""游戏中的行为不受现实社会规范约束"三题低于 0.5 以外,其他所有题项均超过 0.5。因子分析结果,将原来 27 题的量表删减至 15 题,最后净化出 4 个因子(其中,我们问卷设计时考虑的网络互动和自我实现二个维度被简化成了一个因子),4 个因子的方差贡献率分别为 19.160%、16.868%、11.940% 和 10.746%,累积方差贡献率为 58.714%,基本达到了因子分析的要求(见表 6.4)。

表 6.4　　　　　　网络游戏意识因子负荷矩阵($N=1\ 369$)

	团队合作	情感慰藉	行为虚拟	诱发暴力	共同度
我喜欢游戏中的团队合作精神	0.820	0.083	0.013	−0.072	0.684
游戏中的团队竞争很有乐趣	0.805	0.113	0.088	−0.041	0.670
玩游戏增加了我的社会交往经验	0.663	0.295	0.042	−0.040	0.530
玩游戏锻炼了我的想象力和创造力	0.652	0.220	0.136	0.015	0.492
玩游戏提高了我的反应速度	0.644	0.258	0.161	−0.016	0.507
游戏中的朋友关系更纯洁	0.191	0.712	0.081	−0.012	0.550
玩游戏让我在现实生活中的烦恼得到安慰	0.162	0.710	0.149	−0.036	0.553
游戏的虚拟性让我无后顾之忧	0.054	0.655	0.347	−0.086	0.560
给我提供了一个彻底忘掉生活压力的地方	0.236	0.632	0.230	0.013	0.508

续表

	团队合作	情感慰藉	行为虚拟	诱发暴力	共同度
玩游戏能够增强朋友间的感情	0.293	0.619	−0.044	−0.010	0.471
在游戏中,不用承担责任和后果	−0.011	0.100	0.772	−0.199	0.646
游戏中的暴力是虚拟的,不会造成真的伤害	0.113	0.135	0.750	0.097	0.602
游戏中的行为不受现实社会规范约束	0.218	0.229	0.608	−0.004	0.469
网络游戏容易诱发现实生活中的暴力行为	−0.083	0.007	−0.014	0.880	0.782
游戏中的暴力会使玩家对暴力变得麻木	−0.021	−0.080	−0.067	0.877	0.781
旋转后特征值	2.874	2.530	1.791	1.612	
方差贡献率(%)	19.160	16.868	11.940	10.746	
累积方差贡献率(%)	19.160	36.028	47.968	58.714	

根据各因子的共性,我们分别为这4个因子命名。命名因子1为团队合作因子,包括"我喜欢游戏中的团队合作精神""我觉得游戏中的团队竞争很有乐趣"等5个题项,主要描述青少年对网络游戏的团队合作与能力提升功能的意识;命名因子2为情感慰藉因子,包括"游戏中的朋友关系更纯洁""玩游戏让我在现实生活中的烦恼得到安慰"等5个题项,主要描述青少年对于玩网络游戏所带来的情感满足和慰藉功能的意识;命名因子3为行为虚拟因子,包括"在游戏中,不用承担责任和后果""游戏中的暴力是虚拟的,不会造成真的伤害"等3个题项,主要描述青少年对于网络游戏超越现实制约的虚拟特性的意识;命名因子4为诱发暴力因子,包括"网络游戏容易诱发现实生活中的暴力行为"和"游戏中的暴力会使玩家对暴力变得麻木"2个题项,主要描述青少年对网络游戏暴力因素的意识。这4个因子,大致概括了青少年对网络游戏中涉及的社会互动、团队合作、休闲娱乐和暴力因素等维度的认知,基本上能够反映青少年对网

络游戏的看法。

对量表的信度检验,采用分析量表的内部一致性 Cronbach's α 系数方法进行。4 个因子的 Cronbach's α 系数分别为:0.807 9,0.756 4,0.607 2,0.731 9,整个量表的 Cronbach's α 系数为 0.782 0。从信度分析的结果可以看出,青少年网络游戏意识量表的信度良好。同时,量表包含的 4 个因子结构较为清晰(但原初设计的网络互动和自我实现两个维度被简化成了一个因子),因子内所包含的项目在相应因子上的负荷均达到 0.6 以上,说明量表的结构效度较好。为了进一步验证四因子维度模型的结构效度,我们对量表进行了验证性因子分析,结果如下:$Chi-Square/df=2.32, RMSEA=0.045, GFI=0.90, NNFI=0.89, CFI=0.91$。表明四因子维度模型拟合理想,具有良好的结构效度。

在简化了青少年网络游戏意识量表的结构后,我们以因子值系数为权数,计算出各因子的因子值。为了便于分析,我们将青少年网络游戏意识的因子值转换为 1~100 之间的指数。转换后各因子值的均值、标准差、中位值与众值见表 6.5。从表 6.5 的因子得分情况来看,在 4 个因子中,团队合作和情感慰藉因子的均值较高,而行为虚拟和诱发暴力因子的均值相对较低,说明青少年网络游戏玩家较为倾向于肯定网络游戏的团队合作和情感慰藉作用,而对网络游戏只是一种虚拟行为,以及网络游戏容易诱发暴力这样的说法,同意程度相对较低。

表 6.5　　　　　网络游戏意识的均值、中位值、众值与标准差

	团队合作	情感慰藉	行为虚拟	诱发暴力
均值	60.439	55.268	49.478	48.811
中位值	61.701	55.683	50.604	47.519
众值	44.120	51.620	51.470	47.430
标准差	17.484	16.127	17.436	22.377

(二)网络游戏意识对网络游戏行为的影响

借助探索性因子分析和验证性因子分析,我们分析了网络游戏行为

和网络游戏意识两个变量的概念结构,梳理了概念所包含的基本维度。基于对这两个变量的测量结果,我们围绕"青少年网民的网络游戏意识对网络游戏行为的影响"这一议题,提出以下4个研究假设:

假设1:青少年网络游戏意识的团队合作维度,对网络游戏中的亲社会行为有正向作用,对网络游戏中的偏差行为则有负向作用。

假设2:青少年网络游戏意识的情感慰藉维度,对网络游戏中的亲社会行为和偏差行为,皆有正向作用。

假设3:青少年网络游戏意识的行为虚拟维度,对网络游戏中的亲社会行为有负向作用,对网络游戏中的偏差行为,则有正向作用。

假设4:青少年网络游戏意识的诱发暴力维度,对网络游戏中的亲社会行为和偏差行为,皆有负向作用。

为了检验上述假设,我们分别以网络游戏行为的两个维度为因变量,以网络游戏意识的四个维度为自变量,同时引入青少年的性别、年龄、省份、城市、网龄、网络使用频率和上网持续时间等作为控制变量,进行多元回归分析。其中性别、省份和城市是离散变量,因此对这三个变量进行虚拟变量处理后(性别以女性为参照,省份以甘肃省为参照,城市以小城市为参照)引入回归方程。多元回归分析结果见表6.6。

表6.6 网络游戏意识对网络游戏行为的影响($N=1\,369$)

	亲社会行为				偏差行为			
	模型1		模型2		模型3		模型4	
	B(S.E)	Beta	B(S.E)	Beta	B(S.E)	Beta	B(S.E)	Beta
控制变量								
性别	10.649*** (1.217)	0.216	10.610*** (1.094)	0.215	5.241*** (1.117)	0.130	4.652*** (1.078)	0.115
年龄	−1.852*** (0.172)	−0.273	−1.360*** (0.157)	−0.200	0.247 (0.158)	0.044	0.109 (0.155)	0.020
省份(湖南)	−0.373 (1.423)	−0.007	0.137 (1.281)	0.003	2.096 (1.307)	0.051	1.098 (1.263)	0.027
省份(浙江)	−5.696*** (1.460)	−0.112	−5.092*** (1.318)	−0.100	4.201** (1.340)	0.101	2.758* (1.300)	0.067
城市规模(大城市)	−1.734 (1.170)	−0.036	−1.647 (1.051)	−0.035	−0.282 (1.074)	−0.007	−0.757 (1.036)	−0.019
网龄	2.506*** (0.565)	0.116	1.725** (0.509)	0.080	−0.250 (0.519)	−0.014	−0.061 (0.502)	−0.003

续表

	亲社会行为				偏差行为			
	模型 1		模型 2		模型 3		模型 4	
	B(S.E)	Beta	B(S.E)	Beta	B(S.E)	Beta	B(S.E)	Beta
网络使用频率	2.794*** (0.546)	0.136	2.368*** (0.491)	0.115	0.632 (0.501)	0.038	0.470 (0.484)	0.028
上网持续时间	6.149*** (0.701)	0.230	4.700*** (0.638)	0.176	0.881 (0.644)	0.040	0.724 (0.629)	0.033
自变量								
团队合作			0.471*** (0.030)	0.342			−0.134*** (0.030)	−0.119
情感慰藉			0.308*** (0.032)	0.210			0.200*** (0.032)	0.167
行为虚拟			−0.001 (0.030)	−0.001			0.166*** (0.029)	0.149
诱发暴力			0.047* (0.023)	0.045			−0.091*** (0.023)	−0.105
常数	52.349*** (3.400)		1.564 (4.466)		16.862*** (3.122)		14.189** (4.404)	
R^2	0.232		0.385		0.031		0.104	
F	49.928***		68.590***		5.287***		12.765***	

注：* $p<0.05$；** $p<0.01$；*** $p<0.001$。

表 6.6 中的模型 1 是青少年网络游戏中亲社会行为的基准模型。模型中影响作用显著的自变量包括性别、年龄、省份（浙江）、网龄、网络使用频率、上网持续时间。其中性别、网龄、网络使用频率、上网持续时间等的作用方向为正向，而年龄和省份（浙江）的作用方向则为负向。也就是说，与女性相比，男性参与游戏中的亲社会行为的概率较高；而年龄越大，则参与的概率越低。与甘肃青少年相比，浙江青少年参与网络游戏中的亲社会行为的概率较低；网龄越长、网络使用频率越高、每次上网持续时间越久，参与网络游戏中的亲社会行为的概率也越高。模型的削减误差比例为 23.2%。

模型 2 以上述基准模型为基础，在控制性别、年龄、省份、城市、网龄、网络使用频率、上网持续时间等变量的基础上，进一步引入青少年的网络游戏意识作为自变量，分析网络游戏意识对网络游戏中的亲社会行为的影响。从模型的回归系数可见，青少年网络游戏意识四个维度除"行为虚拟"维度的影响作用不显著外,其余维度对亲社会行为的影响作用都很显著,且作用方向皆为正向。也就是说,青少年对网络游戏的团队合作、能力提升、情感满足和慰藉功能,以及网络游戏中的暴力因素的意识程度越高,其参与网络游戏中的亲社会行为的可能性也越大。这个模型的削减误差比例为38.5%。与模型1相比,模型2的削减误差比例提高了15.3%。

模型3是青少年网络游戏中偏差行为的基准模型。模型中影响作用显著的自变量只有性别和省份(浙江)2个变量,且作用方向为正向。这意味着与女性相比,男性参与游戏中的偏差行为的概率较高;与甘肃青少年相比,浙江青少年参与网络游戏中的偏差行为的概率较高。模型的削减误差比例为3.1%。

模型4以基准模型3为基础,在控制性别、年龄、省份、城市、网龄、网络使用频率、上网持续时间等变量的基础上,进一步引入青少年的网络游戏意识作为自变量,分析网络游戏意识对网络游戏中的偏差行为的影响。从模型的回归系数可见,青少年网络游戏意识四个维度对偏差行为的影响作用都非常显著,其中"团队合作"和"诱发暴力"维度的作用方向为负向,而"情感慰藉"和"行为虚拟"维度的作用方向则为正向。也就是说,青少年越认为网络游戏具有团队合作和能力提升功能,越认为网络游戏包含暴力因素,在网络游戏过程中参与偏差行为的可能性越低;相反,越认为网络游戏具有情感满足和慰藉功能,越认为网络游戏只是一种虚拟在线行为,在网络游戏过程中参与偏差行为的可能性就越高。这个模型的削减误差比例为10.4%。与模型3相比,模型4的削减误差比例提高了7.3%。

从各自变量的标准回归系数来看,在网络游戏意识变量的四个维度中,"团队合作"和"情感慰藉"维度对网络游戏行为的解释能力最强。不过,"团队合作"维度对亲社会行为的影响是正向的,而对偏差行为的影响则为负向;而"情感慰藉"维度对网络游戏中的亲社会行为和偏差行为的作用方向,则都是正向的。比较4个回归模型,可以发现,模型2比模型

1,模型 4 比模型 3 的削减误差比例,均有显著提升,说明青少年网民的网络游戏意识,对网络游戏行为有较强的解释力。综合分析模型 1~模型 4,本章的研究假设 1 和假设 2 得到了证实,假设 3 和假设 4 得到了部分证实。其中青少年网络游戏意识的行为虚拟维度对亲社会行为的影响不显著,网络游戏意识的诱发暴力维度虽然对网络游戏中的亲社会行为影响显著,但作用方向为正向,与本研究假设的作用方向相反。

四、结论与讨论

本章采用浙江、湖南、甘肃三省青少年网民的问卷调查数据,对网络游戏行为和网络游戏意识的概念结构以及青少年网民的网络游戏意识对网络游戏行为的影响进行了定量分析。研究结果对于我们理解网络游戏行为和网络游戏意识的概念结构,以及青少年网民的网络游戏意识对网络游戏行为的影响,都有一定的帮助。

首先,明确有效的概念结构分析是对变量进行科学测量的基础。在概念测量层面,本研究采用李克特量表,分别发展出了网络游戏行为量表和网络游戏意识量表,借助量表测量了网络游戏行为和网络游戏意识这两个变量,并运用探索性因子分析对量表进行了结构简化,最后获得二维度网络游戏行为模型和四维度网络游戏意识模型。其中网络游戏行为由亲社会行为和偏差行为两个维度组成,而网络游戏意识则包括团队合作、情感慰藉、行为虚拟和诱发暴力四个维度。对量表的内部一致性 Cronbach's α 系数检验和验证性因子分析结果表明,网络游戏行为量表和网络游戏意识量表均具有良好的信度和结构效度。本研究对网络游戏行为和网络游戏意识概念结构所做的实证分析,为进一步梳理和澄清青少年网民的网络游戏行为和网络游戏意识测量维度,提供了初步的实证基础。后续研究可以在此基础上,进一步发展出更加科学合理的测量工具。

其次,学界对于青少年网络游戏行为的研究多聚焦于网络游戏中的偏差行为,如网络游戏中的暴力,认为玩网络游戏会导致暴力行为、网络游戏成瘾等偏差行为的产生(帕克斯和弗洛伊德,1996;科尔科和雷德,

1998；乔因森，1998；金荣泰，2001；菲斯克，2001；陈怡安，2003）。但本研究发现，青少年的网络游戏行为，虽然存在上述行为偏差，但总体而言，青少年在网络游戏中的行为倾向，更偏向在游戏过程实现社会互动和自我提升。同时，研究发现，青少年网络游戏玩家的网络游戏意识，总体上倾向于肯定网络游戏的积极作用，尤其是对网络游戏的团队合作、能力提升和情感慰藉作用，有着较高程度的意识。具体而言，青少年的网络游戏意识，呈现出以下三个明显的特点：第一，多数青少年游戏玩家倾向于肯定网络游戏中互动与团队合作的重要性，认为这是网络游戏的魅力；第二，在许多青少年游戏玩家眼里，网络游戏是实现自我与放松心情的一种重要方式；第三，有不少青少年网民对网络游戏中的行为偏差如暴力行为，没有形成明确的价值判断。

再次，本研究从行为意识角度，提出了青少年网络游戏行为影响因素研究的一个新维度。回归分析表明，青少年网民网络游戏意识的各个维度，对网络游戏行为均有显著的影响（需要说明的是，青少年的网络游戏意识与网络游戏行为之间应该存在一种双向互动作用。由于本研究只是一个截面研究，尚无法对这种互动关系做出深入的分析）。具体而言，网络游戏意识中的"团队合作"维度，对网络游戏行为中的亲社会行为有正向影响，对网络游戏中的偏差行为则有负向影响；"情感慰藉"维度对网络游戏中的亲社会行为和偏差行为皆有正向作用；"行为虚拟"维度对网络游戏中的偏差行为有正向影响；"诱发暴力"维度对网络游戏中的亲社会行为有正向作用，而对网络游戏中的偏差行为则有负向作用。这一研究发现，在理论上意味着，结构化理论和社会建构论强调行为意识对社会行为的影响作用这一解释思路，对于青少年网络游戏行为的行为逻辑具有实质的解释意义。同时，这一研究发现，在实践中，从培育青少年建构一种恰当的网络游戏意识入手，引导青少年合理地参与网络游戏，预防和控制青少年在参与网络游戏中可能出现的行为偏差，是一种值得尝试的方法。

第七章　网络游戏对青少年的负面影响

互联网是 20 世纪人类最伟大的发明之一。随着网络信息技术在经济、文化、社会、政治、国防等领域的广泛应用,互联网在社会生活中扮演了无所不在的角色。网络化已经是时代的大趋势。在网络时代,从社交、参与、认同、表达到健康、隐私、安全、教育等,都与互联网密切相关。以互联网为代表的信息通信技术日新月异,深刻改变了人们的生产和生活方式,在激励市场创新、促进经济繁荣、推动社会发展方面表现出了强大能力。网络空间越来越成为信息传播的新渠道、生产生活的新空间、经济发展的新引擎、文化繁荣的新载体、社会治理的新平台、交流合作的新纽带、国家主权的新疆域(外交部、国家互联网信息办公室 2017)。但是,随着互联网技术及其社会应用的快速发展,人们也越来越意识到,互联网在带来巨大机遇的同时,也引发了不少新的难题和挑战。青少年因为沉迷网络游戏而造成的负面行为、心理和身体后果,就是一个典型例子,也是互联网之所以引发广泛的社会焦虑和争议的一个重要原因。

一、网络游戏因何对青少年有强大的吸引力

网络游戏创造了一个具有时空压缩、无边界、开放、自由等特征的虚实交织的拟像世界,人们可以在其中从事探险、竞争、互动、交易、建构认同等社会行为。与传统游戏相比,网络游戏具有强烈的互动性、娱乐性、耐玩性、探索性、不确定性等特点,玩家可以把自己的喜怒哀乐投射到游

戏角色身上,通过提升自己的游戏技能和等级影响游戏进程。在游戏过程中,玩家还可以与其他玩家实时互动,获得精神上的快乐与情感上的满足。在今天,玩网络游戏已经成为许多青少年宣泄情绪、缓解压力、娱乐身心、塑造形象、实现自我的一种重要方式和途径,这也是网络游戏广受青少年欢迎的一个重要原因(黄少华,2009)。

第一,网络游戏创造了一个不需要身体在场的虚实交织的娱乐空间,这是一个比现实空间更加感性、开放、自由、灵活、自洽的娱乐空间,是一个开放、匿名、弹性、流动、去中心、网络化的技术空间,同时也是一个由共识、想象和兴趣凝聚而成的社会空间。在网络游戏空间中,不仅虚拟与真实之间的界限变得模糊甚至消失,而且处处充满惊奇、幻想、冒险、竞争、刺激、颠覆、狂欢的体验,从而吸引青少年玩家沉浸其中,流连忘返。网络游戏让玩家获得了一种"与世界紧紧相连融为一体"的"纯净而完善"的高峰体验(马斯洛,1987),或者相反,让玩家沉溺其中不能自拔,陷入"娱乐至死"(波兹曼,2009)的境地。

第二,网络游戏不仅塑造了一个虚实交织的娱乐空间,而且为青少年玩家提供了一个通过角色扮演探索自我认同、形塑自我面貌、实现自我成长的虚拟社会空间。在网络游戏中,玩家所面对的不只是一个虚拟的在线世界,而且是一个真实的现实世界,甚至是比现实世界更真实的"拟像"世界。网络游戏所建构的拟像世界,大大拓展了青少年探索自我、建构自我的实践空间和实践方式。玩家可以根据自己的喜好,在游戏中选择自己想要扮演的角色,自行决定角色的性别、外形、服饰、职业等,这种角色扮演甚至反过来成为游戏内容的组成部分,影响其他玩家的游戏体验,甚至影响游戏的叙事和进程。穆尔认为,网络游戏之所以具有形塑和建构自我的功能,是因为网络游戏具有嬉戏的维度。在嬉戏的世界中,"玩家与游戏所揭示的各种可能性的空间相认同,可能行动的领域被反思性地运用于自身,与制定的规则相连的各种可能结果的无限性被内化……被挪用和吸收,结果改变了玩家的认同"(穆尔,2006)。

第三,网络游戏能够吸引青少年玩家沉浸其中的一个重要原因是,网络游戏尤其是大型角色扮演游戏,具有强大的社交功能。在网络游戏过程中,青少年玩家除了从事杀怪、攻城、捡宝、探险、角色扮演等活动外,还能够和其他玩家展开聊天、竞争、合作、分享、交换等各种形式的互动,从而建立和扩展自己的虚拟社会关系网络。在网络游戏中,青少年玩家还能够与地理上分隔的其他玩家结成虚拟团队,一起打怪升级,共同开展集体行动,共同维护和壮大团队利益。正是网络游戏具有的这种强大的社会沟通、社会动员和社会支持功能,增进了团队成员之间的社会信任,促进了青少年玩家在游戏过程中的社会资源积累,并最终满足青少年玩家的自我归属感和群体归属感。

第四,开放、流动和不确定性是网络游戏的重要特点。与传统游戏的文本结构是封闭的不同,网络游戏文本是一种互动性的超文本(interactive hypertext),其结构是开放、流动和不确定的。与传统游戏文本相比,网络游戏文本更像是未完成的作品,具有一种沃尔夫冈·伊瑟尔(Wolfgang Iser)所说的"召唤结构"(关萍萍,2012)。在网络游戏中,游戏文本所呈现的这种"召唤结构",吸引着玩家积极参与、尽情表演,而玩家在网络游戏过程中的书写和表演活动,本身就是游戏叙事的重要组成部分,游戏的叙事走向和游戏的内容生产,相当程度上取决于游戏玩家的这种书写、表演和叙事实践,取决于玩家在游戏过程中与其他玩家、与游戏本身的互动。可以说,网络游戏的文本结构和叙事结构,是游戏制作商和玩家共同创造的结果,游戏玩家在参与游戏的过程中,能感受到强烈的自主性和能动性,这也是网络游戏吸引青少年玩家流连忘返的一个重要原因。

二、网络游戏对青少年有哪些负面影响

网络游戏对青少年的影响是复杂和多元的。一方面,网络游戏为青少年塑造了一个虚实交织的娱乐空间,建构了一个探索自我的虚拟舞台,拓展了青少年社会互动的渠道;另一方面,网络游戏也在一定程度上增加了醉心虚拟世界、脱离现实生活的风险,有可能引发网络游戏成瘾、网络游戏暴力、人际交往障碍等负面后果。

(一)网络游戏成瘾

网络游戏集合了信息、娱乐、互动、竞技、交易等众多功能,相比现实世界,青少年在网络游戏中更容易获得乐趣、宣泄情绪、缓解压力、体验权力、实现自尊、打发时间、摆脱无聊,因而也更容易引发青少年的网络游戏成瘾(罗莫等,2016)。游戏成瘾会造成一系列的消极后果:需要持续不停地玩游戏才能减少不适,获得快乐,导致无法控制玩游戏时间,甚至在学习时也挂着游戏;由于长时间废寝忘食地玩游戏而影响学习成绩、睡眠质量甚至身体健康;由于长时间、习惯性地沉浸在网络游戏中,对网络游戏产生强烈的依赖,甚至达到痴迷的程度,从而处于一种难以自拔的依赖、抑郁和社会隔离状态,一旦离开网络游戏,就出现情绪低落、思维迟缓、神情恍惚等心理和精神问题。

(二)网络游戏暴力

目前流行的网络游戏,大多包含"攻击、战斗、竞争"等暴力内容,在不少网络游戏中,暴力行为甚至被爱国、正义等抽象概念美化为英雄行为,从而客观上对青少年的暴力意识和暴力行为起到了一种激发作用。长期浸淫在暴力游戏中,会导致青少年对暴力变得麻木和不敏感,对暴力更加宽容,从而有可能诱发更多的攻击情感、攻击冲动和攻击行为。有研究发现,在网络游戏中,存在着大量谩骂、欺骗、抢夺和偷窃装备等暴力行为,甚至有青少年因为长期高强度接触暴力游戏,分不清虚拟世界与现实生活之间的区别,在现实生活中模仿网络游戏中的暴力行为,从而引发现实生活中的暴力犯罪。

(三)人际交往障碍

网络游戏虽然给青少年带来了不少乐趣体验,但是,把大量时间和精力投入网络游戏,也有可能导致青少年丧失对现实生活的感受力和积极参与意识。过度使用网络游戏的青少年玩家,通常会更依赖网络游戏,甚至只有借助网络游戏,才能获得情感补偿、情绪发泄、人际交往、团队归属等心理需要的满足。过分依赖网络游戏来满足人际情感补偿和人际交往需要，容易导致现实人际交往时间减少，现实交往兴趣下降，人际情感体验能力削弱，交往质量降低等不良后果，甚至会引发孤僻、冷漠、紧张、不合群、焦虑、易怒等不良的交往体验。更严重的，其还有可能导致人格分裂、人格障碍和各种身心疾病，致使成瘾者无法适应现实生活、学习和人际交往。

(四)逃避现实生活

网络游戏为青少年建构了一个比现实世界更容易掌控的虚拟世界。相对于现实世界，在虚拟的游戏世界中，青少年更容易实现自己的愿望，成就虚拟、理想的自我。重度网络游戏玩家，甚至只有在游戏世界中才能获得成就感和归属感。但是，建构在虚拟游戏世界中的理想自我，常常无法与现实世界中真实的、有缺陷的自我对接，从而导致虚拟自我与现实自我之间的矛盾与冲突，加剧了青少年对现实自我的失望和挫败感，而这又反过来让青少年玩家更加沉迷游戏世界，热衷于网络游戏塑造的虚拟角色，游离于虚拟与现实的边缘，逃避现实自我应该承担的社会责任，对现实抱持一种冷漠态度，对未来感到迷惘。

三、如何引导青少年健康使用网络游戏

面对网络游戏对青少年的负面影响，如何建构化解策略，规范青少年的网络游戏行为，引导青少年健康使用网络游戏，是一个摆在全社会面前的重要课题。解决这个问题，需要全社会协同合作，政府、网络开发商、网络游戏平台、学校、各类社会组织、家庭等多位一体，合力推进青少年网络游戏行为的规范与引导。

第一，充分了解青少年的网络游戏动机，引导青少年健康使用网络游戏。青少年之所以会沉迷网络游戏，热衷网络游戏暴力，很大程度上是因为网络游戏能够让他们获得乐趣、宣泄情绪、缓解压力、体验权力、实现自尊、打发时间、摆脱无聊。因此，我们需要充分了解青少年的网络游戏动机，在此基础上，通过改变动机，抑制消极的网络游戏动机，激发积极的网络游戏动机，达到引导青少年合理、健康地使用网络游戏的目的，从而预防和控制网络游戏成瘾、网络游戏暴力等偏差行为,减少网络游戏对青少年的负面影响。

第二,培育和建构恰当的网络游戏意识,提升青少年玩家的网络游戏素养。面对网络游戏对青少年的负面影响,如果政府、学校和家庭一味采取断网、隔离等禁和堵的办法,难以从根本上解决问题。应该加强青少年的网络游戏素养教育,引导青少年玩家养成恰当的网络游戏意识,切实提升他们的是非判断能力、道德评价能力和社会责任感,有效提高青少年对网络游戏的理性分析和辨别能力。对于已经游戏成瘾的青少年玩家,要转移他们的注意力,引导和满足他们的现实需求,让他们在现实生活中体验到控制、挑战和互动的乐趣,并通过网络游戏素养教育,重建他们的自信心,达到健康使用网络游戏的目的。

第三,积极推进网络游戏制度建设,建构无害的网络游戏世界。要在网络游戏防沉迷系统、网络游戏实名制的基础上,逐步推行网络游戏分级制度,对暴力、色情、恐怖等内容在网络游戏中的表现程度,给予明确的规定,以帮助学校和家长更有效地控制青少年接触不健康的网络游戏内容。要制定相关的法律法规,限制网络游戏中出现过分暴力、色情和恐怖的内容和场景。组织开发主题健康、情节生动的网络游戏产品,创造良好的网络游戏环境,最大限度地减少网络游戏对青少年的负面影响。

第四,适度限制网络游戏的娱乐性使用,倡导网络游戏的工具性使用。鼓励网络游戏开发商通过网络游戏平台开发和推广将网络游戏和青少年思想政治教育、道德品质培育、科学知识学习等有效结合的优秀游戏产品,增加学校教育和学生学习过程的趣味性。鼓励学校开设网络游戏课程,对青少年进行网络游戏的法制教育、道德教育、责任意识教育和自我保护意识教育。通过引导青少年适度参与网络游戏,提升他们的自我认知,改善自我体验,锻炼和提高逻辑思维能力、反应能力、协调能力、人际交往能力和意志力,增强团队合作精神和创新意识,让网络游戏成为促进青少年健康成长的重要平台。

下 篇 网络政治行为

第八章 网络政治参与行为量表

一、研究背景

梳理网络政治参与行为概念的结构和维度,并在此基础上对概念进行操作化,是网络政治参与行为实证研究的基础性工作。目前,国内学界关于网络政治参与的实证研究主要关注互联网和新媒体对政治参与的影响,以及网络政治参与的社会、政策、文化后果等议题。相对而言,探讨网络政治参与概念本身的文献数量不多,相关讨论也多侧重于对网络政治参与的现象描述和类型归纳,较少有文献关注网络政治参与的行为结构。我们认为,由于网络政治参与行为是一个多维度的概念,因此对其进行必要的概念解析,剖析网络政治参与的行为结构很有必要。本研究的目的,就是对网络政治参与行为的概念结构进行实证分析,梳理网络政治参与行为的基本维度,确定各维度的主要测量指标,开发有效的概念测量工具。

早在20世纪60年代,维巴和尼(Norman Nie)就通过对美国居民的调查,完成了传统政治参与行为的经典研究,奠定了政治参与研究的实证基础。维巴和尼用12种政治参与形式,调查了美国居民的政治参与状况(见表8.1)。基于对这12种政治参与形式的因子分析,维巴和尼把政治参与者区分为完全不积极者(无论什么政治活动都不参加的人,占22%)、投票专业户(仅在选举时参加投票的人,占21%)、地方性参与者

(只有在有关个人问题上同地方领导人有过接触的人,占 4%)、地方自治主义者(只参与讨论地方性事务的人,占 20%)、竞选者(只为谋求当候选人而参与竞选活动的人,占 15%)和积极分子(热衷于参加所有形式的政治活动的人,占 11%)6 种类型(奥罗姆,2006)。罗伯特·D. 帕特南(Robert D. Putnam,2011)则认为,美国人的政治参与方式,包括投票、与地方官员和中央官员沟通、为政党和其他政治组织服务、与邻居谈论政治、参加公共集会、投身竞选运动、佩戴徽章、在请愿书上签名、在电台谈话节目上发表观点等。而斯通(1987)甚至把追踪报纸和电视讨论、不投票、对问题没有认识等都列为政治参与行为。

表 8.1　　　　　　　　　政治参与行为($N=2\,549$)

政治参与行为	比例
经常谈论参加总统选举投票	72%
一直谈论参加地方选举投票	47%
至少积极参与同社区问题有关的某一组织	32%
曾与他人共同商讨解决社区问题	30%
曾试图劝说他人投与自己一样的票	28%
选举期间曾为某一政党或候选人积极工作	26%
就某种结果或问题与当地政府有过接触	20%
过去 3 年内至少参加过一次政治性会议或群众集会	19%
就某种结果或问题与州政府或联邦政府有过接触	18%
曾组建一个团体或组织以解决当地某些问题	14%
在竞选运动期间曾为政党和候选人捐款	13%
目前是政治俱乐部或政治组织的成员	8%

互联网兴起后,有不少学者尝试探讨互联网对线下政治参与和在线政治参与的影响。但是,不同学者的致思取向有所不同。一种观点认为,网络空间是现实世界的延伸,因此网络空间中的政治参与,也只是对现实政治参与的一种补充,网络政治参与是现实政治参与的在线副本。当然,

网络为现实世界中一些难以实现的政治参与行为提供了技术支持,因而在一定程度上拓展了传统政治参与的空间和形式。另一种观点则强调,网络空间具有现实社会所不具备的一些独特特性,如开放、去中心、去边界、身体不在场等,因此网络政治参与是一种新的政治参与形式,互联网重塑了政治参与的形态,在网络时代,政治参与的实质和形式都发生了新的变化(黄少华等,2015)。与此相应,不同学者对如何测量网络政治参与的考量也各不相同。有学者参照现实政治参与行为来测量网络政治参与,而有些学者则强调需要用不同于现实政治参与行为的指标来测量网络政治参与。例如詹姆斯·E.凯茨和罗纳德·E.莱斯(2007)认为,线下政治参与的主要维度有:参加政治集会、给被选官员写信、代表候选人打电话、为政治事业捐款等;而在线政治参与的维度包括:在线浏览政治信息(包括阅读公告栏和讨论组中的信息、访问政治信息网站、在线追踪竞选活动、在线追踪竞选日期以及竞选后查看在线信息)和在线政治互动(包括参与电子讨论、收到与竞选有关的电子邮件、与政府互发电子邮件、给别人发送竞选方面的电子邮件)两个维度。贝克和德维斯(Bakker and deVreese,2011)把网络政治参与区分为消极参与和积极参与两种类型。消极参与包括访问当地政府网站、访问行政机构网站、访问包含政治内容的网站,积极参与则包括对网络上的消息和文章进行回复、在线请愿、签名、参与在线投票。张卿卿(2006)对现实政治参与的测量,包括积极参与、竞选参与和消极参与三个维度11个题项,而对网络政治参与(她称之为"另类政治参与")的测量,则包括政治信息汇集、政治意见交换和政治意见表达三个维度7个题项(张卿卿,2006)。更多的学者则尝试梳理网络政治参与的形式,例如王金水(2013)认为,网络政治参与的主要形式包括制造网络舆论、参与政治性网络论坛、撰写政治博客、发起网络签名、号召网络公祭等。俞怀宁等(2011)认为,网络政治参与的常见形式包括电子政务、网上投票、论坛讨论、微博发表、网络签名等。曾凡斌(2013)认为,网络政治参与包括即时通信、电子邮件、论坛/BBS、网络签名、博客/个人空间、社交网站、微博、搜索引擎、网站9种形式。李雪彦(2012)认为,网络政治参与的形式主要有网络投票、电子邮件、政治博客、网络政治性论坛及网络结社。也有不少学者专门针对某一类网络媒介,探讨其中的在线政治参与行为。例如周翔等(2014)基于对微博用户的分析,把网络政治参与归纳为行动式参与(参与微博公益活动、网络签名、微博投票、与官方政务的互动)、话语式参与(发布公共事件相关的原创微博、在微博上与他人讨论公共事件、转发并发表评论、在微博上动员他人参与与事件有关的活动)和旁观式参与(参与转发,但只转不评)三种类型。而韩晓宁等(2013)基于工具性视角,用网络政治关注度和网络政策参与度两个指标,来具体测量微博使用者的网络政治参与行为。

通过对网络政治参与相关文献的回顾,我们发现现有文献的一个缺陷,是划分网络政治参与类型的标准缺乏统一性,有些偏重于媒介形态,有些偏重于网络技术,有些则偏重于参与者的行为方式,也有的几种标准交叉使用。因此,本研究尝试在维巴等人的经典研究基础上,延续社会学强调行为研究的传统,选择以网络政治参与行为为聚焦点,发展出网络政治参与行为的测量工具。

二、研究方法与研究结果

网络政治参与行为是一个不能直接观测的抽象概念,为了发展出有效的概念测量工具,本研究分两个阶段展开研究工作。第一阶段在文献分析的基础上,借助深度访谈和开放式问卷调查方法,收集网络政治参与行为的相关类目与形式;第二阶段,借助类属分析方法,对通过访谈和开放式问卷调查收集到的资料进行整理分析,梳理网络政治参与行为的结构与维度,并最终确定网络政治参与行为的测量指标。

深度访谈对象采用偶遇方法获得,共有14名18~35岁的网民协助完成了深度访谈,其中男性和女性各7名,职业包括公务员、在校学生、公司职员等。受访者的基本情况见表8.2。

表 8.2　　　　　　　　　　受访者的基本情况

编号	性别	年龄	职业
M01	男	35	公司职员
F02	女	26	公务员
F03	女	23	学生
M04	男	22	学生
F05	女	26	公司职员
M06	男	18	学生
M07	男	24	学生
F08	女	28	公司职员
F09	女	33	公司职员
M10	男	23	学生
F11	女	23	学生
M12	男	22	学生
M13	男	27	学生
F14	女	26	公司职员

访谈根据受访者的不同情况,分别采用面对面访谈和借助 QQ 进行的在线访谈两种形式。两类访谈都采用半结构化访谈,以一对一的形式展开。面对面访谈的时间控制在 60 分钟左右,在线访谈的时间则控制在 90 分钟左右。访谈内容主要包括两个方面:受访者的网络使用情况及受访者的网络政治参与行为。其中对网络政治参与行为的访谈,主要包括以下两个问题:(1)你在网络上主要关注哪些政治信息、政策或政治议题? (2)你通过哪些方式参与这些议题? 要求受访者尽可能详尽地回答上述两个问题。

为了克服访谈人数较少、收集到的网络政治参与行为方式可能会有所遗漏的局限,本研究进一步借助开放式问卷调查辅助收集资料,开放式问卷包含的内容与访谈相同。调查对象为兰州大学的 76 名在校学生,其中男生 45 人,女生 31 人,分别来自人力资源管理、新闻学、社会学、哲学、会计学、核化工与燃料工程、物理学、草业科学和环境科学等专业,样本通过偶遇方式获得。问卷全部回收并有效。

在通过访谈和开放式问卷调查完成资料收集工作后,我们反复对原始资料进行阅读和讨论,从中提炼出具体的网络政治参与行为描述,形成最初的项目库,同时统计这些项目的频次。在提炼时,我们遵循三个基本原则:第一,项目必须有明确的中文含义,且含义清晰;第二,不同项目的含义尽量避免重复;第三,项目必须指向网络政治参与的具体行为描述。通过提炼,最终获得具体的网络政治参与行为描述共59项,其中频次在2次以上的有35项(见表8.3)。

表8.3　　　　网络政治参与行为($N=90$)

维度	项目
政治信息获取与发布(14项)	上网看政治新闻(73次) 上网看社会新闻(70次) 转发公共事件消息或政治新闻(40次) 访问时政论坛(15次) 访问社会团体网站和论坛(NGO、协会、兴趣团体等)(12次) 搜索时政新闻(5次) 查看政府门户网站(5次) 查询政策信息(5次) 访问本社区/学校/单位网站和论坛(5次) 发布公共事件消息(5次) 转发求助信息(4次) 阅读政治博客/微博(3次) 发布社会团体活动报告、日志、图片或视频(2次) 转发社会团体资料或信息(2次)
政治意见表达与交流(12项)	评论新闻(24次) 查看网友的评论(24次) 回复网友的评论(22次) 通过写博客和在论坛发帖评议公共事件(15次) 评论时政内容博客或论坛回帖(12次) 与在线群组中的网友讨论公共议题(7次) 对其他网友的意见表示支持/反对(4次) 参加与政府官员的在线交流(3次) 通过发布社交网站状态或修改签名表达意见(2次) 给政府官员写邮件反映问题(2次) 给本社区/学校/单位领导写信(2次) 在领导留言板留言(2次)

续表

维度	项目
政治行动 （9项）	参加在线调查（12次） 参加在线悼念、爱心接力等虚拟活动（9次） 参加兴趣团体在网上发起的线下活动（5次） 参加网络维权（5次） 支援本单位/学校/社区的在线活动（4次） 参加网上组织的线下志愿活动（3次） 在线捐款（3次） 参加签名联署（2次） 在网上举报或曝光腐化官员（2次）

在表8.3中,我们把在90名受访者中至少有2人次提到的35种网络政治参与行为区分为三类。第一类是获取或发布（转发）政治信息,包括上网看政治新闻（73次）、上网看社会新闻（70次）、转发公共事件消息或政治新闻（40次）、访问时政论坛（15次）、访问社会团体网站和论坛（NGO、协会、兴趣团体等）（12次）、查看政府门户网站（5次）、查询政策信息（5次）、访问所在社区/学校/单位的网站或论坛（5次）、发布公共事件消息（5次）、搜索时政新闻（5次）、转发求助信息（4次）、阅读政治博客/微博（3次）、发布社会团体活动报告、日志、图片和视频（2次）和转发社会团体资料与信息（2次）；第二类是表达和交流（讨论）政治意见,包括评论新闻（24次）、查看网友的评论（24次）、回复网友的评论（22次）、通过写博客、日志和论坛发帖评议公共事件（15次）、评论时政内容博客或论坛回帖（12次）、与在线群组中的网友讨论公共议题（7次）、对其他网友的意见表示支持/反对（4次）、参加与政府官员的在线交流（3次）、通过发布社交网站状态或修改签名表达意见（2次）、给政府官员写邮件反映问题（2次）、给本社区/学校/单位领导写信（2次）和在领导留言板留言（2次）；第三类是参与网络行动,包括参加在线调查（12次）,参加在线悼念、爱心接力等虚拟活动（9次）,参加兴趣团体在网上发起的线下活动（5次）,参加网络维权（5次）,支援所在单位/学校/社区的在线活动（4次）,参加在线志愿活动（3次）,在线捐款（3次）,参加签名联署（2次）和在网

上举报或曝光腐化官员(2次)。

在完成项目提炼的基础上,我们运用类属分析方法对项目进行归类。类属分析是在资料中寻找反复出现的现象以及可以解释这些现象的重要概念的过程(陈向明,2000)。在这个过程中,具有相同属性的资料被归入同一类别,并且以一定的概念命名。在研究过程中,我们邀请了 8 名网络社会学和网络传播学研究方向的硕士研究生组成小组,对 35 个项目进行讨论、归类、提炼并删减含义相近的项目。最后,经小组协商达成一致,共保留 9 个项目,其他项目被认为与保留的 9 个项目意思相近而合并或删减。我们同时提出政治信息获取和发布、政治意见表达交流、网络政治行动三个概念来概括这 9 个项目,9 个项目分别被归入三个概念之中(见表8.4)。

表 8.4　　　　　　　　　网络政治参与行为类属分析结果

维度	指标
政治信息获取和发布	访问政治新闻网站 阅读有关政治和公共事务的博客/微博 转发公共事件消息或政治新闻
政治意见交流表达	和网友讨论政治话题 参加与政府官员的在线交流 在网上发帖表达对政治议题的看法
政治行动	参加网上投票 参与网上请愿签名/维权 在网上举报官员

为了确保网络政治参与行为测量量表的质量,我们继续邀请 6 名专家和研究生(1 名网络行为研究专家、5 名社会学专业研究生)再对量表包含的 9 个项目逐条讨论,评估课题组成员的类属分析结果。最后,在综合考虑量表的内容效度、文字表达清晰性和简洁性,以及我国公民网络政治参与的实际情况等几个方面的因素后,对部分项目的表述进行了修改,并删除"政治信息获取和发布"维度中与"政治意见交流表达"维度有内容交叉的项目("转发公共事件消息或政治新闻"),同时把"政治信息获取和发

布"维度修改为"政治信息获取",最终形成包含8个项目的网络政治参与行为测量量表(见表8.5)。

表8.5　　　　　　　　　网络政治参与行为维度及指标

变量	维度	指标
网络政治参与行为	政治信息获取	访问政治新闻网站 阅读谈论政治和公共事务的博客/微博
	政治意见交流表达	和网友讨论政治话题 参与和政府官员的在线交流 在网上表达自己对政治议题的看法
	政治行动	参加网上投票 参与在线抗议活动 在网上对政府工作进行评价

最后,本研究采用"经常""较多""一般""较少""从不"五点尺度李克特量表,用表8.5包含的8个题项,对城市居民的网络政治参与行为进行测量(调查在天津、长沙、西安和兰州四城市进行,共发放问卷1 466份,回收有效问卷1 190份),以验证量表的信度和效果。我们对测量结果进行探索性因子分析,以简化网络政治参与行为量表的结构。在进行因子分析之前,我们先运用KMO测度和Bartlett's球状检验方法评估对项目进行因子分析的适当性。经计算发现,量表的 KMO 值为0.873,Bartlett's球状检验的卡方值为6 141.414,自由度为28,在0.000($sig=0.000$)水平上统计检验显著,说明存在潜在共享因子,适合进行因子分析。因子分析采用主成分分析作为抽取因子的方法,并根据对网络政治参与行为的相关理论分析和质性研究结果,结合碎石图,指定抽取3个因子。因子旋转采用正交旋转法中的最大方差旋转法。因子分析析出的三个因子方差贡献率分别为32.572%、25.013%和24.017%,累积方差贡献率为81.602%(见表8.6)。从因子分析结果来看,在我们通过质性研究编制的测量量表中除"参与和政府官员的在线交流"一题落在了"网络政治行动"因子外,其余测量指标均与最初的设想一致,效果理想。

表 8.6　　　　　　　网络政治参与行为因子负荷矩阵

	网络政治行动	政治意见交流表达	网络政治信息获取	共同度
参与在线抗议活动	0.848	0.298	0.111	0.842
参与和政府官员的在线交流	0.759	0.437	0.106	0.777
参加网上投票	0.734	0.086	0.469	0.916
在网上对政府工作进行评价	0.674	0.412	0.306	0.778
和网友讨论政治话题	0.330	0.858	0.268	0.911
在网上表达自己对政治议题的看法	0.361	0.823	0.322	0.766
访问政治新闻网站	0.170	0.196	0.880	0.821
阅读谈论政治和公共事务的博客/微博	0.221	0.305	0.797	0.718
旋转后特征值	2.606	2.001	1.921	
方差贡献率(%)	32.572	25.013	24.017	
累积方差贡献率(%)	32.572	57.585	81.602	

本研究采用分析量表的内部一致性 Cronbach's α 系数方法,对量表的信度进行检验。发现 3 个因子的 Cronbach's α 系数分别为 0.872、0.929 和 0.792,整个量表的 Cronbach's α 系数为 0.904,表明网络政治参与行为量表具有较高的信度。同时,量表包含的 3 个因子结构清晰,因子内所包含的题项在相应因子上的负荷均达到 0.67 以上,说明量表的结构效度良好。

三、分析与讨论

通过文献分析,我们发现,学界对网络政治参与的讨论虽然角度和结论并不一致,但一种占主导地位的观点认为,政治信息传播、政治意见交流表达和政治行动,是网络政治参与的核心元素。对网络政治参与的讨论,可以围绕以下三个面向:(1)网络让选民更方便地搜寻到政府的政策信息;(2)网络提供了与他人讨论政治议题的渠道;(3)网络提供了表达政治意见的渠道(Bimber,1998)。而通过回顾学界对网络政治参与的研究,可以发现研究者对互联网影响政治参与的方式主要是从下面三个方面加以探讨的：(1)作为信息资源库的互联网；(2)作为互动空间的互联网；(3)作为虚拟行动领域的互联网。这与我们通过对深度访谈和开放式问卷调查获得的资料进行类属分析的结果较为一致。我们通过类属分析梳理出来的网络政治参与行为包括政治信息获取、政治意见交流表达和政治行动三个维度。这意味着，在本研究对网络政治参与行为的概念结构的分析中，自上而下的文献梳理得到的结果，与自下而上经验归纳的结果之间，有较为理想的一致性。接下来，我们结合访谈资料，对网络政治参与行为的三个维度进行初步的分析和讨论。

(一)政治信息获取

许多学者强调，互联网对政治生活最重要的影响，就是为网民提供了方便、快捷地获得政治信息的多元化渠道。在接受我们调查的网民中，绝大多数受访网民关心政治新闻(81%)和社会新闻(77%)，受访者提到的获得政治信息的渠道，包括新闻网站、论坛、微博、社交网站、博客、电子杂志、报纸网络版和手机报等。可以说，只要能够连接互联网，网民就能够毫不费力地获得各种政治新闻和政治信息。然而值得注意的是，虽然互联网极大地方便了政治信息的获取，但不少受访者表示并不会主动关心政治新闻与公共事件。在14名接受访谈的对象中，有10人表示他们不会主动关心政治，更多是通过像QQ自动弹出的新闻页面、网站的首页链接或自己关注了的博主推送而获知有关政治新闻，并认为政治新闻"其实和自己没有什么关系，抱着看热闹的心态而已"(F14)，多数情况下不会对这些政治信息和公共事件做进一步搜索、跟踪关注或发表评论。访谈发现，网民的政治信息获取行为在总体上较为被动。

与被动浏览新闻不同，"访问政治论坛"是一种较为主动的政治信息获取行为，但在全部90名研究对象中，只有15人表示会主动通过访问政治类论坛获取信息，仅占所有被访的16.7%。"搜索时政新闻"和"阅读政治类博客"也是主动性较高的政治信息获取行为，但有过这两种行为的受访者人数也不多，在14位访谈对象中，分别只有5人和3人。

在政治参与行为中,主动获取政策信息是一项基础性的行为。因为获取政策信息是参与政策讨论、影响政策制定的前提。我们询问了网民借助互联网获取政策信息的情况,发现网民获取政策信息的行为主要有两项,即"访问政府门户网站"和"查询政策信息"。在进行类属分析时,我们发现这两项行为事实上是重叠的,受访者通常通过访问政府网站查询政策信息,而且我们发现,在受访者中,通过访问政府网站查询政策信息的目的主要是工具性的。5 位曾经有过此行为的受访者提到,查询政策信息的目的,是了解政府的相关规定,如"经常访问交通部网站查询交通政策""访问地方政府门户网站查询公务员报考录取政策""查便民资料、查公交车火车时刻",或者"就为需要看看"。一名受访者(F02)说:"如果能掌握国家政策,善加利用,对自己的生活也可能会产生比较好的影响。"

网民对通过互联网获取公共政策信息的这种被动态度,即使在与受访者本人或自己所在社区密切相关的议题上,也没有什么变化。例如,一名生活在上海的受访者提到,自己很关心上海张江地铁站的换址项目,因为自己每天上下班都需要在张江站上下车,而新车站的设计上下车很不方便。本地论坛有一段时间对这个话题的讨论十分热烈,而这名受访者表示,虽然她一直都在跟踪关注这次讨论,但自己从来没有在论坛中发过言,也没有尝试通过网络与相关政府部门沟通。当问及为什么不提意见或采取行动时,受访者回答"没有用的,只是在网上看戏的"(F05)。显然,本研究中的受访者在政治信息获取层面上的政治参与行为,主要是一种张卿卿(2006)所说的消极参与。

(二)政治意见交流和表达

从整体上看,无论是在网络空间中表达政治信息,还是与其他网友的在线政治信息交流,受访者的参与程度都不高。即使有过在线政治意见表达的受访者,也主要只是简单地表达支持或者反对。这种类型的意见表达通常简短而明确,通过简单地回复"顶""踩"表示支持或反对即可。也有个别受访者提到,他们有时会通过修改社交网站状态或签名来简单地表达自己对政治议题的看法。

通过对受访者的访谈,我们发现,在各类政治意见表达和交流行为中,围绕时政新闻发表评论的比例相对较高。经常在线阅读政治新闻的网友中,有32.9%会评论新闻或查看网友的评论,有30.0%会回复网友的评论。其他的一些表达和交流行为,如"写博客和在论坛发帖评议公共事件""评论时政内容博客或论坛回帖""在在线群组中与网友讨论公共议题"等,网民的参与比例均较低。这表明多数受访者在线表达和交流政治意见的意愿并不强烈。通过访谈我们发现,造成这种情况的原因主要有两点:一是受访者认为在网上发表和交流政治言论的风险较高。例如一位受访者(F02)说:"我是刻意不去评论的,因为网上评论是个大泥潭,说也说不清,最后越说越是狗咬狗,还会遇到愤青,这很麻烦的;再一个,是我总对'评论国家大事'这种事怀有戒心。"二是受访者认为在网上发表的意见,并不会产生实际的效果。有受访者(F02)说:"因为觉得即便自己关注了评论了,也不会对社会产生什么影响……所以我觉得说了也没啥意思。"

互联网的兴起,极大地方便了网民与政府官员之间的交流互动。在访谈中,受访者提到的与政府官员的在线交流互动行为主要有"给政府官员写邮件反映问题"和"在领导留言板留言"。但是实际参与过这些行动的受访者比例都不高,多数受访者认为这样的交流基本上是形式化的,并没有什么实际的效果,因而并不愿意参加。一位受访者(M10)说:"那样做真是太天真了!你觉得那些问题领导不知道吗?"即使是参与过上述行为的受访者(M01),也并不认为与政府官员的在线接触产生了明显的效果,"我只是习惯多条腿走路,只要能用的方式都会用"。

(三)网络政治行动

由访谈和开放式问卷调查收集到的网络政治行动主要有"参加网上投票""在网上举报或曝光腐化官员""进行网络维权"等。我们在访谈中发现,受访者大多将此类网络行动视为制度外高风险行为,因此行动态度十分谨慎,绝大多数受访者表示没有从事过在未来也不会从事这一类行为。"从来没有过。听说这一块抓得很严,不敢。"(M10)"政府会接受吗?

能保证匿名吗,不会存在打击报复吗?"(F14)但是,当问及"你的个人利益受到损害时,会不会借助网络维护自己的利益和权利"时,有5名受访者表示会通过网络维权或抗争,3名受访者表示会通过上访、打官司等办法来维护权利,另外还有6人表示会视情况而定,有可能会通过网络维权或抗争。这意味着,促使个人采取抗争行动的最根本原因是自己的个人利益是否受损,当事不关己时,人们一般不会贸然采取行动。

在访谈中我们还发现,对一些较为安全的网络政治行动,会有一些网民热衷参与,一个重要的原因是相对参与现实社会行动而言,参与这类网络行动较为方便,也无需承担行动风险;另一个原因是参与这类网络行动可能与自己的心情或兴趣相符。有受访者(F11)针对网络点赞行为表示,"参加过,很简单啊,点一下就可以了,不会花很多时间,图个热闹……十有八九是图热闹的,不过也有时候是自觉地去做,比如汶川地震时就不是图热闹。当时有那种心情或想法,自然而然地就去点燃蜡烛……想要那种感觉。有这种想法的时候,就会把哀悼等自然而然地通过网络表达出来"。另一名受访者(F02)说,"偶尔参加这种活动,可能五次里能有一次吧,前提是这个活动我真的有兴趣,我觉得对我来说不是随便点一下鼠标,多一个QQ图标,我真的觉得这个事情有兴趣有意义我才点的"。针对网络政治行动中的这类情况,有批评者指出,这种情形意味着互联网对政治参与的影响并非如某些人预料的那样乐观,网络在扩展政治议题、便利政治信息传播和交流的同时,也有可能培养一种"懒散的行动主义"(slacktivism)(克里斯滕森,2011)。新形态的网络政治行动,更像是一种态度或者"点点鼠标式"的行动。人们更喜欢从事容易实施的行为,这些行为只是让行动者自我感觉良好,而不是为了实现某种既定的政治目标。"懒散的行动主义"有多种表现形式,如穿印有政治信息的衣服、在车上贴招贴、参加社交网站群组或者短期行动(如"不购物日"或"地球一小时")。批评者强调,虽然"懒散的行动主义"不局限于网络行动,但它总是与网络相关,因为网络为这种懒散行动提供了信息和便利。

四、结论

按照定量研究的逻辑,概念是具有结构的。通过分析概念的维度和层次,把抽象的概念数量化,是定量研究的核心过程和内容之一。为了实现这一目标,首先需要编制抽象概念的测量量表。本研究综合运用文献分析、访谈和开放式问卷调查方法,辨析了网络政治参与行为的概念结构,收集、整理和归纳了网络政治参与行为的维度和测量指标;并运用类属分析方法,发展出包含网络政治信息获取、网络政治意见交流表达和网络政治行动三个维度8个题项的网络政治参与行为量表。在借助量表对1 190名城市居民进行实际测量后,运用探索性因子分析方法简化量表数据。数据简化的结果,发展出由网络政治信息获取、网络政治意见交流表达和网络政治行动3个因子构成的网络政治参与行为测量量表,该量表较好地反映了网络政治参与概念的结构及我国城市居民网络政治参与的实际状况。对量表的内部一致性系数和结构效度分析表明,本研究编制的网络政治参与行为量表,具有良好的信度和效度,为进一步开展对网络政治参与行为的定量研究提供了初步的基础。

第九章　文化资本对网络政治参与行为的影响

一、问题的提出

互联网的崛起,为人类社会行为提供了新的空间场域,网络行为已经成为一种重要的社会行为,其中网络政治参与是网络行为的一种重要形式。互联网不仅拓展了政治参与的渠道和形式,丰富了政治参与的内涵,降低了政治参与的成本,而且扩展了政治参与的主体,提升了普通网民的政治参与热情和能力,增强了网民的话语权力。尤其是智能手机的出现,使人们能够更加有效地超越甚至摆脱现实时空的制约与束缚,真正做到随时随地在网上发出自己的声音,表达自己的观点,参与自己感兴趣的活动。移动网络技术对交互性的巨大提升,不仅引发了信息量的大爆炸,有助于人们更广泛地获取信息,而且有助于推动人们重塑公共事务观念,推动网民的关注点从私人领域拓展到公共领域。今天,在网络空间中随处可见网民对环境、腐败、社会不公等公共议题的热烈讨论。值得注意的是,这种网络空间中的政治参与,也增加了政治参与的不确定性,甚至一定程度上扩展了公民政治参与的鸿沟。正因为互联网对政治参与的这种重要影响,"互联网会给政治生态带来何种影响?"便成为网络时代政治研究的重要议题。但对互联网影响政治参与的实质和机制,学界迄今尚未形成较为一致的理解。一种观点认为,互联网降低了政治参与的成本,扩展了信息的传播渠道,能有效帮助人们获取政治信息,从而提升政治兴趣,激发参与热情,促进政治公共领域的形成;而另一种观点则认为,互联网并不独立于社会,公众在网络空间中的政治参与,往往会受制于各种社会、经济、制度和文化因素的影响和制约,网络空间中的政治参与,充满各种非理性和无意义的话语。

有关互联网对政治参与的影响机制,有学者从不同的理论视角出发给出了不同的解释。坡拉特认为,互联网对政治参与的影响机制,主要表现在三个方面,即互联网作为信息资源库、互动空间和虚拟行动领域对网民的政治参与发生影响(坡拉特,2005)。而公民自愿模型和社会资本理论,是研究互联网对政治参与影响作用时,被学者采用最多的两种重要理论范式。相对而言,从文化资本视角对互联网影响政治参与的研究却不多见。我们认为,从文化资本视角分析网络政治参与的影响因素,应该是一种值得关注的解释路径。布迪厄认为,要理解人们的政治行为和政治观点,需要深入其社会根源,即人们的阶级地位,不同的阶级地位对应着不同的资本构成和资本总量,而资本占有上的差异,会影响人们的政治行为(布迪厄,1997)。他提出了文化资本概念,作为与经济资本和社会资本并列的资本形态,并分析了文化资本与政治行为之间的关系。我们认为,这种基于文化资本视角对政治行为的解释思路,对于解释网络空间中的政治参与行为,是一种有竞争力的理论视角和分析路径。本章的目的,就是以我国城市居民为例,探讨文化资本对网络政治参与行为的影响。

二、文献探讨

(一)网络政治参与

有关政治参与概念的含义,虽然国内外学者的认识一直存在分歧,但处于不同理论传统中的学者,对政治参与的结构和要素仍有大体一致的理解,认为政治参与包括参与主体、参与对象和参与目的三个核心要素。而合法程序论、影响决策论和观念-行为论,则是三个解释政治参与的主要理论传统。

由于当前政治生活中存在大量制度外的非合法化政治参与行为,而且这些行为会对政府决策产生一定的影响,因此用合法程序论解释中国的政治参与,显得视野过于狭窄。本研究倾向于接受亨廷顿等(1996)对政治参与的解释,即认为政治参与是平民试图影响政府决策的所有行动,不论这一行动是否合法、是否使用暴力、是否有效果、是否属于群体性参与,以及是否表现出自愿性特征。亨廷顿强调,在试图影响政府决策这一目标下,无论合法参与还是不合法参与,都只是行动者的手段而已,彼此之间的界限并不截然分明,相反,在一定的时空条件下会互相转换。

如果说政治参与是公民通过各种合法或非合法途径试图影响政府决策的行为,那么在网络空间中,政治参与是否会有新的面貌和特征呢?目前,学界对此大致存在两种不同的理解。一种观点认为,网络空间是现实世界的延伸,同样,网络空间中的政治参与,也只是对传统政治参与的一种补充,网络政治参与是现实政治参与的在线副本。网络为现实世界中一些难以实现的政治参与行为提供了技术支持,一定程度上拓展了传统政治参与的空间和形式。另一种观点则强调,网络空间具有现实社会所不具备的一些独特特性,如开放、去中心、去边界、身体不在场等,因此网络政治参与是一种新的政治参与形式即虚拟政治参与,互联网重塑了政治参与的形态,在网络时代,政治参与的实质和形式都发生了新的变化(黄少华等,2015)。

(二)网络政治参与的影响因素

1. 网络使用与政治参与

政治信息的获取对政治参与的重要性已被大量实证研究证实,而大众传媒是公众获取政治信息的重要途径。以互联网为代表的新兴媒介的快速扩张,进一步提升了政治信息的传播效率。相比于电视、报纸等传统媒介,互联网具有更为快速和广泛的传播能力,使网民之间的自发信息传递变得方便快捷。互联网汇集了传统媒介所无法企及的海量信息,为网民在网络平台大量接收和发送政治信息提供了便利。因此,网络政治参与研究者普遍认为,互联网的广泛使用,将极大促进公民政治意识的形成,成为影响当代政治参与的重要变量。

根据理性选择理论的假设,人们在进行政治参与时,会考虑参与成本。传统的政治参与行为因为受信息获取成本较高等因素的制约,会受到不同程度的扼制,而互联网则大幅降低传播和获取政治信息的成本,提升了政治信息传播的数量和速度,从而导致人们更加乐意通过网络了解那些自己感兴趣的政治信息,从而有可能提升政治参与的热情与积极性,间接促进人们的政治参与(宾伯,2000)。有学者通过定量研究证实了上述理论逻辑。罗杰斯等人(Rojas and Puig-i-Abril,2009)也发现,使用网络上的信息资源,对在线和线下的各种政治参与,都有积极的影响。

但也有学者对此提出了质疑,认为网络使用并不一定会促进人们的政治参与。例如帕内特(2005)认为,尽管网络空间存在丰富的政治信息,网络使用大大增加了获取政治信息和政治知识的可能性,但人们在使用网络的过程中是否能够真正接触并有效利用到这些信息提升政治参与水平,尚有待证实。舒费勒(Schuefele et al.,2002)的实证研究发现,无论是互联网的娱乐性使用还是工具性使用,对提升政治参与的解释力都十分有限。詹宁斯(Jennings)和蔡特纳(Zeitner)(2003)更是认为,网络使用有可能进一步加深政治信息获取的鸿沟,降低网友接触政治信息的时间与意愿,并削弱传统社会团体对政治的积极影响。宾伯对选举行为的研究发现,网络使用只是强化了那些原本就有意愿参与选举的选民,而对那些政治冷漠者的影响并不明显。因此宾伯强调,需要关注网民的政治兴趣、政治效能感等心理因素对网络政治参与的影响(Bimber et al.,2000)。

2. 网络互动与政治参与

互联网一经形成,就不只是一个信息交流空间,不仅提高了信息获取效率,其更重要的意义在于,它为人与人之间的互动提供了一个新的场域,人们可以在其中进行社会互动,而不只是查阅和交流信息(黄少华,2008)。BBS论坛、政府网站、博客、微博、微信、短视频等网络平台,使人们可以便捷地与他人、社团、政府展开信息交流和社会互动,从而有助于改善人们对政治参与的认知和态度,鼓励和提升人们的政治参与热情和行为。

对于网络所具有的强大社会互动潜能对政治参与的影响,一种重要的分析视角是立足社会资本视野,探讨网络互动对政治参与的影响。这一视角的分析逻辑是:互联网能够促进人们的社会交往,扩大人际网络规模,进而有助于累积社会资本,从而增加政治参与活动。社会资本理论认为,不同的社会成员和社会团体因其在社会场域中所处的位置不同,所拥有的社会资源和权力也不尽相同。社会资本的拥有量及调动社会资本的能力,决定了人们追逐资源的能力,一个人所拥有的社会资本越多,其在社会经济活动中就越处于有利的地位,并越可能进行广泛的社会参与。罗伯特·普特南(Robert Putnam,2001)指出,在一个共同体中,公民的社会网络越是密集,其为了共同利益而参与合作的可能性就越大。普特南将社会资本定义为"人与人之间的关系,即社会网络、互惠性规则以及由此产生的信任"(赵延东等,2005),并根据网络中人际关系亲疏程度的不同,将社会资本划分为黏结型资本和桥接型资本。威廉姆斯发现,互联网在总体上有助于发展出新型的在线社会资本,具体而言,互联网在促进强关系上作用有限,但有助于发展弱关系,拓展桥接型社会资本(Williams,2007)。

对于不同类型的社会资本对政治参与的影响,学界已有为数不少的研究。什科里奇(Skoric)等人研究了新加坡的社会资本和政治参与的关系,发现在线桥接型社会资本与在线政治参与呈正相关,但与传统政治参与不相关,在线黏结型社会资本与传统政治参与呈正相关。他们认为,互联网使人们之间的联系变得非常容易,而且参与在线活动不需要太多成本;互联网上多种多样的观点,会促发信息接触者重新思考并检验传统媒介信息;同时,网络使得社会互动超越物理空间限制,有共同兴趣和想法的人,能够方便地在网上形成在线社区。所有这些原因,都在客观上提升了人们的在线桥接型资本,从而促进了网络政治参与。韦伯(Weber)等学者发现,在网络空间中与他人互动频繁的用户,更容易介入各种政治活动,如请愿、向政府写意见信等。而莫斯伯格(Mossberger)等人通过数据分析发现,经常收发电子邮件的网民参与投票的概率,要比不经常收发电子邮件的网民高出 21%～39%(莫斯伯格等,2003)。

3. 文化资本与网络政治参与

文化资本一词,最初是由皮埃尔·布迪厄和让克洛德·帕斯隆在《再生产:一种教育系统理论的要点》一书中提出来的。在《国家精英》一书中,他将文化资本界定为较高等的教育。而在《区隔》中,他进一步将社会资本定义为是社会上层人群所特有的,以显示上层阶级身份的各种风格、品位、行为惯习和态度。按照布迪厄对文化资本的经典分类,文化资本包括具体化文化资本、客观化文化资本和制度化文化资本三种类型(Bourdieu,1984)。其中具体化文化资本指与身体相关,内化于个体的人力资本,包括个体所具有的教育、技能、文化知识及经验的累积;客观化文化资本是指物质性、符号性的文化产品,如文学作品、绘画、词典、工具等;制度化文化资本则是指学历证书、学术资格等被社会所公认的、受到制度保护的原始资本形态。其中具体化文化资本最为重要,它是另外两种文化资本的基础,并且与特定的个体紧密相连,如同健康一样,不能通过赠予、买卖等形式实现个体间的传递(布迪厄,1997)。

亨廷顿(1989)认为,社会经济的发展将刺激公民政治参与的热情,其中教育水平的普遍提高是一个重要的因素。教育水平的提高将促进人们对更高水平生活质量追求的愿望和期待,"而如果这些愿望和期待不能得以满足,就会刺激个人和集团投身于政治"(亨廷顿,1989)。亨廷顿的这一论断,激发了众多学者进一步研究这种推论在不同地区的具体表现,虽然得出的结论并不一致,但是教育因素从此成为研究政治参与的思考框架中不可或缺的结构性因素。与亨廷顿不同,布迪厄认为,教育水平并不能等同于政治能力,教育水平的提高也不一定意味着政治能力的提高。真正影响政治参与的因素,是与人们所处的社会地位相对应的资本构成和资本总量,这种资本占有的差异会对人们政治行为发生实际的影响,其中文化资本是一种可以赋予权力和地位的累积资本。布迪厄(1984)认为,文化资本包含教育水平,但不能把文化资本等同于教育水平。可惜的是,尽管布迪厄提出了文化资本与政治参与之间的关系问题,然而这方面的实证研究迄今还不多见,有关文化资本的研究,更多集中在社会分层领域的阶级区分、地位获得等问题上(金桥,2012)。不过,为数不多的对文化资本与政治参与关系的研究,的确发现文化资本与政治参与之间存在着明显的相关关系,文化资本越丰富,政治参与的水平也越高。

互联网的兴起,会对文化资本和政治参与发生什么样的影响?互联网的介入,是否会改变文化资本与政治参与之间的关系?从理论上说,文化资本是一种形塑社会阶层边界的力量,具有排斥性特征。人们往往倾向于和自己拥有相同文化资本、相同价值观的人交流,这种倾向导致了特定文化圈的形成,人们在自己所处的圈子内互动交流,并习惯性地排斥与圈子之外的人接触,这不利于拥有不同政治信息及政治观念的人群在同一个平台上对话。而互联网的出现,则为打破这种界限带来了可能。互联网的开放性、去中心化、身体不在场等特征,使传统社会阶层之间的社会界限开始变得模糊,拥有不同政治信息、政治观念的人会直接在网络空间中发生碰撞。而这种广泛的信息交流和观念接触,有助于人们重新理解与自己拥有不同政治观念的行动者,并进而重新塑造自己的政治观念。尤其是对于现实中政治冷漠的人而言,互联网对他们接触政治信息,积累文化资本,提升政治兴趣有很大的帮助。因此网络使用将有助于文化资本的累积,并进而促进政治参与。遗憾的是,目前国内学界对文化资本与网络政治参与之间关系的实证研究仍较为匮乏,即使是为数不多的实证研究,也多将文化资本操作化为教育水平和政治知识。有鉴于此,本研究尝试从内涵更丰富的文化资本概念切入来分析文化资本是如何影响网络政治参与的。

三、研究设计

(一)研究假设

本研究将文化资本定义为可以帮助个人在社会活动中获得较高地位

的文化技能和观念,以及为之庇护的学历程度。参照布迪厄对文化资本的经典分类,本研究侧重从具体化文化资本和制度化文化资本两个维度,探讨文化资本对网络政治参与行为的影响。前者包括政治技能和政治观念,后者包括教育程度和政治面貌。

政治技能指的是公民理解、反思政治事务的能力,以及必要的组织和沟通等能力。具有较高政治技能,拥有更丰富的政治实践经验的行动者,往往熟悉政治游戏的规则,对政治参与能够驾轻就熟。因此本研究提出假设1:

假设1:政治技能与网络政治参与有正相关关系。政治技能越强,网络政治参与程度越高。

政治观念是指社会公众对政治体系、政治制度、政治权威以及自身在政治体系中的作用等的认知、情感和态度取向(阿尔蒙德等,2008)。阿尔蒙德和维巴在《公民文化》一书中将政治观念划分为参与型政治观念、臣民型政治观念和村民型政治观念三种类型。其中,拥有参与型观念的人对自己在政治体系中的权利、责任以及效能感均具有较高的认识和评价,因此有强烈的政治参与愿望。拥有臣民型政治观念的人对自己在政治体系中的责任往往具有较为明确的认识,而对于其所拥有的权利和行动效能感的认识和评价则较低,这类人更愿意接受和服从执政者对其在政治体系中的地位和作用的安排,因此对动员式政治活动具有较高的参与度,而对自发性的政治活动则基本不参与。而拥有村民型政治观念的人对自己在政治体系中的责任、权利及效能感均没有清晰的认识,处于政治体系的边缘地带,政治参与意愿很低。因此本研究提出假设2:

假设2:拥有参与型政治观念的网民,其网络政治参与程度高于拥有臣民型政治观念和村民型政治观念的网民。

在对文化资本与现实政治参与关系的研究中,大多数研究都发现,教育程度与政治参与具有正相关性,而且教育程度本身也是文化资本的重要组成部分,因此本研究把教育程度作为制度化文化资本的测量指标,考量其对网络政治参与行为的影响。同时,在我国,政治面貌作为一种重要的社会地位,对政治参与有着重要的影响。因此本研究提出假设3和假设4:

假设3：教育程度与网络政治参与程度呈正相关，教育程度越高，网络政治参与程度也越高。

假设4：党员比非党员的网络政治参与程度更高。

(二)变量操作化

1. 因变量：网络政治参与行为

网络政治参与行为是本研究的因变量。本研究将网络政治参与定义为公民在网络空间中通过各种方式展开的影响政府决策过程的行为。鉴于网络空间的空间特性及网络行为的行为特征，我们在研究中侧重测量网民在网络空间中的主动性政治参与行为，并从政治信息获取、政治意见交流表达和政治行动三个维度发展出具体的测量指标，包括"访问政治新闻网站""和网友讨论政治话题""参加网上投票"等8个指标，采用"经常""较多""一般""较少""从不"五点尺度李克特量表进行测量。

2. 自变量：文化资本

文化资本概念的操作化一直是学界相关研究中的一个难点。拉蒙德和拉鲁指出，文化资本的概括性和布迪厄的复杂定义是导致操作化困难的主要原因（仇立平等，2011）。本研究基于布迪厄对文化资本的经典分类，从政治技能、政治观念、教育程度和政治面貌四个维度测量文化资本。

政治技能是公民理解、反思政治事务的能力，以及公民持有的必要的组织、沟通等协调能力。本研究通过"和朋友讨论政治话题""写信给报社表达自己对政治议题的看法"和"为某个社团或组织工作"等5个题项测量城市居民的政治技能。

对政治观念的测量，我们参照阿尔蒙德和维巴在《公民文化》一书中对政治观念的划分，将政治观念分为参与型政治观念、臣民型政治观念和村民型政治观念，并参考杨宜(2008)音对中国人公民意识的测量指标，采用"在国家利益面前，个人利益再大也是小的""只要是国家的事情，个人都应该义不容辞""纳税是为了给国家做贡献""一般家庭遇到大事还是应该丈夫说了算""在公共场合，多管闲事会惹麻烦""政府干部为给熟人办事，偶尔破例也是可以的""纳税人有权利讨论政府怎么花钱"和"民告官是正常的"8个题项,测量政治观念。

教育程度是个人在国民教育体系中所达到的层次和地位,是一种受制度保护的原始性文化资本,本研究通过询问受访者的学历测量教育程度。林南(2005)认为,由于理论解释视角的不同,有些人将教育视为文化资本,而另一些人则将其视为人力资本。在本研究中将教育程度视为一种制度化文化资本。

政治面貌作为文化资本,是一种需要通过学习、规训,最终达到执政者认可,并受到政治体制保护的文化资本。在本研究中,我们通过党员这一政治身份测量这种制度化文化资本。

3. 控制变量

社会学强调,行动者的社会行为需要嵌入社会结构中加以考量。已有的对政治参与行为的研究表明,性别和年龄对政治参与有着显著的影响。例如,男性在政治参与中通常比女性更主动(庄平,2004),年龄则与政治参与呈现出一种倒 U 形曲线关系,一般在中年时达到峰值(Shi et al.,1999)。因此,为了更好地解释文化资本对城市居民网络政治参与行为的影响,本研究将性别和年龄作为控制变量引入模型。

(三)数据与模型

本研究采用的数据,来源于国家社会科学基金项目"我国公民网络行为规范及引导抽样调查研究"中的城市居民样本数据。该调查采取多阶段分层抽样方法,在天津、长沙、西安和兰州四城市共发放调查问卷 1 466 份,最后回收有效问卷 1 190 份,有效问卷率为 81.2%。其中男性受访者 562 人,占样本总量的 48%,女性受访者共 608 人,占样本总量的 52%;样本平均年龄 32.5 岁($sd=9.5$)。

本研究的主要目的是分析城市居民的文化资本对网络政治参与行为的影响。为了实现这一目的,我们采用多元线性回归模型,对研究假设进行统计检验。模型的数学表达式为:

$$Y = a + \sum_{i=1}^{n} b_i X_i + u$$

其中,Y表示网络政治参与行为,α表示常数项,u表示随机误差项；$X_i(i=1,2,\cdots,n)$表示自变量政治技能、政治观念、教育程度、政治面貌，以及控制变量性别、年龄等,b_i表示与自变量对应的回归系数。

四、研究发现

(一)变量测量结果

(1)网络政治参与

本研究采用"经常""较多""一般""较少""从不"五点尺度李克特量表，从网络政治信息获取、网络政治意见交流表达、网络政治行动三个维度,用"访问政治新闻网站""阅读谈论政治和公共事务的博客/微博""和网友讨论政治话题""参与和政府官员的在线交流""在网上表达自己对政治议题的看法""参加网上投票""参与在线抗议活动""在网上对政府工作进行评价"8个指标测量城市居民的网络政治参与行为。测量结果见表9.1。

表9.1 网络政治参与行为现状($N=1\,169$)

	均值	标准差	经常(%)	较多(%)	一般(%)	较少(%)	从不(%)
访问政治新闻网站	2.77	1.327	12.2	19.8	23.6	21.6	22.7
阅读谈论政治和公共事务的博客/微博	2.53	1.223	7.6	14.0	27.2	25.8	25.4
和网友讨论政治话题	2.51	1.182	7.6	11.9	26.8	31.1	22.6
参加网上投票	2.38	1.163	5.1	13.2	23.5	30.9	27.2
在网上表达自己对政治议题的看法	2.38	1.131	4.3	12.9	25.8	30.6	26.4
在网上对政府工作进行评价	1.99	1.106	2.9	8.6	17.2	27.0	44.2
参与和政府官员的在线交流	1.85	1.071	2.7	6.0	17.0	22.2	51.2
参与在线抗议活动	1.82	1.071	2.2	7.3	14.8	21.8	53.9

从表9.1不难发现,我国城市居民的网络政治参与程度总体偏低。

其中参与程度相对较高的网络政治行为有"访问政治新闻网站""阅读谈论政治和公共事务的博客/微博""和网友讨论政治话题""参加网上投票"和"在网上表达自己对政治议题的看法",经常或较多参与的比例分别为32.0%、21.6%、19.5%、18.3%和17.2%。而参与程度较低的网络政治行为主要有"参与和政府官员的在线交流"和"参与在线抗议活动",经常或较多参与的比例均不足一成,分别为8.7%和9.5%,而有分别高达51.2%和53.9%的城市居民从未参与过这两项网络政治行为。总体而言,我国城市居民参与网络政治信息获取行为的比例相对较高,网络政治意见交流和表达行为次之,而参与网络政治行动的比例则很低,有超过半数的城市居民从未参与过这些行为。

本研究采用探索性因子分析方法对网络政治参与行为量表的结构进行简化,因子分析结果见本书第八章,尤其是表8.6。我们根据因子值转换公式,将均值为0,标准差为1的标准化因子值转换为1到100的指数,表9.2呈现的是转换后三个因子的平均值、中位值、众值和标准差。从表可见,城市居民的网络政治参与程度在总体上偏低,其中网络政治信息获取的参与程度最高,均值为45.709 1,网络政治意见交流表达和网络政治行动的参与程度相对稍低,均值分别为42.866 3和40.082。

表9.2　　网络政治参与行为的平均值、中位值、众值与标准差

	政治行动	意见交流表达	政治信息获取
平均数	40.082 0	42.866 3	45.709 1
中位数	38.559 6	40.277 2	43.557 1
众数	17.15	34.71	34.30
标准差	18.575 64	16.644 39	14.499 97

(2)政治技能

参与社团或组织的经验、与政府及组织的互动交流能力、对政策的判断能力等,是公民政治技能的重要内容。本研究采用"经常""较多""一般""较少"和"从不"5点尺度李克特量表,用"写信给报社表达自己对政

治议题的看法""为某个社团或组织工作""给政府部门写信""对政府工作进行评价"和"和朋友讨论政治话题"5个指标对城市居民的政治技能进行测量。从表9.3的测量结果可见,受访者在"为某个社团或组织工作"和"对政府工作进行评价"这2个指标上得分较高,分别为2.84和2.22,其中经常和较多参与的城市居民分别达到25.4%和13.6%,而在"写信给报社表达自己对政治议题的看法"和"给政府部门写信"这2个指标上得分相对较低,其中从不参与的比例分别高达42.7%和59.5%。

表9.3　　　　　　　　　　政治技能($N=1\,176$)

	均值	标准差	经常(%)	较多(%)	一般(%)	较少(%)	从不(%)
和朋友讨论政治话题	2.84	1.088	8.3	17.1	35.1	29.1	10.4
对政府工作进行评价	2.22	1.110	3.9	9.7	22.2	32.6	31.6
为某个社团或组织工作	2.20	1.147	3.9	10.9	22.1	28.2	35.0
写信给报社表达自己对政治议题的看法	2.03	1.119	3.6	7.5	20.5	25.7	42.7
给政府部门写信	1.69	1.015	2.4	5.1	11.2	21.8	59.5

我们采用主成分分析法对测量政治技能的5个指标进行因子分析。经检验,量表的 KMO 值为0.808,Bartlett's 球状检验的卡方值为 2 512.936,自由度为10,在 $0.000(sig=0.000)$ 水平上统计检验显著。因子分析结果,5个测量指标被浓缩为一个因子,因子的方差贡献率为63.333%。所有题项的共同度均超过0.5,达到因子分析的要求(见表9.4)。对5个指标的内部一致性 Cronbach's α 系数分析发现,Cronbach's α 系数为0.854,说明量表的信度良好。

表9.4　　　　　　　　　　政治技能因子负荷

	政治技能	共同度
写信给报社表达自己对政治议题的看法	0.842	0.709
为某个社团或组织工作	0.813	0.661

续表

	政治技能	共同度
给政府部门写信	0.813	0.539
对政府工作进行评价	0.772	0.597
和朋友讨论政治话题	0.734	0.661
特征值	3.167	
方差贡献率(%)	63.333	

(3)政治观念

本研究对政治观念的测量,参照阿尔蒙德和维巴(2008)对政治观念的划分,并参考杨宜音(2008)对中国人公民意识的测量指标进行测量。结果表明,"在国家利益面前,个人利益再大也是小的""只要是国家的事情,个人都应该义不容辞"和"纳税是为了给国家做贡献"3个测量指标中选择比较同意和完全同意的受访者均超过50%,说明我国城市居民对国家有较强的认同感,认为个人应当优先服从国家利益。在"一般家庭遇到大事还是应该丈夫说了算""在公用场合,多管闲事会惹麻烦"和"政府干部为给熟人办事,偶尔破例也是可以的"3个指标中,选择比较同意和完全同意的受访者都接近或超过30%,说明目前我国城市居民中仍有很大一部分人对公共事务持有一种较为消极的态度。在"纳税人有权利讨论政府怎么花钱"和"民告官是正常的"2个指标中,选择比较同意和完全同意的受访者都超过了50%,说明目前我国城市居民中至少有超过一半的人,认为自己有权利参与公共事务。

为了简化政治观念的结构,我们对量表中包含的8个题项进行因子分析,以提取有概括力的新因子。因子分析采用主成分分析法,以特征值大于1作为选取因子的标准,因子旋转采用正交旋转法中的最大方差旋转法。采用KMO测度和Bartlett's球形检测来评估对项目进行因子分析的适当性。经检验,量表的 KMO 值为0.706,Bartlett's球状检验的卡方值为2 008.060,自由度为28,在 $0.000(sig=.000)$ 水平上统计检验显著，说明适合进行因子分析。因子分析共析出 3 个因子，方差贡献率分别为 26.989%、20.043% 和 19.633%，累计方差贡献率为 66.665%，除"一般家庭遇到大事还是应该丈夫说了算"的共同度为 0.473 外，其余题项的共同度均超过 0.637，达到因子分析要求（见表 9.5）。

表 9.5　　　　　　　　　　政治观念因子负荷矩阵

	臣民型政治观念	参与型政治观念	村民型政治观念	共同度
只要是国家的事情，个人都应该义不容辞	0.884	0.052	0.085	0.791
在国家利益面前，个人利益再大也是小的	0.813	0.177	0.057	0.696
纳税是为了给国家做贡献	0.775	0.092	0.175	0.639
纳税人有权利讨论政府怎么花钱	0.081	0.843	0.086	0.724
民告官是正常的	0.161	0.835	−0.069	0.727
政府干部为给熟人办事，偶尔破例也是可以的	−0.018	−0.154	0.789	0.646
在公共场合，多管闲事会惹麻烦	0.086	0.361	0.707	0.637
一般家庭遇到大事还是应该丈夫说了算	0.277	−0.021	0.629	0.473
旋转后特征值	2.159	1.603	1.571	
方差贡献率(%)	26.989	20.043	19.633	
累积方差贡献率(%)	26.989	47.032	66.665	

根据因子分析的结果及各因子题项的含义，我们分别为 3 个因子命名。命名因子 1 为"臣民型政治观念"因子，包括"在国家利益面前，个人利益再大也是小的""只要是国家的事情，个人都应该义不容辞"和"纳税是为了给国家做贡献"3 个题项。具有这种政治观念的人，在面对公私冲突时，往往愿意接受执政者对自己的政治安排，倾向于服从权力而牺牲个人利益。命名因子 2 为"参与型政治观念"，包括"纳税人有权利讨论政府怎么花钱"和"民告官是正常的"2 个题项。具有这种政治观念的人，对自

己在政治体系中的权利和责任均具有较高的认识,在面对公私冲突时,能够以契约精神处理公私关系。命名因子3为"村民型政治观念",包括"一般家庭遇到大事还是应该丈夫说了算""在公共场合,多管闲事会惹麻烦"和"政府干部为给熟人办事,偶尔破例也是可以的"3个题项。具有这种政治观念的人,通常不能以契约精神处理关系,不讲权利义务,只在意关系亲密程度。

对量表的信度检验,采用分析量表的内部一致性Cronbach's α 系数方法进行。3个因子的Cronbach's α 系数分别为0.796、0.650和0.543,整个量表的Cronbach's α 系数为0.684。说明"村民型政治观念"因子的信度系数偏低,而"臣民型政治观念"因子、"参与型政治观念"因子和整个政治观念量表的内部一致性可以接受。3个因子包含的项目在相应因子上的负荷除"一般家庭遇到大事还是应该丈夫说了算"一项为0.629以外,其余各项均在0.70以上,说明量表的结构效度良好。

(4)教育程度和政治面貌

本研究分别对受访者的教育程度和政治面貌进行了测量,其中本科及以上学历的占54.2%,专科及以下的占45.8;党员占28.5%,非党员占71.5%。

(二)假设检验

为了检验本研究提出的研究假设,梳理文化资本对城市居民网络政治参与行为的影响,我们分别以网络政治参与行为的三种类型即网络政治信息获取、网络政治意见交流表达和网络政治行动为因变量,以政治技能、政治观念、受教育程度和政治面貌为自变量,同时引入性别、年龄、年龄平方三个控制变量,进行多元回归分析。在上述变量中,年龄、年龄平方、政治技能、政治观念是连续变量,可以直接引入回归模型。而性别、受教育程度和政治面貌是离散变量,在回归分析之前,我们分别以女性、高中及以下学历、非党员为参照,对性别、受教育程度和政治面貌进行了虚拟变量处理。回归分析结果见表9.6。

表 9.6　　　　　　文化资本对网络政治参与行为的影响($N=916$)

	政治信息获取 B(S.E)	Beta	政治意见交流表达 B(S.E)	Beta	政治行动 B(S.E)	Beta
常数	−0.262 (0.418)		−0.780* (0.375)		0.917* (0.367)	
性别	0.360*** (0.059)	0.178	0.093 (0.053)	0.046	−0.112* (0.052)	−0.057
年龄	−0.008 (0.025)	−0.070	0.049* (0.023)	0.456	−0.049* (0.022)	−0.461
年龄平方	7.896E−5 (0.000)	0.052	0.000* (0.000)	−0.421	0.001* (0.000)	0.410
政治技能	0.194*** (0.031)	0.187	0.530*** (0.028)	0.514	0.522*** (0.027)	0.515
臣民型政治观念	0.011 (0.030)	0.011	−0.051* (0.027)	−0.050	−0.048 (0.026)	−0.048
参与型政治观念	0.196*** (0.030)	0.192	0.023 (0.027)	0.023	−0.078** (0.027)	−0.078
村民型政治观念	−0.056* (0.030)	−0.056	0.033 (0.027)	0.033	0.040 (0.026)	0.041
受教育程度	0.267*** (0.077)	0.106	−0.148* (0.069)	−0.060	0.017 (0.068)	0.007
政治面貌	0.165* (0.067)	0.074	−0.107 (0.060)	−0.049	−0.012 (0.059)	−0.005
R^2	0.131		0.292		0.296	
adjusted R^2	0.123		0.286		0.290	
F	17.608***		43.432***		49.296***	

注：* $p<0.05$；** $p<0.01$；*** $p<0.001$。

从表 9.6 回归分析结果可见，控制变量性别对网络政治信息获取有显著的正向影响，对网络政治行动有显著的负向影响，意味着男性参与网络政治信息获取行为的可能性大于女性，但参与在线政治行动的可能性却小于女性。年龄和年龄平方的影响在模型 2 和模型 3 中均显著，说明年龄对城市居民的网络政治意见交流表达和网络政治行动有显著影响；其中在模型 2 中，年龄对因变量的标准回归系数为正值，而年龄平方的标准回归系数则为负值,说明年龄对网络政治意见表达交流的影响呈倒 U 形;而在模型 3 中,年龄对因变量的标准回归系数为负值,而年龄平方的标准回归系数则为正值,说明年龄对网络政治行动的影响呈 U 形。

政治技能对因变量网络政治信息获取、网络政治意见交流表达、网络政治行动均有显著的正向影响,其在 3 个模型中的回归系数分别为 0.194($p<0.001$)、0.530($p<0.001$)和 0.522($p<0.001$),意味着政治技能越高,参与这三类网络政治行为的可能性越大。

从政治观念的三种类型和网络政治参与行为的关系看,臣民型政治观念对网络政治意见交流表达有显著的负向影响(回归系数为-0.051,$p<0.05$);参与型政治观念对网络政治信息获取有显著的正向影响(回归系数为 0.196,$p<0.001$),但对网络政治行动的影响则为负向(回归系数为-0.078,$p<0.01$);而村民型政治观念则对网络政治信息获取有显著的负向影响(回归系数为-0.056,$p<0.05$)。从标准回归系数看,在三类政治观念中,参与型政治观念对网络政治参与行为的影响作用最大。

受教育程度和政治面貌对网络政治信息获取均有显著的正向影响。此外,受教育程度还对网络政治意见交流表达有显著的负向影响。意味着受教育程度越高,参与网络政治信息获取的可能性越大,但参与网络政治意见交流表达的可能性越小;党员相比非党员,越有可能参与网络信息获取行为。此外,值得注意的是,党员对网络政治意见交流表达和政治行动的影响均呈负向,意味着党员在网上交流表达政治意见、参与在线政治行动的可能性要低于非党员,不过这种影响作用均没有通过显著性检验。

综合分析自变量政治技能、政治观念、受教育程度和政治面貌对网络政治参与行为的影响,不难发现,具体化文化资本和制度化文化资本均对网络政治参与行为有显著影响。其中政治技能与三种类型的网络政治参与行为均呈显著的正相关关系,假设 1 得到证实;参与型政治观念对网络政治参与行为的影响,比臣民型政治观念和村民型政治观念更大,假设 2 获得证实;受教育程度和政治面貌(党员)对网络政治信息获取有显著的正向影响,但受教育程度对网络政治意见交流表达的影响呈负向,且 2 个变量在模型3中对网络政治行动的影响作用均不显著,说明假设3和假设4都只获得部分证实。这意味着,具体化文化资本相比制度化文化资本,对网络政治参与行为的影响作用更大。

五、结论与讨论

互联网浪潮已席卷全球,猛烈冲击着人类社会生活的各个领域,改变和形塑了人们的日常生活,并引发了包括政治参与在内的社会行为的转变,大大增加了政治参与的不确定性。本研究以文化资本理论为基本视角,对我国城市居民的网络政治参与及行为其影响因素进行了实证分析,发现文化资本对我国城市居民的网络政治参与行为有显著影响。研究的主要发现如下:

(一)我国城市居民的网络政治参与水平总体偏低

在本研究测量的8种网络政治参与行为中,参与比例相对较高的网络政治行为有"访问政治新闻网站""阅读谈论政治和公共事务的博客/微博""和网友讨论政治话题""参加网上投票"和"在网上表达自己对政治议题的看法",经常和较多参与的比例分别为32.0%、21.6%、19.5%、18.3%和17.2%;而参与程度相对较低的网络政治行为主要有"参与和政府官员的在线交流"和"参与在线抗议活动",经常和较多参与的比例均不足一成,分别为8.7%和9.5%,而有分别高达51.2%和53.9%的城市居民从未参与过这两种网络政治行为,说明我国城市居民的网络政治参与总体上处在一个相对偏低的水平上。

(二)城市居民的网络政治参与方式以政治信息获取和政治意见交流表达为主

通过测量我们发现,在三类网络政治参与行为中,城市居民参与比例最高的网络政治行为是网络政治信息获取,其次是网络政治意见交流表达,而参与程度最低的是网络政治行动。在4个测量网络政治行动的指标中,即使参与程度最高的"参加网上投票",也有接近60%的受访者表示较少甚至从不参与,而在"在网上对政府工作进行评价""参与和政府官员的在线交流"和"参与在线抗议活动"3项指标上,较少和从不参与的比例更是超过了70%（分别为71.2%、73.4%和75.7%），尤其是"参与和政府官员的在线交流"和"参与在线抗议活动"2项指标，有超过半数的城市居民（分别为51.2%和53.9%）从未参与过。

（三）文化资本对网络政治参与行为有显著影响

本研究从具体化文化资本和制度化文化资本两个方面定量分析了文化资本对网络政治参与行为的影响，发现作为具体化文化资本的政治技能、政治观念以及作为制度化文化资本的受教育程度和政治面貌，都对网络政治参与行为有不同程度的影响。但是，不同类型的文化资本对网络政治参与行为的影响有一定的差异，与制度化文化资本相比，具体化文化资本对网络政治参与行为的影响作用更为显著，尤其以政治技能对网络政治参与行为的影响最为显著。

国内外学者对网络政治参与的相关研究，也有一些与本研究类似的发现。例如李亚妤（2011）通过对我国沿海发达地区网民网络政治参与的调查发现，网民对参与网络政治普遍缺乏热情和积极性，存在着数量庞大的网络政治"冷漠者"和"隐形人"，他们的网络政治参与水平不高。而克里斯腾森（Christensen，2011）则发现，网络虽然扩展了政治议题，更便利政治信息的传播和政治意见的交流，但也导致了人们热衷于参与只是让自己自我感觉良好的"不购物日""地球一小时"等即时行动，或者类似在车上贴招贴、参加网络社群组织的"快闪式"或者说"点点鼠标式"的懒散行动。我们认为，网络政治参与行为的这一特征，一定程度上是由与网络空间的社会特性决定的。互联网作为一个复合媒介呈现出来的全新的二元交织时空结构和时空特性，或多或少地转变了网络行为的行动逻辑（黄少华，2003）。由于互联网的推动，现实社会生活中有着确定物理和社会边界的区域化行为场所，正越来越被物理地点缺场的虚拟场所取代，从而造成场所边界的模糊甚至消失，由此，人们在网络空间的社会行为，也成为一种发生在边界之上或者说跨越边界的活动，呈现出一种不确定、跨边界、碎片化的特征，从而变得模糊、暧昧和不确定。

文化资本与网络政治参与的关系，是本研究关注的核心问题。本研究发现,与制度化文化资本相比,具体化文化资本对城市居民网络政治参与的影响作用更为显著。金桥(2012)对上海居民文化资本与政治参与关系的研究也有同样的发现。为什么具体化文化资本对我国城市居民网络政治参与的影响作用最为显著?金桥(2012)提出了工具性解释机制。他认为,随着具体化文化资本的增加,人们更倾向于通过各种政治参与渠道表达自己的意见、维护自身利益,各种渠道都只是人们为达目的而可能选择的工具手段,无论这种渠道是否容纳于现存的制度框架内(金桥,2012)。而仇立平等(2011)则更强调观念的重要性,认为拥有较高具体化文化资本的人,更倾向于遵守法律和制度,因而更倾向于通过制度内渠道表达自己的政治意见。我们认为,在文化资本与网络政治参与的关系中,工具性机制和观念性机制会同时起作用。一方面,具体化文化资本拥有程度越高,越能够有效运用各种渠道实现政治参与;另一方面,政治观念的差异,会导致文化资本对网络政治参与的不同影响,越是拥有参与型政治观念,其网络政治参与程度越高,而越是拥有臣民型和村民型政治观念,网络政治参与程度越低。

本研究发现,作为制度化文化资本的受教育程度和政治面貌对网络政治信息获取都有显著的正向影响,受教育程度对网络政治意见交流表达的影响虽然显著但为负向。在国内外学界对现实政治参与行为的研究中,有关教育程度与政治参与关系的理解和发现并不一致。例如亨廷顿(1989)认为,教育水平的提高,会提升人们的愿望和期待,从而刺激人们投身于政治。而布迪厄(1997)则认为,不能把文化资本简化为教育水平,教育水平并不等同于政治能力,教育水平的提高并不必然意味着政治能力的提高。本研究发现,一方面意味着文化资本比单纯的受教育程度能够更好地解释网络政治参与行为,另一方面也意味着受教育程度与网络政治参与行为之间存在复杂的因果关系。值得注意的是,政治面貌对网络政治意见交流表达和网络政治行动的影响作用虽然不显著,但其作用方向均为负向。这意味着党员这一政治身份,使他们比非党员更倾向于选择制度内政治渠道而非网络渠道参与政治生活。

第十章 社会资本对网络政治参与行为的影响

一、文献回顾与研究假设

互联网强大的突破边界、信息交流和社会互动潜能,拓展了政治参与的实践空间。乐观者认为,互联网为政治生活引入了新的活力,改进了政治参与的方式和手段,提升了政治信息传播的速度与数量,降低了网民获得政治信息的成本,方便了网民的人际接触、政治信息交流和讨论,因而有助于提升网民的政治参与热情和水平(宾伯,2000)。什科里奇等人(2009)认为,网络互动的便捷、低成本、容易获得更多信息、跨时空限制、方便在线交流等特点,都有利于促进在线政治参与。韦伯等人(2003)发现,在网络空间中与他人互动频繁的用户,更容易介入到请愿、给政府写信等政治活动中。而莫斯伯格等(2008)发现,经常收发电子邮件与参与投票之间呈正相关。

政治参与"要求个体参加活动并与他人互动"(凯茨和莱斯,2007),因此在网络政治参与研究中,社会资本被许多学者视为一个重要的分析视角。从社会资本视角分析网络政治参与,其基本理论逻辑是强调社会关系网络或社会资源对网络政治参与的影响,强调互联网能够促进人们的社会交往,扩大人际网络规模,因而有助于建构社会关系网络,累积社会资本,从而增加政治参与活动,提升政治参与程度。林南(2005)认为,对社会资本的理解虽然存在着不同的理论趋向,但这些不同理论趋向对社会资本的理解,有共同的基本含义,即认为"社会资本是通过社会关系获得的资本",而"因特网和电子网络的兴起标志着社会资本的革命性增长"。雷斯尼克(Resnick,2001)认为,互联网特别适用于培植社会资本、扩张社会网络、发展集体认同、增进群组成员之间的信任。威廉姆斯(2006)发现,网络互动不仅有助于维持线下社会资本,而且有助于发展出新型的在线社会资本。虽然互联网在促进强关系上作用有限,但有助于发展弱关系,拓展和加强桥接型社会资本(威廉姆斯,2007)。不少学者发现,网络社会资本的积累和增长,对政治参与有促进作用。例如坡拉特(2005)认为,互联网有助于地理上分离的社会团体如兴趣小组、宗教团体、单身母亲团体等开展有效的社会沟通,从而促进他们的政治参与。网络社会资本不仅会显著地影响在线政治参与,而且能够加强线下政治参与。沈菲等(Fei Shen,2009)基于2003年、2005年和2007年"世界互联网项目"中国区的数据,发现在中国大陆,网民的网络互动规模与网络意见表达之间存在正相关,虽然政府的网络管制在一定程度上限制了人们的公开表达意愿,但网络互动建构的松散网络,仍对政治参与有正向影响。李亚妤(2011)基于对天津、上海、广州三个沿海发达城市网民的调查,发现网民的网络互动规模与网络意见表达、在线交流政治意见等网络政治参与行为存在着正相关关系,通过网络互动建构的弱关系网络,对政治参与有着正向影响。不过也有研究者担心,互联网使用会侵蚀社会资本,减少公民论辩和对话,从而减少网络使用者的政治参与活动。韦尔曼等人(2004)调查了北美政治网站访问者,发现网络互动虽然增加了网民参与政治活动的渠道,但并没有提升他们的实际政治参与水平。而舒费勒等人(2002)则发现,网络互动阻碍了在线社会资本的扩展和政治知识的获取,降低了网民的投票参与度。

在对社会资本研究与网络政治参与关系研究中,还有学者研究不同类型的在线社会资本是否会对政治参与产生不同的影响。依据社会网络、互惠规范及信任的性质,普特南把社会资本区分为黏结型社会资本和桥接型社会资本。什科里奇等学者(2009)基于这一视角,研究了新加坡网民的在线社会资本和政治参与,发现在线桥接型资本与在线政治参与呈正相关,但与线下政治参与不相关,在线桥接型资本与线下政治参与呈正相关。他们认为,互联网使人们之间的联系变得非常容易,而且参与在线活动不需要太多成本;互联网上多种多样的观点,会促发信息接触者重新思考并检验传统媒介信息;网络使得人际互动超越物理空间限制,有共同兴趣和想法的人,能够方便地在网上形成在线社区。所有这些原因,都在客观上提升了人们的在线桥接型资本,从而促进了网络政治参与。

在重视社会资本的学者眼里,社会资本是生产性的,对政治参与有着积极的影响。其中以林南、詹姆士·S.科尔曼(James S. Coleman)为代表的个体社会资本理论,其基本理论逻辑是强调个体层面的社会网络和资源对政治参与的影响,认为互联网能够促进人们的社会交往,拓展人际网络规模,因而有助于累积社会资本,提升政治参与程度。而以罗伯特·D.普特南(Robert D. Putnam)、福山为代表的集体社会资本理论,则强调公民参与网络、信任和互惠规范的重要性,认为社会资本是社会组织的特征,从这一视角分析网络政治参与,其理论逻辑是强调信任、规范、网络及社团参与等对社会合作、社会行动及政治参与的促进作用。基于这种集体社会资本理论逻辑,本研究提出以下假设:

假设1:人际信任与网络政治参与行为呈正相关关系。人际信任程度越高,网络政治参与度也越高。

假设2:社团参与与网络政治参与行为呈正相关关系。社团参与程度越高,网络政治参与度也越高。

肯尼斯·纽顿(Kenneth Newton,2012)认为,虽然对政治机构和政治领导人的政治信任对公民的政治生活是必不可少的,但是社会信任与政治信任之间并不存在密切的相关性,因此本研究把政治信任作为一个不同于社会信任的影响网络政治参与行为的独立变量,尝试提出假设3。

假设3:政治信任与网络政治参与行为呈正相关关系。政治信任程度越高,网络政治参与度也越高。

同时,按照个体社会资本理论的理论逻辑,个体的社会关系网络规模

和强度是社会资本的重要内容。因此,本研究进一步提出以下假设:

假设4:行动者的在线关系网络规模,与网络政治参与行为呈正相关关系。在线关系网络规模越大,网络政治参与度也越高。

假设5:行动者的在线互动强度,与网络政治参与行为呈正相关关系。在线互动强度越高,网络政治参与度也越高。

二、数据与变量

本章的分析数据,来自国家社会科学基金项目"我国公民网络行为规范及引导抽样调查研究"课题组在天津、长沙、西安、兰州四城市进行的多阶段分层抽样调查。按照统一的抽样方案,每个城市的抽样分区、街道、社区(居委会)三层进行,每个抽中的社区随机调查25户,在抽中的户中以年龄在18～60周岁之间且生日最接近调查日期并使用互联网的家庭成员作为调查对象。实地调查工作在2011年11月—2012年1月进行。调查共发放问卷1 466份,回收有效问卷1 190份,有效问卷回收率为81.2%。其中,天津273份,占22.2%;长沙292份,占24.5%;西安298份,占25.0%;兰州327份,占27.5%。男性562人,占48.0%;女性608人,占52.0%。年龄均值为32.5岁,标准差9.5岁。受教育程度均值为13.01年,标准差2.581年。

(一)因变量

网络政治参与行为是本研究的因变量。我们将网络政治参与行为定义为网民在网络空间中通过各种方式了解政治信息、讨论政治议题,表达政治意见,开展政治行动以影响政治运作与结果的行为。依据宾伯(1998)等学者的讨论,网络政治参与的核心内容包括搜寻政治政策信息、与他人讨论政治议题、表达政治意见等。而坡拉特(2005)则从作为信息资源库的互联网、作为互动空间的互联网、作为虚拟行动领域的互联网三个方面梳理了学界有关互联网对政治参与影响的讨论。基于这些已有研究成果,本研究把网络政治参与行为划分为政治信息获取、政治意见交流表达、政治行动三个维度,并通过深度访谈搜集网络政治参与行为的测量指标,最终发展出包括"访问政治新闻网站""阅读谈论政治和公共事务的博客/微博""和网友讨论政治话题""参与和政府官员的在线交流""在网上表达自己对政治议题的看法""参加网上投票""参与在线抗议活动""在网上对政府工作进行评价"8个指标的量表,对网络政治参与行为进行具体测量(黄少华、姜波和袁梦遥,2016)。

(二)自变量

1. 社会信任与政治信任

普特南等学者强调信任是社会资本的重要内涵和维度。帕克斯通在研究美国的社会资本时,更是直接用信任对社会资本进行测量,包括对同事的信任、对宗教组织的信任、对教育体制的信任以及对政府的信任。怀特利在研究社会资本时,着重考虑了两种类型的信任:对个人(包括家人和一般意义上的他人)的信任以及对国家的信任(赵延东和罗家德,2005)。本研究从人际信任和政治信任两个维度对信任进行测量。学界基于社会资本视角对人际信任的测量,大多从行为意向角度询问受访者对他人的信任程度,本研究也采用这一策略,询问网民对"家人""同事"和"陌生网友"等人际交往对象的信任程度。政治信任的测量,则通过询问被访者对中央和地方各级党委政府、公检法司法机关等的信任程度来展开。

2. 社团参与

普特南(2011)强调,"对社会资本和公民参与而言,真正重要的并不是有名无实的会员,而是积极投入的会员"。因此本研究对社团参与的测量,注重实际的社团参与活动,通过询问是否经常参加由各类社团(如俱乐部、志愿团体等)组织的相关活动来进行。具体测量指标包括:体育/健身活动、文艺娱乐活动、旅游/休闲活动、宗教信仰活动、公益/义务活动、专业学会/行业协会活动、同学/同乡/战友联谊活动等。

3. 在线关系网络规模

格兰诺维特(Granovetter,2008)根据社会关系的持续时间、互动频率、亲密和互惠程度,将社会关系区分为强关系和弱关系。与弱关系提供的主要资源是信息不同,强关系提供的资源则主要是人际信任与人情偏好(边燕杰等,2012)。本研究以是否经常通过互联网互动来测量关系网络,并把其中通过互联网结识的朋友关系界定为在线弱关系。具体而言,本研究用网络交往对象的数量测量在线关系网络规模,用通过互联网结识的朋友的数量测量在线弱关系网络规模。

4. 网络互动强度

互联网的诞生,形塑了一个经由互联网中介的全新沟通与互动场景。互联网对社会互动的影响,不仅体现在互联网打破了时空、地域、社会分层等现实因素对互动的限制,而且体现在互联网创造了一个全新的互动空间,形塑了一种新的社会互动形式。在网络空间中,行动者并不需要像在现实社会交往中那样面对面地亲身参与沟通,而能够以一种"身体不在场"的方式展开互动。本研究以网络互动的频率,作为测量网络互动强度的指标。

(三)控制变量

为了控制人口变量对网络政治参与行为的影响效应,我们把性别、年龄和受教育程度作为控制变量引入回归模型。

三、数据分析结果

(一)变量测量结果

1. 网络政治参与行为

我们采用自编的网络政治参与行为测量量表(黄少华等,2016),从网络政治信息获取、网络政治意见交流与表达、网络政治行动三个维度,用"访问政治新闻网站""阅读谈论政治和公共事务的博客/微博""和网友讨论政治话题""参与和政府官员的在线交流""在网上表达自己对政治议题的看法""参加网上投票""参与在线抗议活动""在网上对政府工作进行评价"8个指标,对城市居民的网络政治参与行为进行测量。测量结果表明,我国城市居民的网络政治参与程度总体偏低。其中参与程度相对较高的网络政治行为有"访问政治新闻网站""阅读谈论政治和公共事务的博客/微博""和网友讨论政治话题""参加网上投票"和"在网上表达自己对政治议题的看法",经常或较多参与的比例分别为 32.0%、21.6%、19.5%、18.3%和17.2%;而参与程度较低的网络政治行为主要有"参与和政府官员的在线交流"和"参与在线抗议活动",经常或较多参与的比例均不足一成,分别为8.7%和9.5%。总体而言,城市居民参与网络政治信息获取行为的比例相对较高,网络政治意见交流表达行为次之,而参与网络政治行动的比例最低,有超过半数的城市居民从未参与过网络政治行动。对测量指标的因子分析结果,析出三个因子,三个因子的方差贡献率分别为32.572%、25.013%和24.017%,累积方差贡献率为81.602%。我们根据各因子所包含题目的具体含义,把三个因子分别命名为"网络政治行动"因子、"网络政治意见交流表达"因子和"网络政治信息获取"因子(详细分析结果参见本书第八章)。

2. 社会信任

对社会信任的测量,一种较为常见的方法,是直接询问对信任对象的信任程度(胡荣和李静雅,2006)。本研究采用这种方法测量受访者对6类交往对象的信任程度。测量采用5点尺度李克特量表形式,将信任程度分为"非常信任""比较信任""一般""不太信任"和"很不信任"5个等级。测量结果见表10.1。从表可见,受访者对现实生活中的交往对象的信任程度明显高于网络交往对象,其中信任程度最高的是"家人和亲戚",非常信任和比较信任的比例占到了96.3%,而信任程度最低的是"陌生网友",非常信任和比较信任的比例仅占4.4%,而很不信任的比例则超过半数,高达52.8%。

表10.1　　　　　　　　　社会信任程度($N=1\,176$)

	均值	标准差	非常信任(%)	比较信任(%)	一般(%)	不太信任(%)	很不信任(%)
家人和亲戚	4.74	0.534	78.2	18.1	3.4	0.3	0.1
现实生活中的亲密朋友	4.29	0.773	45.3	41.1	11.2	1.9	0.4
单位同事	3.98	0.732	22.8	55.3	19.4	2.3	0.3

续表

	均值	标准差	非常信任(%)	比较信任(%)	一般(%)	不太信任(%)	很不信任(%)
现实生活中的熟人和普通朋友	3.92	0.781	23.1	48.6	25.5	2.3	0.4
通过网络认识的朋友	2.42	1.003	2.7	9.9	34.0	33.2	20.2
陌生网友	1.71	0.900	0.9	3.5	14.7	28.1	52.8

本研究运用探索性因子分析方法对社会信任量表的结构进行简化。以主成分分析作为抽取因子的方法，特征值大于1作为选择因子的标准，采用正交旋转法中的最大方差旋转法作为转轴方法。KMO测度和Bartlett's球状检验发现，量表的 KMO 值为 0.640，Bartlett's球状检验的卡方值为 1 889.967，自由度为 15，在 $0.000(sig=0.000)$ 水平上统计检验显著，说明存在潜在共享因子，可以进行因子分析。因子分析共析出 2 个因子，累积方差贡献率为 67.181%。所有题项的共同度均超过 0.5，达到因子分析的要求（见表 10.2）。根据因子分析结果，分别把两个因子命名为"现实人际信任"和"虚拟人际信任"因子。其中"现实人际信任"因子包括对现实生活中的熟人和普通朋友、现实生活中的亲密朋友、单位同事、家人和亲戚的信任，"虚拟人际信任"包括对陌生网友、通过网络认识的朋友的信任。

表 10.2　　　　　　　　　社会信任因子负荷矩阵

	现实人际信任	虚拟人际信任	共同度
现实生活中的熟人和普通朋友	0.791	0.220	0.674
现实生活中的亲密朋友	0.778	−0.040	0.607
单位同事	0.742	0.181	0.583
家人和亲戚	0.664	−0.304	0.534
陌生网友	−0.057	0.907	0.825
通过网络认识的朋友	0.146	0.886	0.807
旋转后特征值	2.248	1.783	

续表

	现实人际信任	虚拟人际信任	共同度
方差贡献率(%)	37.471	27.709	
累积方差贡献率(%)	37.471	67.181	

对量表的信度检验,采用分析量表的内部一致性Cronbach's α系数方法进行。2个因子的Cronbach's α系数分别为0.732和0.801,整个量表的Cronbach's α系数为0.641,表明测量指标具有较好的内部一致性。同时,量表包含的2个因子结构清晰,因子内所包含的题项在相应因子上的负荷均达到0.66以上,说明量表的结构效度良好。

3. 政治信任

政治信任是公民对政府或政治系统运作会产生与其期待相一致的结果的信念或信心(米勒,1974)。对政治信任的测量,存在各种不同的方法,最常见的方法是询问公众对各级党政机构的信任程度(胡荣,2007),但也有学者采用制度、政策、官员和公务员4个指标来测量政治信任程度(张明新,2015)。本研究采用前一种测量方法,用"非常信任""比较信任""一般""不太信任"和"很不信任"5点尺度李克特量表测量受访者的政治信任。测量结果见表10.3。从表可见,受访者的政治信任存在着较为明显的"政治信任级差"现象。"所谓政治信任级差,是公众对不同级别的政府部门和官员的信任程度不同,反映出民众政治信任水平社会分布的不均衡性。"(张明新,2015)其中对党中央国务院的信任程度最高,非常信任和比较信任的比例占到了63.6%,而对最为基层的街道办事处的信任程度最低,非常信任和比较信任的比例仅为32.3%。这一结果,与国内大多数类似研究的发现相似(胡荣,2008;孙昕和徐志刚等,2007)。

表10.3　　　　　　　政治信任程度(N=1 176)

	均值	标准差	非常信任(%)	比较信任(%)	一般(%)	不太信任(%)	很不信任(%)
党中央国务院	3.81	1.012	28.7	34.9	28.5	4.3	3.5

续表

	均值	标准差	非常信任(%)	比较信任(%)	一般(%)	不太信任(%)	很不信任(%)
省委省政府	3.50	1.010	15.9	35.4	36.8	6.6	5.3
市委市政府	3.36	1.031	14.0	29.1	41.6	9.1	6.2
法院检察院	3.25	1.086	12.8	27.7	39.5	11.6	8.4
公安机关	3.17	1.117	12.4	24.9	40.0	12.6	10.1
区委区政府	3.15	1.039	9.8	25.1	43.7	13.2	8.1
街道办事处	3.11	1.037	9.3	23.0	45.9	13.0	8.9

为了简化政治信任量表的结构，采用主成分分析法对量表进行因子分析（量表的 KMO 值为 0.873，Bartlett's 球状检验的卡方值为 9 264.992，自由度为 21，在 0.000 水平上统计检验显著），量表被浓缩为一个公因子，方差贡献率为 76.466%（见表 10.4）。量表的内部一致性 Cronbach's α 系数为 0.948，说明信度良好。

表 10.4　　　　　　　　　　政治信任因子负荷

	政治信任	共同度
市委市政府	0.930	0.865
区委区政府	0.913	0.833
省委省政府	0.900	0.810
法院检察院	0.878	0.771
公安机关	0.868	0.754
街道办事处	0.858	0.736
党中央国务院	0.764	0.584
特征值	5.353	
方差贡献率(%)	76.466	

4. 社团参与

社会资本理论认为，社团参与是社会资本的一项重要内容，普特南甚至在很大程度上把社会资本视为社会成员对社团的参与。他把意大利北方城市民主运作良好的主要原因,归结为那里拥有众多的如邻里组织、合唱队、合作社、体育俱乐部等横向社团(普特南,2001)。阿尔蒙德和维巴(2008)认为,社团参与之所以能够促进公民的政治参与,主要是因为社团富有成效和有意义地把个人与政治体系联系在一起,从而扩展个人的政治见解,提升个人的政治能力,激发个人的政治参与活动;而且一个人参加的社团越多,其政治效能感会越强,也就是说,社团参与数量会有累积的影响。不过阿尔蒙德和维巴(2008)也发现,社团成员身份并不一定意味着积极的政治参与,其原因正如普特南(2011)所说,"对社会资本和公民参与而言,真正重要的并不是有名无实的会员,而是积极投入的会员"。因此本研究对社团参与的测量,同时考虑参与数量和参与程度两个因素。测量结果见表10.5。

表10.5　　　　　　　经常参与的社团活动($N=1\ 111$)

	频次	反应百分比(%)	个案百分比(%)
体育/健身社团活动	564	19.4	50.8
文艺娱乐社团活动	496	17.0	44.6
旅游/休闲社团活动	685	23.5	61.7
宗教信仰社团活动	44	1.5	4.0
公益/义务社团活动	291	10.0	26.2
专业学会/行业协会活动	204	7.0	18.4
同学、同乡、战友联谊活动	578	19.9	52.0
其他社团活动	49	1.7	4.4
合计	2 911	100.0	262.0

为了分析便利,本研究将社团参与的8个指标得分相加,合成一个新的变量"社团参与程度"。赋值方法为经常参与某项活动赋值为1,否则赋值为0。将8个指标得分加总后,每位调查对象获得一个"社团参与程度"指数,其取值范围为[0,8],得分越高,意味着受访者的社会参与度越高,反之,则意味着其社团参与度越低。

5. 在线关系网络规模

本研究以是否经常通过互联网互动来测量关系网络,并把其中通过互联网结识的朋友关系界定为在线弱关系,用通过互联网结识的朋友的数量测量在线弱关系网络规模。测量发现,受访者的在线关系网络规模平均为 19.62 人,标准差 36.071,中位值和众值均为 10。在这些在线关系中,通过互联网建立的弱关系网络规模为平均 5.97 人,标准差 20.813。这意味着,在受访城市居民的在线关系网络中,弱关系网络的规模明显小于强关系网络的规模。

6. 网络互动强度

本研究以受访者在网络空间中与其他网友互动的频率,作为测量网络互动强度的指标。测量采用"经常""较多""一般""较少""从不"5 点尺度李克特量表,测量结果见表 10.6。从表可见,互动强度最高的是"现实生活中的亲密朋友",均值为 3.86,最低的是在网上偶然遇到的"陌生网友",均值为 1.79。

表 10.6　　　　　　　　网络互动强度($N=1\,165$)

	均值	标准差	经常(%)	较多(%)	一般(%)	较少(%)	从不(%)
现实生活中的亲密朋友	3.86	1.132	35.9	32.1	18.8	8.8	4.4
家人和亲戚	3.79	1.156	36.0	25.9	22.6	12.0	3.5
单位同事	3.78	1.054	28.1	37.2	22.7	8.6	3.4
现实生活中的熟人和普通朋友	3.82	1.067	30.7	35.9	21.8	7.9	3.7
通过网络认识的朋友	2.50	1.169	7.0	13.1	25.0	33.2	21.8
陌生网友	1.79	0.990	2.3	5.1	11.6	31.5	49.5

采用主成分分析法对网络互动强度的 6 个测量指标进行因子分析(量表的 KMO 值为 0.694,Bartlett's 球状检验的卡方值为 2 633.637,自由度为 15,在 0.000 水平上统计检验显著),测量指标被浓缩为 2 个因子,2 个因子的方差贡献率分别为 44.307% 和 27.505%,累积方差贡献率为

71.812%(见表 10.7)。根据因子分析结果,分别把 2 个因子命名为"强关系网络互动强度"和"弱关系网络互动强度"因子。其中"强关系网络互动强度"因子包括与现实生活中的熟人和普通朋友、现实生活中的亲密朋友、单位同事、家人和亲戚构成的关系网络互动强度,"弱关系网络互动强度"包括与陌生网友、通过网络认识的朋友构成的关系网络互动强度。2 个因子的 Cronbach's α 系数分别为 0.827 和 0.773,整个量表的 Cronbach's α 系数为 0.756,说明 6 个测量指标具有较理想的内部一致性。同时,量表包含的 2 个因子结构清晰,因子内所包含的题项在相应因子上的负荷均达到 0.72 以上,说明结构效度良好。

表 10.7　　　　　　　　网络互动强度因子负荷矩阵

	强关系互动强度	弱关系互动强度	共同度
现实生活中的熟人和普通朋友	0.872	0.110	0.773
现实生活中的亲密朋友	0.847	0.095	0.727
单位同事	0.790	0.040	0.626
家人和亲戚	0.722	0.071	0.526
陌生网友	−0.005	0.915	0.837
网上认识的朋友	0.187	0.886	0.820
旋转后特征值	2.658	1.650	
方差贡献率(%)	44.307	27.505	
累积方差贡献率(%)	44.307	71.812	

(二)假设检验

为了对基于社会资本理论提出的 5 个研究假设进行检验,我们分别以网络政治参与行为的三种类型即网络政治信息获取、网络政治意见交流表达和网络政治行动为因变量,以社会信任、政治信任、社团参与、在线关系网络规模和网络互动强度为自变量,同时引入性别、年龄、年龄平方、受教育程度作为控制变量,进行 OLS 回归分析。在上述变量中,年龄、年龄平方、受教育程度、社会信任、政治信任、社团参与、在线关系网络规模和网络互动强度是连续变量,直接引入回归模型。而性别是离散变量,我们以女性为参照对性别进行了虚拟变量处理。回归分析结果见表10.8。

表10.8　　　社会资本对网络政治参与行为的影响($N=916$)

	政治信息获取		政治意见交流表达		网络政治行动	
	$B(S.E)$	Beta	$B(S.E)$	Beta	$B(S.E)$	Beta
常数	−1.549** (0.488)		−0.684 (0.476)		0.518 (0.471)	
性别	0.381*** (0.065)	0.189	0.122* (0.063)	0.062	−0.057 (0.063)	−0.029
年龄	0.013 (0.029)	0.123	0.031 (0.028)	0.289	−0.040 (0.028)	−0.375
年龄平方	0.000 (0.000)	−0.099	0.000 (0.000)	−0.192	0.001 (0.000)	0.431
受教育程度	0.051*** (0.013)	0.131	−0.015 (0.013)	−0.038	−0.008 (0.012)	−0.022
现实人际信任	0.075* (0.035)	0.073	−0.062 (0.034)	−0.061	−0.040 (0.034)	−0.040
虚拟人际信任	−0.052 (0.039)	−0.050	0.114** (0.038)	0.113	0.109** (0.038)	0.110
政治信任	−0.004 (0.034)	−0.004	−0.019 (0.033)	−0.019	−0.014 (0.032)	−0.014
社团参与	0.116*** (0.024)	0.161	0.083*** (0.023)	0.118	0.058* (0.023)	0.084
在线关系网络规模	0.004*** (0.001)	0.161	0.003** (0.001)	0.108	0.003** (0.001)	0.123
在线弱关系网络规模	−0.006** (0.002)	−0.127	0.004 (0.002)	0.087	−0.005* (0.002)	−0.120
强关系网络互动强度	0.027 (0.037)	0.027	0.143*** (0.036)	0.144	0.097** (0.035)	0.099
弱关系网络互动强度	0.042 (0.040)	0.042	0.145*** (0.039)	0.148	0.183*** (0.038)	0.188
R^2	0.115		0.108		0.104	
adjusted R^2	0.103		0.096		0.092	
F	9.715***		9.075***		8.705***	

注:* $p<0.05$;** $p<0.01$;*** $p<0.001$。

从表10.8的回归分析结果可见,控制变量性别对网络政治信息获取和网络政治意见交流表达有显著的正向影响,意味着男性在这两类网络政治参与行为上的参与程度均高于女性,但这种影响在模型3中是负向的且不显著;年龄和年龄平方在三个模型中均不显著,说明年龄对城市居民的网络政治参与行为并没有显著影响;受教育程度在模型1中有正向的显著作用,说明受教育程度越高,参与网络政治信息获取行为的可能性也越大。

自变量信任、社团参与、在线关系网络规模和网络互动强度,均对因变量网络政治参与行为有不同程度的影响。在测量信任的3个变量中,现实人际信任对网络政治信息获取有显著的正向影响,虚拟人际信任对网络政治意见交流表达、网络政治行动有显著的正向影响;但现实人际信任对网络政治意见交流表达、网络政治行动,虚拟人际信任对网络政治信息获取的影响均为负向,不过影响均不显著。政治信任对3个因变量的影响也均为负向,意味着政治信任程度越高,参与网络政治信息获取、网络政治意见交流表达和网络政治行动的可能性越小,但这种影响作用并不显著。

社团参与在3个模型中的回归系数分别为 $0.116(p<0.001)$、$0.083(p<0.001)$ 和 $0.013(p<0.05)$。这意味着,社团参与度越高,利用网络获取政治信息、开展政治意见交流表达、参与网络政治行动的可能性越大,其影响作用在3个模型中均显著。

自变量在线关系网络规模在3个模型中的回归系数分别为 $0.004(p<0.001)$、$0.003(p<0.01)$ 和 $0.003(p<0.01)$,意味着在线关系网络规模对网络政治信息获取、网络政治信息交流表达及网络政治行动均有显著的正向影响,在线关系网络规模越大,参与这三类网络政治行为的可能性也越大。但值得注意的是,其中通过互联网建立的弱关系网络规模,却对网络政治信息获取和网络政治行动有显著的负向影响。也就是说,在线弱关系网络规模越大,参与网络政治信息获取和网络政治行动的可能性越小。

网络互动强度中的强关系网络互动强度和弱关系网络互动强度均对网络政治意见交流表达、网络政治行动有显著的正向影响,对网络政治信息获取的影响也为正向,但影响作用不显著。

综合分析自变量社会信任、政治信任、社团参与、在线关系网络规模和网络互动强度对网络政治参与行为的影响,本研究发现,现实人际信任对网络政治信息获取,虚拟人际信任对网络政治意见交流表达、网络政治行动有显著的正向影响,但现实人际信任对网络政治意见交流表达、网络政治行动,虚拟人际信任对网络政治信息获取的影响均为负向且不显著,意味着假设1只获得了部分证实;自变量政治信任对网络政治信息获取、网络政治意见交流表达和网络政治行动的影响作用均不显著,说明假设3没有获得证实;而社团参与程度越高,利用网络获取政治信息、开展政治意见交流表达、参与网络政治行动的可能性也越大,且其影响作用在3个模型中均为显著,意味着假设2获得了证实;在线关系网络规模对3个因变量均有显著的正向影响,但在线弱关系网络规模越大,参与网络政治信息获取和网络政治行动的可能性却越小,与假设的方向不一致,假设4只获得部分证实;强关系网络互动强度和弱关系网络互动强度均对网络政治意见交流表达、网络政治行动有显著的正向影响,假设5基本获得了证实。

基姆等人认为,媒体使用、政治讨论、意见形成和政治参与是商议民主的四个构成要素(基姆等,1999)。为了更好地理解和验证社会资本对网络政治参与行为的影响,我们参照基姆等人的区分,选择阅读博客/微博、和网友讨论政治话题、在网上表达政治意见和参加网络抗议活动这4种分别代表网络政治信息获取、政治意见交流(讨论)、政治意见表达和政治行动的行为,借助Logistic回归模型,对社会资本是否影响网络使用者参与这4种行为进行统计分析。分析结果见表10.9。

表10.9　　　　网络政治参与行为影响因素Logistic回归分析

自变量	信息获取 B	信息获取 $Exp(B)$	政治讨论 B	政治讨论 $Exp(B)$	意见表达 B	意见表达 $Exp(B)$	政治行动 B	政治行动 $Exp(B)$
性别	0.614***	1.847	0.621***	1.861	0.366*	1.442	−0.019	0.981
年龄	−0.097	0.907	0.017	1.017	−0.113	0.893	−0.064	0.938
年龄平方	0.002	1.002	0.000	1.000	0.002	1.002	0.001	1.001

续表

自变量	信息获取 B	Exp(B)	政治讨论 B	Exp(B)	意见表达 B	Exp(B)	政治行动 B	Exp(B)
受教育程度	0.046	1.047	0.024	1.024	0.021	1.021	−0.036	0.965
现实人际信任	0.048	1.049	0.038	1.039	0.001	1.001	−0.108	0.898
虚拟人际信任	0.096	1.101	0.349**	1.418	0.280**	1.323	0.263**	1.301
政治信任	0.047	1.049	−0.017	0.983	−0.129	0.879	−0.104	0.901
社团参与程度	0.333***	1.396	0.322***	1.379	0.315***	1.371	0.103*	1.109
在线关系网络规模	0.006	1.006	0.002	1.002	0.003	1.003	0.001	1.001
在线弱关系网络规模	−0.020***	0.980	−0.011	0.989	−0.013*	0.987	−0.010*	0.991
强关系网络互动强度	0.145	1.156	0.356***	1.427	0.327***	1.387	0.330***	1.391
弱关系网络互动强度	0.427***	1.532	0.443***	1.558	0.463***	1.590	0.448***	1.565
常数	0.883	2.418	−0.382	0.682	1.545	4.689	0.976	2.654
N	927		928		927		925	
−2 Log likelihood	927.889		833.013		924.631		1177.227	
Cox & Snell R Square	0.104		0.120		0.118		0.103	
Nagelkerke R Square	0.155		0.187		0.175		0.138	

注：*$p<0.05$，**$p<0.01$，***$p<0.001$。

在表10.9的4个Logistic回归模型中，分别包含4个因变量：

(1)网络政治信息获取：是否曾经在网上阅读过谈论政治和公共事务的博客/微博。

(2)网络政治意见讨论：是否曾经在网上和网友讨论过政治话题。

(3)网络政治意见表达：是否曾经在网上表达过自己对政治议题的看法。

(4)网络政治行动：是否曾经在网上参加过在线抗议活动。

在问卷中，对上述4个变量的测量，采用的是从"经常"到"从不"5点尺度。我们将"从不"重新赋值为0，而将"经常""较多""一般""较少"合并赋值为1，从而将网络政治信息获取、政治意见讨论、政治意见表达、政治行动4个因变量操作化为只有0和1两个取值的二值变量。同时，依照社会资本理论，我们以社会信任、政治信任、社团参与程度、在线关系规模和网络互动强度作为自变量，以性别、年龄、年龄平方、受教育程度作为控制变量，建立回归模型。

从表10.9可见，控制变量性别在模型1、模型2和模型3中均有显著的正向作用，说明男性网民比女性网民更有可能参与阅读博客/微博、和网友讨论政治话题、在网上表达政治意见等政治活动；控制变量年龄和受教育程度在4个模型中的影响作用均不显著，说明年龄和受教育程度对信息、讨论、表达和行动4类网络政治参与行为均没有显著影响。

在信任变量中，现实人际信任和政治信任在4个模型中的影响作用均不显著，只有虚拟人际信任在模型2、模型3和模型4中有显著的正向作用，B值分别为0.349、0.280和0.263，说明虚拟人际信任程度越高，越有可能参与和网友讨论政治话题、在网上表达政治议题的看法和参与网络抗议活动。虚拟人际信任得分每增加一个单位，参与这三类行为的可能性分别增加0.418倍、0.323倍和0.301倍。

在社会关系变量中，社团参与程度在4个模型中均有显著的正向影响，说明社团参与程度越高，参与阅读博客/微博、和网友讨论政治话题、在网上表达政治意见和网络抗议活动的可能性越大。社团参与程度每增加一个单位，参与这4类行为的可能性分别增加0.396倍、0.379倍、0.371倍和0.109倍。在线弱关系网络规模对阅读博客/微博、在网上表达对政治议题的看法和参与网络抗议活动有显著的负向影响，说明在线弱关系网络规模越大，参与上述行为的可能性越小；而在线关系网络规模虽然与4个因变量呈正相关，但其影响作用均不具显著性。关系网络的互动强度，除强关系网络互动强度对阅读博客/微博影响不显著外，其他均有显著的正向影响，说明关系网络互动强度越大，参与阅读博客/微博、和网友讨论政治话题、在网上表达对政治议题的看法和参与网络抗议活动的可能性越大。比较强关系网络互动强度和弱关系网络互动强度的B值可以发现，弱关系网络互动强度比强关系网络互动强度对网络政治参与行为有更强的解释力。

比较表 10.8 的 OLS 回归分析结果和表 10.9 的 Logistic 回归分析结果,我们不难发现,各自变量对因变量的影响作用表现出较为一致的趋向。概括而言,本研究基于社会资本理论提出的 5 个假设中,假设 1 和假设 4 获得了部分证实,假设 2 和假设 5 获得了证实,而假设 3 则没有获得证实。

四、结论与讨论

网络空间作为一个新的政治空间,与现实政治空间相比,具有身体不在场参与、时空压缩与伸延并存、海量政治信息涌动、政治动员即时化、政治互动网络扁平化等特性。网络政治空间的这些新特性,导致政治参与行为也相应呈现出新的特征与态势。本研究显示,目前城市居民的网络政治参与已具有一定的普遍性,在测量的 8 种网络政治参与行为中至少参与过其中一种的城市居民达到了 90.6%。但是,城市居民的网络政治参与总体水平偏低,而且参与方式以网络政治信息获取为主,网络政治行动参与度低。国内学者的相关研究也有类似发现。例如李亚妤(2011)通过对中国沿海发达地区城市网民网络政治参与的调查发现,网民对参与网络政治普遍缺乏热情和积极性,网络政治参与水平不高,存在着数量庞大的网络政治"冷漠者"和"隐形人"。这意味着,互联网普及程度与网络政治参与程度之间的关系并不是线性的,互联网普及程度的提高并不会必然导致政治参与程度和水平的提升。在理解互联网对政治参与的影响作用时,需要一种互联网与社会互动相互建构的理论视野,互联网对政治生活的影响,"是通过嵌入社会才得以实现的。社会作为一个复杂的巨系统,存在着各种相互交织的因果机制,常常以各种出人意料的方式改变甚至重塑技术的社会用途"(黄少华等,2015)。例如有学者认为,城市居民对我国目前政治生态的高度认同,中产阶级的网络表达更趋理性化(李良荣,2017),以及政府的网络管制等,都会或多或少地减少或限制人们的网络政治参与意愿,尤其是网络政治意见表达和网络政治行动的参与意愿。因此,不能简单地认为,互联网使用一定会提升政治参与的程度、水平和热情。

关于社会资本与网络政治参与的关系,学界迄今为止的发现并不一致。有学者认为,互联网会导致间接化,微弱的中介化关系取代直接的、强烈的面对面关系,从而削弱现实人际关系,降低社会资本,对网络政治参与发生负面影响。但更多的学者认为,互联网能够提供大量政治信息,有助于扩张社会关系网络,提升社会信任,激活社会资源,拓展桥接型社会资本,促进以公共利益为指向的合作行为,从而促进网络政治参与(查德威克,2010)。本研究综合分析了社会信任、政治信任、社团参与等集体社会资本,以及在线关系网络规模、网络互动强度等个体社会关系网络对网络政治参与行为的影响,发现集体社会资本中的现实社会信任对网络政治信息获取,虚拟社会信任对网络政治意见交流表达、网络政治行动有显著的正向影响;社团参与程度越高,利用网络获取政治信息、开展政治意见交流表达、参与网络政治行动的可能性也越大。个体社会关系网络中的在线关系网络规模对网络政治信息获取、政治意见交流表达和网络政治行动均有显著的正向影响,但在线弱关系网络规模越大,参与网络政治信息获取和网络政治行动的可能性却越小;强关系网络互动强度和弱关系网络互动强度均对网络政治意见交流表达、网络政治行动有显著的正向影响。在上述自变量中,尤其以集体社会资本中的社团参与程度和个体社会关系网络中的弱关系网络互动强度两个自变量的影响作用最为显著。这意味着,与现实政治参与一样,在网络空间中,积极的社团参与和高强度的网络互动,是社会资本影响网络政治参与的关键所在。本研究的基本发现,并不支持认为互联网会导致社会资本减少,从而降低政治参与程度和水平的理论假设。相反,本研究证实了集体社会资本理论强调信任、社团参与等对政治参与促进作用的解释逻辑,以及个体社会网络资源理论强调社会关系网络对政治参与积极影响的解释逻辑。本研究的发现表明,从社会资本理论视野分析和解释网络政治参与行为,是一种较为恰当和有效的理论路径。

按照林南的社会资源理论,"社会资本是嵌入在关系网中的资源"(林南,2005)。社会关系网络规模与资源动员能力之间存在着正相关,社会网络规模越大,资源的潜在动员能力也越强,因此参与政治行动的可能性也就越大。李亚妤(2011)基于对天津、上海、广州三城市网民的调查,也发现通过网络互动建构的关系网络,对网络政治参与有着正向影响。本研究虽然也发现在线关系网络规模对三种类型的网络政治参与行为均有显著的正向影响,但在线弱关系网络规模对网络政治信息获取和网络政治行动却有着显著的负向影响,在线弱关系网络规模越大,参与网络政治信息获取和网络政治行动的可能性却越小。这一发现意味着,在线关系网络规模对网络政治参与行为的影响作用不是单线的,作为现实关系网络延伸的在线强关系网络规模对网络政治参与行为有促进作用,而在线建构起来的弱关系网络规模对网络政治参与行为的影响则是负向的。在一个以弱关系为主的在线关系网络中,行动者更倾向于减少而不是增加政治参与行为,而且弱关系网络规模越大,这种减少倾向愈加明显。对这一现象的一个可能解释是,相比社会关系网络规模,网络互动强度对政治参与的影响更为根本,不具有一定互动强度的社会关系网络,即使有相当的规模也不会对政治参与起实质性的促进作用。另一个可能的解释是,在目前的网络生态结构中,在线强关系网络的社会信任程度较高,在线弱关系网络的社会信任程度则较低,而关系网络中行动者之间的社会信任程度,是增加或减少网络政治参与行为的一个重要影响因素。同时,上述发现也意味着,在从个体层面分析在线关系网络对网络政治参与的影响时,仅仅考虑关系网络规模是不够的,还需要进一步考察关系网络的性质和结构。

第十一章　社会信任对网络公民参与的影响

一、问题的提出

互联网的崛起,正在改变和重塑人类社会的生产方式、组织方式、沟通方式、生活方式和行为方式,引发社会结构的变革与转型。网络空间已越来越成为公民进行自由表达、理性沟通和政治参与的公共平台。中华人民共和国国务院新闻办公室于2010年6月8日发布的《中国互联网状况》白皮书显示:"中国现有上百万个论坛,2.2亿个博客用户,据抽样统计,每天人们通过论坛、新闻评论、博客等渠道发表的言论达300多万条,超过66%的中国网民经常在网上发表言论,就各种话题进行讨论,充分表达思想观点和利益诉求。"网民的许多在线行为,都打上了公民参与的烙印,他们对公共议题的关注、表达、讨论、动员和行动参与,都在深刻地影响着公共生活的面貌,改变着国家与社会的关系。在网络时代,网络公民参与是一个值得关注的重大理论和现实议题。

公民参与"要求个体参加活动并与他人互动"(凯茨等,2007),因此社会资本一直被许多学者作为分析公民参与的重要视角。林南认为,对社会资本的理解虽然存在着不同的理论趋向,但这些不同理论趋向对社会资本的理解,仍有基本的共同含义,即认为"社会资本是通过社会关系获得的资本"(林南,2005)。普特南将社会资本定义为人们之间的相互关系,包括社会关系网络、互惠规范以及社会信任。普特南(1995)认为,可以从两个方面测量社会资本：首先是政治参与状况，可以用投票率和对政府的信任程度来衡量；其次是参与公共事务的状况，可以用参加各种社会组织的数量来衡量。帕克斯通（1999）对这种测量社会资本的方式提出了批评。在帕克斯通看来，公民参与行为应该是社会资本的结果，而非其构成形式。帕克斯通使用信任，包括对同事的信任和对制度的信任，作为测量社会资本的指标。而怀特利（1999）认为，只有两种类型的信任才可能构成社会资本，即对个人（包括家人和一般意义上的他人）的信任和对国家的信任。

从社会资本视角分析网络公民参与，其理论逻辑强调社会关系网络或社会资源作为社会资本，对公共参与和政治参与有着重要的影响。有学者认为，互联网拓展了人们的社会关系，因而特别适合于培植社会资本。虽然互联网可能不是发展强关系的理想环境，但却具有发展弱关系和社会资本的潜力（威廉姆斯，2006）。本研究尝试按照这一理论思路，以大学生网民为例，探讨作为社会资本重要元素的社会信任对大学生网络公民参与行为的影响。

二、文献探讨

公民参与的内涵和形式，正随着网络力量的迅速介入而发生着深刻的变化。迄今为止，学界对网络公民参与及其影响因素，已做了大量的理论探讨和实证研究。

（一）公民参与

对公民参与的研究源自政治参与。政治参与（Political participation）是比较传统的用法，亨廷顿将政治参与定义为"平民试图影响政府决策的活动"。随着现代国家职能的扩大，美国"大社会"（Great Society）法案的推动和代议制不断遭到质疑，政治参与的内涵被逐步拓展至行政决策领域。政治和公民参与（Public or citizen involvement）一词意味着行政决策中必须包含公民的作用。当非政府组织和新社会运动兴起以后，政治和公民参与又将各类与社区事务和公共服务相关的行动纳入其中,逐步涵盖公民投身公共服务、展示积极公民资格、提升自主管理能力的民主治理含义。与 Political participation 概念强调投票和选举领导人等"被动公民资格"相比,Public or citizen involvement 概念更加强调"积极公民资格"的观念(托马斯,2005)。

顾训宝(2009)从三个角度总结了我国学者有关公民参与的讨论:

第一,行政学视角下的公民行政参与,指行政过程中的公众参与,包括关键公众接触、公民调查、公民投诉、公民创制和复决。

第二,政治学视角下的公民政治参与。俞可平认为,政治参与是公民为影响政府决策而采取的政治行为。王浦劬认为,公民参与是指普通公民通过各种合法方式参加政治生活,影响政治体系构成、运行方式、运行规则和政策过程的一系列行为。常见的公民政治参与行为包括政治投票和政治选举、参加政党与社团活动、政治表达(主要包括集会、游行、示威和政治言论等)、政治接触活动(包括信访、上访和政治对话等形式)。

第三,社区治理视角下的社区公民参与。社区公民参与是一种区域性的社会公众参与,是社区内民主管理的基本形式。它通过社区公民自觉自愿地参加各种社区公共活动和事务管理,使社区居民都有机会为社区共同利益施展和贡献自己的才能,实现社区居民对社区责任的分担和成果共享。杨敏(2005)认为,不同阶层的居民对社区的需求不同,由此产生的参与动机与策略也不一样,形成不同的参与模式。主要的社区参与模式有依附性参与、志愿性参与、身体参与和权益性参与四种。

总之,随着社会公共生活范围的不断扩展,公民参与的领域也不断延伸,从最初的政治参与,逐渐扩展到经济、文化、社会生活等领域的公共参与。目前,公民参与涉及的领域,至少包含公共权力、公共政策和公共生活三个方面。

(二)网络公民参与

学界主要有两种定义网络公民参与的角度。一种是参照公民参与的定义,将现实生活中的公民参与概念移植至网络空间,认为网络是公民参与的工具或载体,网络丰富了公民参与的路径和方式,但公民参与的本质在网络社会中并没有发生根本性的变化。如盛馨莲(2007)认为,网络公民参与是指"社会公民借助网络表达自己的政治意愿,参与政治活动以达到影响或改变某一政治力量的决策制定的政治行为。网络是公民参与政治的一种工具、方式和途径,是公民参政的基本载体"。齐杏发(2011)认为,网络政治参与包括获取时事信息、网络新闻跟帖、网络参政议政、网络信息传播等。网络公民参与"是公共表达层面上的参与",具体包括发送政治信息、评论在线新闻、参加在线论坛、评论政治博客、使用社交网站就最近事件发表看法等。

另一种看法则认为,互联网改写了公民参与的内涵和外延,网络不仅仅作为公民参与的工具或渠道在起作用。在网络时代,公民参与的形式、内容和形态,公民关心的议题,甚至公民概念本身,都已经发生了根本的变化,呈现出新的特征(黄少华等,2015)。贝内特等发现,在网络时代,传统的尽职型(dutiful)公民正在转向实现型(actualizing)公民。年龄较大的尽职型公民,其公民参与行为,多以参与选举、政党、服务组织和其他以政府为中心的活动为主,而年轻的网络世代,则更倾向于个人化的表达和实现型参与(贝内特等,2009)。舒德森也认为,在美国,传统植根于责任和期望的积极公民参与,正在转向一种更为个人化的公民参与,对环境、人权和消费政治等政治议题的兴趣正在提高,并表现为一种流动和变化的自我实现联盟。詹金斯(Jenkins)发现,沉浸在网络文化中的青年,喜欢加入松散的网络联盟而非独自获取信息,他们会积极参与内容生产,而不是简单地消费信息(詹金斯等,2006)。

(三)网络公民参与的影响因素

网络公民参与的影响因素,是备受学界关注的议题。其中网络政治文化、公民参与意识、政治效能感、网络使用等因素,都较受学者关注。齐杏发(2011)对上海9所高校在校大学生的网络政治参与调查显示,网络政治参与的主要形式包括时事信息获取、网络新闻跟帖、网络参政议政、网络信息传播等方面,并发现影响大学生网络政治参与的主要因素是政治效能感。李亚妤(2011)从互联网使用和网络社会交往两方面调查了网络政治参与的影响因素,发现上网时间、网络政治信息接触、社会网络规模、网络社区归属感、开放的人际讨论模式均对网络政治参与有积极影响。坡拉特(2005)通过对学界有关网络政治参与研究的回顾,发现研究者主要从三个方面探讨互联网对政治参与的影响:作为信息资源库的互联网、作为互动空间的互联网、作为虚拟行动领域的互联网。作为信息资源库,政治行动者可以借助互联网获取和发布政治信息;作为互动空间,互联网让公民之间、公民与政府之间的互动交流变得十分便捷;作为一个扩展的公共领域,互联网使某些新的政治行为如在线投票、在线请愿等成为可能。

在对网络公民参与行为影响因素的已有研究中,基于公民自愿模型和社会资本理论视角的研究,是两种重要的理论范式。

1. 公民自愿模型与网络公民参与

从理性选择论视角对公民参与的研究,以理性经济人假设为前提,将公民参与行为视为理性选择的结果,强调行动者的参与行为以最低成本获取最高回报为目标。这一理论的缺陷,是无法解释在缺乏选择激励机制的情况下,人们为什么仍会参与公民行动。为破解这一难题,分别有学者提出社会经济地位模型、政治动机模型和政治动员模型来解释公民参与行为。社会经济地位模型认为,公民的社会经济地位越高,越有可能参与政治活动;而政治动机模型认为,公民的政治参与动机越强,就越可能参与政治活动;政治动员模型则认为,自愿组织、政党组织或者大众传媒对公民的政治动员越强,公民越有可能参与政治活动。

西德尼·维巴(Sidney Verba)等人对上述政治参与理论模型提出了质疑。他们认为,理性选择论无法解释为什么当成本大于收益时,仍有人参与政治活动,而社会经济模型没有能够解释社会地位影响政治参与行为水平的机制。为了弥补上述理论模型的缺陷,他们提出了公民自愿模型这一综合性较强的理论模型。这一理论模型融合了基于理性选择视角和基于结构视角这两种理论模型的核心变量,在强调政治参与是一种集体行为的基础上,从政治参与所必需的条件角度,把分析的重点放在"是什么因素导致人们不参与政治活动"这一问题上。维巴认为,人们之所以不参与政治活动,是因为他们缺乏公民技能、金钱和时间等资源而不能参与;缺乏政治兴趣、政治效能感、政治知识等心理动机而不想参与;没有加入自愿组织、教会或政党组织,处于动员网络之外,没有人要他们参与。公民自愿模型强调,影响公民参与的因素,主要包括公民的政治资源、心理动机和政治动员网络状况。

维巴将社会地位与资源区别开来,认为资源包括时间、金钱和公民技能三个方面;心理动机指的是不同的心理偏好,包括政治兴趣、政治效能感、政治知识和对党派的认同等;而社会动员网络则是指推动公民参与政治的社会网络或非政府组织。按照公民自愿模型,时间、金钱、公民技能、政治兴趣、政治效能感、政治知识和信息以及社会动员网络等因素,是解释公民参与的重要变量。宾伯认为,互联网大大增加了人们获取信息和知识的数量,降低了信息获取的成本,从而提升了公民参与的水平(宾伯,2000)。还有学者发现,在线社会网络规模、网络社区中开放的人际讨论模式与网络政治参与之间存在着显著的正向关联,互联网使用扩大了个人的在线社会网络规模,而这种在线社会网络规模的扩大,促进了网民的网络政治参与(李亚妤,2011)。

2. 社会资本与网络公民参与

社会资本是个多维度的概念。普特南将社会资本定义为人们之间的关系,包括社会网络、互惠规范及信任,并认为社会资本包括黏结型社会资本和桥接型社会资本两种形态。黏结型社会资本存在于同质性、倾向于强化群体内部认同的人群网络中,如亲属关系,以及由宗教、道德和意识形态联结起来的社会网络;桥接型社会资本则存在于异质的、片段化的人群网络中,是一种具有包容性,跨越性别、种族和地理区隔联结起来的松散社会网络。比较而言,桥接型社会资本比黏结型社会资本更容易接纳外部成员和异质信息。

不少学者强调,互联网特别适合于培植社会资本。"因特网和电子网络的兴起标志着社会资本的革命性增长"(林南,2005:227)。这是因为互联网所具有的开放性、去边界、去中心化、多元化特征,有助于网络使用者通过论坛、邮件、博客、微博、微信等方式方便地沟通交流。坡拉特(2005)认为,互联网能够帮助那些在地理上分离的社会团体有效沟通,比如兴趣小组、宗教人士、单身母亲。互联网所拓展的沟通渠道,不仅为人们提供了大量的政治信息,而且提升了人们的沟通能力,扩张了人们的社会网络,提升了社会网络的规模和密度,促进了新交流形态的生产,从而有助于凝聚集体记忆,形塑集体认同,建立与维持社群成员的社会信任。威廉姆斯(2006)认为,网络不仅能够复制线下社会资本,而且还有助于发展出新形式的社会资本,互联网虽然不是发展强关系的理想环境,却具有建构弱关系和桥接型资本的潜力。什科里奇(2006)等考察了新加坡网民的政治参与,发现在线桥接型资本与在线政治参与呈正相关,但与传统政治参与不相关,在线黏结型资本与传统政治参与呈正相关。有学者发现,在线社会资本会显著影响在线政治参与,并会增强线下政治参与的可能性。但也有学者发现,在线社会资本会阻碍政治知识获取,降低投票参与程度(许尔费等,2002)。

(四)信任与社会资本

信任是一种重要的社会整合力量。社会学家认为,信任是在社会交往中对交往对象的一种预期及信念(杨中芳等,1999)。卢曼把信任与不断增长的复杂性、不确定性和风险联系起来,认为信任作为一种期望及信念,是削减复杂性的机制(卢曼,2005)。科尔曼借助新古典经济学的"理性经济人"假定以及成本—效益分析视角,认为信任作为一种特定的社会资本形式,是在风险条件下的理性行为,是委托人与受托人之间理性博弈的结果。吉登斯认为,信任关系作为与现代性相关联的扩展了的时空延伸的基础,包括人际信任和系统信任两种类型。前者以人际交往中的情感系统为基础,在本质上是一种私人生活中的人际信任;后者则是社会系统中的信任,是对抽象原则和现代社会制度的信任(吉登斯,2000)。张康之根据农业社会、工业社会和后工业社会的基本历史形态,以及熟人社会和陌生人社会的交往形态,将信任区分为习俗型信任、契约型信任和合作型信任三种类型。他认为在农业社会和熟人社会中,人们之间的信任基本上属于一种习俗型信任,在工业社会和陌生人社会中,人们发展出了一种契约型信任,而在走向后工业社会这种新的陌生人社会的过程中,正在生成一种合作型信任(张康之,2005)。

随着社会资本理论的兴起,许多学者开始将信任作为社会资本的重要内容加以研究。例如普特南将社会资本定义为人们之间的关系——社会网络、互惠规范及社会信任。普特南和奥斯特罗姆认为,信任作为社会资本的一种形式,是促进志愿合作的重要因素,而社会网络和规范对建构社会信任有着积极的作用。公民网络有助于增进政策过程的公开、透明、回应性与责任性,而规范有助于培育积极的公民参与意识与公民精神(梁莹,2005)。在普特南的基础上,肯尼斯·纽顿进一步提出了社会信任的三种模型,即浅度信任、深度信任和抽象信任,以及与此相对应的三种民主模式(初级民主、次级民主和抽象民主),用以分析信任与民主之间的关系。福山几乎把社会资本等同于信任,认为只有那些能产生信任的社会关系才能使行动者精诚合作。他认为,社会资本是建立在信任基础上的,而信任是在正式、诚实和合作行动的共同体中基于共享规范的期望。信任可以存在于最基础的团体(如家庭)中,也可以存在于国家中,以及其他介于二者之间的团体中(福山,2001)。帕克斯通认为,集体社会资本概念由两部分组成:个人之间的实际联结(association)以及一种包含了积极情感的人际间的(inter-subjective)联系或关系。实际联结是在个人与邻里、朋友以及参加自愿组织的成员共同进行的社会生活中产生出来的,而积极情感则可以导致对同事的信任和对制度的信任。帕克斯通使用美国全国社会调查(General Social Survey)中的三个问题(分别询问被调查者对他人的善良、公正和诚实的信任程度)来测量人们对同事的信任程度;用人们对有组织宗教的信任、对教育体制的信任以及对政府的信任来测量人们对制度的信任程度。怀特利认为,只有那些包含了善意的社会关系才可能产生合作行动,因此只有两种类型的信任才可能构成社会资本,即对个人(包括家人和一般意义上的他人)的信任以及对国家的信任,并强调信任是测量社会资本的唯一要素(赵延东等,2005)。

三、研究设计

(一)理论视角与研究假设

科尔曼(1990)把社会资本界定为"个人拥有的社会结构资源",认为社会资本是社会结构中有助于"做成某事"的社会关系,是作为社会关系结构而被创造出来的;而作为社会关系结构的社会资本推动了个人行动,这些行动可以带来资源。因此社会资本是生产性的,能够推动包括公民参与的各种社会行动。胡荣(2006)通过对福建寿宁和厦门乡镇的问卷调查,发现作为社会资本的社会信任对农村居民的政治参与并无显著影响,但他对厦门城市居民的问卷调查却发现,社会资本中的三种信任因子(一般信任因子、普遍信任因子、特殊信任因子)对城市居民的政治参与存在不同方向和程度的影响(胡荣,2008)。孙昕等(2007)基于对全国样本的分析,发现村民对乡镇党委、政府的政治信任,对其参与村委会选举行为有显著的正向影响,而社会信任和社会网络对村民是否参与村委会选举没有显著影响。梁莹(2008)基于张康之(2005)对信任的历史形态的划分,通过对南京市的实证调查,考察了习俗型信任、契约型信任和合作型信任的发展现状,并对三种类型的信任对公民政策参与意识的影响进行了实证研究,发现合作型信任、习俗型信任或契约型信任对公民政策参与意识的影响都具有统计显著性。合作型信任的程度越高,公民的政策参与意识越强,而习俗型信任或契约型信任的影响相对较小,且影响方向为负向。余敏江和梁莹(2008)利用"社会资本与公民文化调查"数据,也发现公民对政府的信任程度与公民参与意识之间呈正相关。梁莹(2011)的实证研究还发现,居民对居(村)委会的信任程度,对居民的社区社会政策参与意愿有显著影响,居民对居(村)委会的信任程度越高,参与社区社会政策的积极性也越高。

基于学界上述研究发现,本研究尝试从社会资本视角,以大学生网民为例,定量分析作为社会资本的社会信任对网络公民参与的影响作用。基于相关理论和实证研究,本研究把信任区分为人际信任和政治信任两种类型,并提出以下研究假设:

假设1:人际信任对网络公民参与有正向影响。

假设2:政治信任对网络公民参与有正向影响。

(二)变量测量

本研究的主旨是对大学生网络公民参与现状,以及作为社会资本的社会信任对网络公民参与的影响进行定量分析。结合文献分析及面对面访谈,我们编制了网络公民参与、人际信任和政治信任三个量表,作为网络公民参与和社会信任的测量工具。

1.因变量:网络公民参与

参考国内外相关讨论,并结合我国现实社会背景,本研究从政治参与和社会参与两个维度对公民参与进行测量(凯茨等,2007)。其中政治参与的测量指标包括获取政治信息、参与政治讨论、政治接触、在线抗议等;而社会参与的测量指标则包括意见表达、参与社团活动和公益行动等。量表共包括"访问政治新闻网站""和网友讨论政治话题""在网上对政府工作进行评价""通过网络为某个社团或组织工作"等13个题项,采用李克特五点尺度量表测量。

2.自变量:社会信任

普特南等学者强调信任是社会资本的重要内涵和维度。帕克斯通在研究美国的社会资本时,更是直接用信任对社会资本进行测量,包括对同事的信任、对宗教组织的信任、对教育体制的信任以及对政府的信任。怀特利在研究国家社会资本时,着重考虑了两种类型的信任:对个人(包括家人和一般意义上的他人)的信任以及对国家的信任(赵延东等,2005)。本研究从人际信任和政治信任两个维度对社会信任进行测量。学界基于社会资本视角对人际信任的测量,大多从行为意向角度询问被访者对他人的信任程度,本研究也采用这一策略,询问网民对"家人""同事"和"陌生网友"等人际交往对象的信任程度。政治信任的测量,则通过询问被访者对中央和地方各级政府、公检法司法机关以及学校等的信任程度来展开。

3.控制变量:网络使用程度

社会学经典理论强调社会结构对行动者行为的制约。按照西德尼·维巴的公民自愿模型,金钱、时间、公民技能等社会经济因素会影响公民的政治参与(Verba et al.,1995)。而沙等(2002)人发现,网络使用频率和时长,对网络公民参与有着积极的正向影响。凯茨等人(2007)发现,互联网使用时间越长,参与在线活动越广泛。李亚妤(2011)对天津、广州和上海三地市民调查也发现,上网时间对网络政治参与有显著的正向影响。张卿卿(2006)对台湾地区的网民调查发现,用于工作的上网时间长度,能有效预测网络政治参与程度。因此,我们将网络使用作为重要的控制变量引入模型(操作化为网龄、上网频率、上网时长。其中平均网龄为6.18年,每周平均上网频率为3.99天,每天平均上网时间为189分钟),并同时将性别、民族、政治面貌、是否拥有个人电脑等作为控制变量引入模型。

(三)数据与模型

本研究的分析数据,来源于国家社会科学基金项目"我国公民网络行为规范及引导抽样调查研究"中的大学生样本数据。该调查采取多阶段分层抽样方法,在天津、长沙、西安和兰州四城市共发放调查问卷1 466份,最后回收有效问卷1 215份,有效问卷率为82.88%。其中男生比例为50.6%,女生为49.4%;来自城市的学生比例为48.8%,来自农村的学生比例为51.2%;样本平均年龄为21岁。

本研究的主要目的,是考察社会信任对网络公民参与的影响。为了实现这一目的,我们借助多元线性回归模型,对研究假设进行统计分析。模型以网络公民参与为因变量,人际信任和政治信任为自变量,性别、民族、政治面貌、网龄、网络使用频率、网络使用时间等为控制变量。

四、数据分析

(一)变量测量结果

1. 网络公民参与

本研究采用"经常""较多""一般""较少""从不"五点尺度李克特量

表,从政治参与和社会参与两个维度,用13个题项对大学生网络公民参与行为进行测量。结果发现,参与程度较高的项目有"访问政治新闻网站""阅读讨论政治和公共事务的博客/微博""和网友讨论政治话题""在网上表达自己对政治议题的看法""参加网上投票"等,参与比例分别为81.5%、78.0%、78.8%、75.9%和71.8%。参与程度相对较低的项目有"参与网上请愿签字""参与在线抗议活动""给政府部门和学校领导发电子邮件""参与和政府官员的在线交流"等,从不参与这些行为的学生均超过半数。总体而言,大学生网民的网络公民参与行为,以获取政治和公共事务信息、表达政治意见、讨论政治议题、参与社团组织和公益行为为主,与政府和行政部门的互动较为缺乏,而参与在线抗议行动的比例最低(见表11.1)。

表 11.1　　　　　大学生网络公民参与行为(N＝1 215)

	均值	标准差	经常(%)	较多(%)	一般(%)	较少(%)	从不(%)
访问政治新闻网站	2.80	1.24	10.4	19.2	28.4	23.5	18.5
阅读讨论政治和公共事务的博客/微博	2.60	1.20	7.3	16.1	27.9	26.8	22.0
和网友讨论政治话题	2.50	1.13	6.6	9.8	31.7	30.7	21.2
在网上表达自己对政治议题的看法	2.38	1.07	3.3	10.9	30.6	31.1	24.1
参加网上投票	2.34	1.13	3.8	12.8	25.0	30.2	28.2
发贴对社会新闻进行评论	2.20	1.12	3.9	9.5	23.0	30.3	33.3
通过网络为某个社团或组织工作	2.05	1.11	3.9	7.0	19.4	29.1	40.6
在网上为社会活动或组织捐款	2.02	1.06	3.3	7.0	16.6	34.7	38.3
在网上对政府工作进行评价	1.96	1.05	2.4	6.9	18.1	29.8	42.8
参与网上请愿签字	1.76	1.01	2.0	5.7	12.7	25.5	54.1
参与在线抗议活动	1.73	1.03	2.2	5.9	11.6	22.9	57.4

续表

	均值	标准差	经常(%)	较多(%)	一般(%)	较少(%)	从不(%)
给政府部门和学校领导发电子邮件	1.71	0.96	2.0	4.1	11.2	28.5	54.1
参与和政府官员的在线交流	1.70	0.98	1.7	5.3	11.0	25.0	56.9

为了简化大学生网络公民参与量表的结构，我们采用探索性因子分析方法，对13个题项进行因子分析，以提取出有概括力的新因子。因子分析采用主成分分析(principal components)作为抽取因子的方法，以特征值大于1作为选择因子的标准，采用正交旋转法中的最大方差旋转法(varimax method)作为转轴方法，以降低因子的复杂性。由于因子分析的前提条件是观测变量之间存在一定的相关关系，因此在进行因子分析之前，我们先运用KMO测度和Bartlett's球状检验方法评估对项目进行因子分析的适当性。经检验，量表的 KMO 值为0.931，Bartlett's球状检验的卡方值为10041.20，自由度为78，在0.000($sig=0.000$)水平上统计检验显著，说明存在潜在共享因子，可以进行因子分析。第一次因子分析提取出2个因子，累积方差贡献率为64.883%。由于"参加网上投票""发帖对社会新闻进行评论""通过网络为某个社团或组织工作"3个题项的因子负荷不清晰，因此剔除了上述3个题项，并结合碎石图，考虑提取3个因子较为合适。因此第二次因子分析指定抽取3个因子。第二次因子分析的 KMO 值为0.902，Bartlett's球状检验的卡方值为7576.667，自由度为45，在0.000($sig=0.000$)水平上统计检验显著，3个因子的方差贡献率分别为36.925%、21.087%和18.782%，累积方差贡献率为76.794%，所有题项共同度均超过0.5，符合因子分析要求（见表11.2）。

表 11.2　　　　大学生网络公民参与行为因子负荷矩阵

	行动参与	表达讨论	信息获取	共同度
给政府部门和学校领导发电子邮件	0.804	0.251	0.154	0.733
参与网上请愿签字	0.799	0.258	0.174	0.735
在网上为社会活动或组织捐款	0.791	0.072	0.279	0.709
在网上对政府工作进行评价	0.738	0.243	0.356	0.731
参与和政府官员的在线交流	0.696	0.471	0.024	0.707
参与在线抗议活动	0.684	0.443	0.100	0.674
和网友讨论政治话题	0.293	0.851	0.276	0.886
在网上表达自己对政治议题的看法	0.323	0.825	0.313	0.883
访问政治新闻网站	0.134	0.210	0.869	0.817
阅读讨论政治和公共事务的博客/微博	0.277	0.219	0.825	0.805
旋转后特征值	3.692	2.109	1.878	
方差贡献率(%)	36.925	21.087	18.782	
累积方差贡献率(%)	36.925	58.012	76.794	

根据因子分析结果和各因子所包含题项的含义,我们分别将这3个因子命名为"行动参与"因子、"表达讨论"因子和"信息获取"因子。其中,"行动参与"因子指大学生在网络空间主动参与和政治及公共利益有关的公民行动,包括"给政府部门和学校领导发电子邮件"等6个题项;"表达讨论"因子是指大学生在线表达自己的政治意见,或与其他网民讨论政治话题,包括"和网友讨论政治话题"等2个题项;"信息获取"因子指大学生利用网络媒介获取政治知识、了解政治信息的行为,包括"访问政治新闻网站"等2个题项。

对量表的信度检验,采用分析量表的内部一致性Cronbach's α系数方法进行。3个因子的Cronbach's α系数分别为0.9062、0.9059和0.7880,整个量表的Cronbach's α系数为0.9121。信度分析结果表明量表具有较高的内部一致性。同时,量表包含的3个因子结构清晰,因子内所包含的项目在相应因子上的负荷均达到0.68以上,说明量表的结构效度良好。

在简化了大学生网络公民参与行为量表的结构后,我们以因子值系数为权数,计算出各因子的因子值,并将大学生网络公民参与的因子值转换为1~100之间的指数。转换后各因子值的均值、标准差、中位值与众值见表11.3。因子得分情况表明,大学生网络公民参与行为以"信息获取"因子得分最高,因子得分均值为49.3151,其次是"表达讨论"因子,因子得分均值为38.7315,"行动参与"因子得分最低,均值为37.9025。大学生在"信息获取""行动参与"和"表达讨论"三个因子上的标准差分别为18.48781、16.64822和14.77389,说明大学生的网络公民参与行为,存在着一定的个体差异。

表11.3 大学生网络公民参与因子得分均值、中位值、众值与标准差

	行动参与	表达讨论	获取信息
均值	37.9025	38.7315	49.3151
中位值	33.8274	36.7060	47.4558
众值	31.19	25.69	24.62
标准差	16.64822	14.77389	18.48781

2. 人际信任

对大学生人际信任的测量,同样采用李克特5点尺度量表,分别询问大学生对现实生活和网络空间中不同交往对象的信任状况。测量结果表明,大学生对家人和亲戚的信任程度最高,均值为4.82,然后依次为对现实生活中的亲密朋友的信任、对同学和老师的信任、对现实生活中的熟人和普通朋友的信任,相比较而言,对网友的信任程度较低,其中对陌生网友的信任程度最低,均值为1.69。

为了简化大学生人际信任量表的结构,我们同样采用探索性因子分析法对量表进行简化,以提取出有概括力的新因子。经检验,量表的 KMO 值为0.683,Bartlett's 球状检验的卡方值为1857.572,自由度为

15,在 0.000($sig=0.000$)水平上统计检验显著,说明适合进行因子分析。因子分析共析出特征值大于 1 的因子 2 个,所有题项在相应因子上的负荷均超过 0.6,除"对家人和亲戚的信任程度"外,所有题项的共同度均大于 0.5,2 个因子的方差贡献率分别为 38.675%和 27.783%,累计方差贡献率为 66.458%(见表 11.4)。

表 11.4　　　　　大学生人际信任因子负荷矩阵($N=1\ 198$)

	现实人际信任	网络人际信任	共同度
对同学、老师的信任程度	0.804	0.121	0.662
对现实生活中的熟人和普通朋友的信任程度	0.796	0.221	0.683
对现实生活中的亲密朋友的信任程度	0.781	0.072	0.615
对家人和亲戚的信任程度	0.633	−0.247	0.461
对陌生网友的信任程度	−0.043	0.890	0.794
对通过网络认识的朋友的信任程度	0.165	0.863	0.773
旋转后特征值	2.321	1.667	
方差贡献率(%)	38.675	27.783	
累积方差贡献率(%)	38.675	66.458	

根据因子分析结果和各因子题项的含义,我们分别将 2 个因子命名为"现实人际信任"因子和"网络人际信任"因子。"现实人际信任"因子指大学生对现实生活中的交往对象的信任状况,包括"对家人和亲戚的信任程度""对同学、老师的信任程度"等 4 个题项;"网络人际信任"因子指大学生对网络交往对象的信任状况,包括"对通过网络认识的朋友的信任程度""对陌生网友的信任程度"2 个题项。

对量表的信度检验,采用分析量表的内部一致性 Cronbach's α 系数方法进行。2 个因子的 Cronbach's α 系数分别为 0.756 2 和 0.743 6,整个量表的 Cronbach's α 系数为 0.666 6,表明量表的信度可以接受。同时,量表包含的 2 个因子结构清晰,因子内所包含的题项在相应因子上的负荷均达到 0.63 以上,说明量表的结构效度良好。

3. 政治信任

政治信任通常被定义为公民对政府或政治系统运作将产生与自己期待相一致的结果的信念或信心。政治信任包括公民对整个政治共同体的信任,对政治制度的信任,以及对政治行动者即作为个体的政治家的信任(诺里斯,1999)。胡荣(2007)在考察农民上访与政治信任的关系时,从对党中央国务院、省委省政府、市委市政府、县委县政府以及乡党委乡政府的信任程度 5 个层次测量农民的政治信任,并最终得出"基层政府信任"和"高层政府信任"二个因子。本研究对大学生政治信任的测量,要求受访者对中央政府、省政府、市政府、县(区)政府、学校行政部门以及法院、检察院、公安机关等司法机关的信任程度作出评价。量表采用李克特 5 点尺度进行测量。测量结果发现,大学生对中央政府的信任程度最高,比较信任和非常信任的比例累计达到 73.6%,而对学校行政部门的信任程度最低,表示很不信任和不太信任的大学生累计超过 23%。

为简化数据,我们采用因子分析方法对 7 个题项进行因子分析。经检验,量表的 KMO 值为 0.859,Bartlett's 球状检验的卡方值为 7 679.988,自由度为 21,在 $0.000(sig=0.000)$ 水平上统计检验显著,说明存在共享因子,适合进行因子分析。因子分析析出特征值大于 1 的因子 1 个,方差贡献率为 70.733%(见表 11.5)。量表的 Cronbach's α 系数为 0.929 9,说明政治信任量表信度良好。

表 11.5　　　　　　大学生政治信任因子负荷($N=1\ 198$)

	政治信任	共同度
中央政府	0.786	0.618
省政府	0.887	0.786
市政府	0.912	0.831
县(区)政府	0.870	0.757

续表

	政治信任	共同度
学校行政部门	0.762	0.580
法院、检察院	0.840	0.706
公安机关	0.820	0.672
特征值	4.951	
方差贡献率(%)	70.733	

(二)假设检验

本研究的主要目的,是对人际信任和政治信任对大学生网络公民参与行为的影响进行定量分析。基于社会资本理论的分析逻辑,本研究提出二个假设:

假设1:人际信任对网络公民参与有正向影响。

假设2:政治信任对网络公民参与有正向影响。

根据对因变量网络公民参与,以及自变量人际信任和政治信任的测量结果,我们进一步把三个研究假设具体化为6个假设:

假设1.1:人际信任对网络公民行动参与有正向影响。

假设1.2:人际信任对网络公民表达讨论有正向影响。

假设1.3:人际信任对网络公民政治信息获取有正向影响。

假设2.1:政治信任对网络公民行动参与有正向影响。

假设2.2:政治信任对网络公民表达讨论有正向影响。

假设2.3:政治信任对网络公民政治信息获取有正向影响。

为了检验这6个假设,我们借助多元线性回归模型,分别以行动参与、表达讨论和信息获取3个网络公民参与行为因子为因变量,以人际信任和政治信任为自变量,同时引入大学生个人特征变量及网络使用变量作为控制变量进行回归分析。其中性别、民族、政治面貌、学生干部、个人电脑为离散变量,我们首先对这几个变量进行虚拟变量处理,性别以女性为参照类,民族以少数民族为参照类,政治面貌以非党员为参照类,学生干部以没有担任过学生干部为参照类,是否拥有个人电脑以没有个人电脑为参照类。回归分析结果见表11.6。

表 11.6　大学生网络公民参与影响因素 *OLS* 回归模型($N=1\,198$)

	行动参与 B(S.E)	行动参与 Beta	表达讨论 B(S.E)	表达讨论 Beta	信息获取 B(S.E)	信息获取 Beta
常数	38.152*** (4.370)		31.333*** (3.948)		3.771*** (5.046)	
性别	3.509** (1.008)	0.106	4.233*** (0.911)	0.146	5.187*** (1.164)	0.141
民族	−4.636** (1.771)	−0.077	1.838 (1.600)	0.035	−1.459 (2.045)	−0.022
政治面貌	−1.983 (1.557)	−0.039	−1.087 (1.406)	−0.024	4.050* (1.797)	0.071
学生干部	0.524 (1.001)	0.016	1.062 (0.904)	0.037	1.084 (1.156)	0.029
个人电脑	−0.257** (1.136)	0.076	0.412* (1.026)	0.014	1.746 (1.312)	0.046
网龄	0.179 (0.185)	0.031	0.007 (0.167)	0.001	0.166 (0.213)	0.025
上网频率	−0.337 (0.246)	−0.047	0.098 (0.222)	0.016	−0.168 (0.284)	−0.021
上网时间	−0.001 (0.004)	−0.005	0.007 (0.004)	0.065	0.004 (0.005)	0.027
现实人际信任	−0.103* (0.042)	−0.074	−0.021 (0.038)	−0.017	0.027 (0.048)	0.017
网络人际信任	0.230*** (0.027)	0.252	0.132*** (0.025)	0.165	0.061 (0.032)	0.060
政治信任	0.078** (0.023)	0.100	−0.003 (0.021)	−0.005	0.075** (0.027)	0.087
R^2	0.107		0.052		0.044	
F	10.534***		5.424***		4.646***	

注:* $p<0.05$;** $p<0.01$;*** $p<0.001$。

从表 11.6 可见,3 个模型均通过显著性检验,削减误差比例分别为 10.7%、5.2% 和 4.4%。从变量的影响作用来看,在 8 个控制变量中,性别的影响作用在 3 个模型中均显著,且方向都为正向,意味着男性比女性更有可能在网上参加行动参与、表达讨论、信息获取这 3 类网络公民参与行为；民族对行动参与有显著负向影响，意味着汉族学生的网络行动参与程度比少数民族学生要低；政治面貌对信息获取有显著正向影响，意味着党员比非党员更主动从网络空间获取相关政治信息；个人电脑拥有情况对行动参与和表达讨论影响显著，但方向不一致，对行动参与的影响为负向，而对表达讨论的影响则为正向，意味着拥有个人电脑的学生，比没有个人电脑的学生更少参与网络政治行动，但更多参与在线政治表达和政治讨论。

社会信任是本研究的核心自变量，也是用于检验假设 1 和假设 2 的关键变量。其中现实人际信任对行动参与影响显著，影响方向为负；网络人际信任对行动参与和表达讨论影响显著，且影响方向均为正向；政治信任对行动参与和信息获取影响显著，作用方向也均为正向。这意味着，大学生的网络人际信任水平和政治信任水平越高，网络行动参与程度也越高，而现实人际信任水平越高，则网络行动参与程度越低；网络人际信任程度越高，越热衷在网上表达自己的政治观点，与网友讨论政治议题；政治信任程度越高，越会主动通过网络获取政治信息。

从 3 个模型自变量的影响作用来看，本研究基于社会资本理论逻辑提出的假设 1.1 和 1.2 部分通过检验，假设 2.1 和 2.3 得到证实，而假设 1.3 和 2.2 没有通过检验。也就是说，网络人际信任对网络公民参与中的行动参与和表达讨论有显著的正向影响，但现实人际信任对网络行动参与却有显著的负向影响；两者对信息获取的影响均不显著。政治信任对网络公民参与中的行动参与和信息获取有显著的正向影响，但对表达讨论的影响不显著。

五、结论与讨论

本研究采用天津、长沙、西安和兰州四个城市大学生的问卷调查数据，对大学生网络公民参与行为的结构以及社会信任对网络公民参与的影响进行了定量分析。本研究的主要发现如下：

第一,互联网为公民参与提供了一个全新的平台,扩展了大学生的公民参与,导致大学生的网络公民参与呈现出多元化特征。学者对公民参与的类型有过大量的研究,包括参加投票、与政府接触、为政党捐款或工作等政治参与行为(奥罗姆,2006),参加请愿、和平罢工、示威游行等抗争性参与行为(孙龙,2011),追踪新闻报道、获取时事信息、参与网络讨论等信息参与行为(齐杏发,2011),以及发送政治信息、评论在线新闻、参与在线论坛、评论政治博客、在社交网站对新闻事件发表看法等表达性参与行为(Puig-i-Abril,2007)。从本研究的研究结果可以看到,在网络时代,大学生的网络公民参与方式呈现出多元化的趋势,在本研究测量的13种网络公民参与行为中,所有行为都有不同比例的大学生参与其中,既有访问政治新闻网站、阅读讨论政治和公共事务的博客/微博等获取政治信息的公民行为,也有在网上表达自己对政治议题的看法、和网友讨论政治话题等表达和交流政治意见的公民行为;既有在网上为社会活动或组织捐款、通过网络为某个社团或组织工作等公共参与行为,也有参加网上投票、参与在线抗议活动等公民行动。网络在今天已经成为大学生公民参与社会生活的重要平台。借助因子分析,我们把大学生的网络公民参与行为简化为行动参与、表达讨论和信息获取三个维度。在这三类网络公民参与行为中,大学生参与程度最高的是网络信息获取,其次是表达讨论,而行动参与的参与程度最低。这意味着,大学生网民主要把网络空间作为获得、表达和讨论政治信息的信息空间,信息获得、表达和讨论是其在网络空间中最主要的公民行为,这些信息行为可能会影响大学生群体的政治观念,但是并不一定会引发实际的政治行动。

第二,社会信任对网络公民参与有显著的影响,但社会信任不同维度对网络公民参与的影响情形较为复杂。关于社会资本与网络公民参与的关系,学界的发现并不一致。有学者认为,网络使用会导致间接化、微弱的中介化关系取代直接的、强烈的面对面关系,从而削弱现实的人际关系,降低社会资本,对公民参与发生负面的影响。但更多的学者认为,互联网能够提供大量信息,有助于扩张社会网络,提升社会信任,激活社会资源,拓展桥接型社会资本,促进以公共利益为指向的合作行为,从而促进人们的公民参与。本研究发现,现实人际信任、网络人际信任和政治信任对网络公民参与均有显著影响,其中网络人际信任和政治信任对网络公民参与的影响是正向的。这一研究结果显然不支持认为互联网会减少社会资本,从而对公民参与有负面影响的假设,并与什科维奇等(2009)对在线社会资本与政治参与关系的研究发现相一致。但值得注意的是,本研究发现,现实人际信任对网络公民行动有负向影响。这一发现意味着社会资本对网络公民参与的影响存在着较为复杂的因果机制,需要我们进一步拓展分析框架,并进行实证检验和更深入的理论思考。

第十二章　网络政治意识对网络政治参与行为的影响

一、研究视角

对网络政治参与影响因素的分析,是近年来备受学界关注的一个重要议题。最初,不少学者倾向于强调互联网作为一种技术工具对政治参与行为的影响,并乐观地认为互联网将给政治参与带来新的机会和景象。随着研究的不断深入,越来越多的学者发现,仅仅将网络视为一种影响政治参与的技术工具的观点,不仅忽视了互联网作为信息资源库、互动空间和行动领域对政治参与的影响,而且忽略了各种社会、政治、经济因素对网络政治参与行为的影响,因此需要对网络政治参与的影响因素进行多维度分析。其中,网络使用(凯茨等,2007)、网络信息获取(宾伯,2000;李亚妤,2011)、网络互动(坡拉特,2005)、社会经济地位(吉布森等,2009)、文化资本(黄少华等,2015)等,是在研究中被关注和讨论较多的网络政治参与影响因素。

综观已有的有关网络政治参与影响因素的研究,大多更为关注用客观变量解释网络政治参与,而较为忽略对主观变量的考察。但是,即使关注客观变量对网络政治参与影响的研究,其研究发现也常常并不一致。例如,李亚妤(2011)通过对我国沿海发达地区城市网民的问卷调查,发现互联网使用、网络政治信息接触、网上社会网络规模、网络社区归属感和开放的人际讨论模式,都对网络政治参与有显著的积极影响;而邹静琴等(2010)对广东八所高校在校大学生的问卷调查,则发现理性选择和政治社会化是影响我国大学生网络政治参与的主要因素。

按照马克思主义哲学认识论的观点,社会行动者在本质上是能动的行动者。因此,对社会行为的探讨,不能只停留在客观变量分析层面,而需要进一步阐明人们是如何按照各自对行为场景和行为规则的话语意识和实践意识,去组织和建构现实社会行为的。结构化理论认为,拥有认知能力(包括话语意识、实践意识和无意识)是人类行动者的显著特征,"所有的行动者都是具有认知能力的行动者,而不是只受其行动环境影响的被动接受者"(吉登斯,2005)。对行动者的认知能力尤其是"实践意识进行解释,是探讨社会行为各方面特征的一个必不可少的要素"(吉登斯,1998)。无论是人们对世界的概念性表述还是经验性表述,都制约和影响着人们的社会行为。在对网络社会行为的研究中,有学者强调,随着互联网的快速扩张,人们的社会行为,尤其是在网络空间中的社会行为,正悄悄发生着一次革命性的变革。互联网在相当程度上弱化甚至消解了社会结构因素对网络行为的制约作用,由于身体不在场,网络意识和网络价值观念对网络行为的影响力,被前所未有地凸显了出来(黄少华等,2006)。例如,按照现实生活中的价值观,武力并不能代表一切,但在网络游戏中,角色的等级和功力成为人们能否成为重要人物的关键,由此导致青少年网民对网络游戏中角色功力(武力)的推崇(李曜安,2004)。基于这样的理论假设,本研究尝试借助问卷调查数据,以城市居民为例,对网络政治意识对网络政治参与行为的影响,进行定量分析。

二、变量测量

本章的分析数据,来自国家社会科学基金项目"我国公民网络行为规范及引导抽样调查研究"课题组在天津、长沙、西安、兰州四座城市进行的多阶段分层抽样调查。调查共发放问卷 1 466 份,回收有效问卷 1 190 份,有效问卷回收率为 81.2%。其中天津 273 份,占 22.9%;长沙 292

份,占 24.5%;西安 298 份,占 25.0%;兰州 327 份,占 27.5%。

(一)因变量:网络政治参与行为

我们采用自编的网络政治参与行为测量量表(黄少华等,2016),从网络政治信息获取、网络政治意见交流与表达、网络政治行动三个维度,用"访问政治新闻网站""阅读谈论政治和公共事务的博客/微博""和网友讨论政治话题""参与和政府官员的在线交流""在网上表达自己对政治议题的看法""参加网上投票""参与在线抗议活动""在网上对政府工作进行评价"8 个指标,对城市居民的网络政治参与行为进行测量。测量结果表明,我国城市居民的网络政治参与程度总体偏低。其中参与程度相对较高的网络政治行为有"访问政治新闻网站""阅读谈论政治和公共事务的博客/微博""和网友讨论政治话题""参加网上投票"和"在网上表达自己对政治议题的看法",经常或较多参与的比例分别为 32.0%、21.6%、19.5%、18.3%和 17.2%;而参与程度较低的网络政治行为主要有"参与和政府官员的在线交流"和"参与在线抗议活动",经常或较多参与的比例均不足一成,分别为 8.7%和 9.5%。总体而言,城市居民参与网络政治信息获取行为的比例相对较高,网络政治意见交流和表达行为次之,而参与网络政治行动的比例最低,有超过半数的城市居民从未参与过网络政治行动。对测量指标的因子分析结果,析出三个因子,三个因子的方差贡献率分别为 32.572%、25.013%和 24.017%,累积方差贡献率为 81.602%。我们根据各因子所包含题目的具体含义,分别把三个因子命名为"网络政治行动"因子、"网络政治意见交流表达"因子和"网络政治信息获取"因子(详细分析结果参见本书第八章)。

(二)自变量:网络政治意识

在对互联网的社会意义的探讨中,学者们从一开始就十分关注互联网的政治意义。不少学者强调,网络技术是一种具有政治秉性的技术(查德威克,2010)。但是,对于互联网究竟会怎样影响政治参与,不同的学者因为立足于不同的分析视角和解释框架而在认识上有较大分歧。凯茨和莱斯(2007)曾经系统梳理有关互联网政治的研究成果,把网络政治观念归纳为反乌托邦观和乌托邦观两类。前者认为互联网缩小了政治参与,而后者则认为互联网扩展了政治参与(凯茨等,2007)。我们发现,无论是强调互联网对政治参与的消极意义的学者,还是强调互联网对政治参与的积极意义的学者,他们所关注的社会机制却有着更多的共同点。主要表现在:(1)信息机制。反乌托邦观认为,互联网上虽然信息如此之多,但难辨真假,这会导致错误的决定。而且在网络空间中,面对海量信息,人们习惯于对信息进行筛选,只接受那些自己感兴趣的信息,而不去接触与自己观点相左的见解。所有这些,都会限制甚至削弱人们的政治参与。乌托邦观则认为,互联网为政治参与提供了最大数量和最多可能的信息,提升了信息传播的数量和速度,从而降低了政治参与的成本。而且网络空间有助于不同观点的碰撞、交流和讨论,从而增加人们对不同观点的宽容度,活跃政治参与的程度。(2)互动交流机制。反乌托邦观认为,在网络空间中形成的社会关系是一种肤浅的关系,互联网会导致面对面接触的减少和有意义关系网络的缩小,从而导致社会信任和社会资本的销蚀,减少网络使用者的政治参与。而乌托邦观则认为,互联网有助于促进人们的社会交往,扩大社会关系网络规模,增加社团参与和社会信任,积累社会资本,从而提升政治参与程度。(3)行动力机制。反乌托邦观认为,人们拥有的互联网资源的不平等,会缩小政治参与,侵蚀政治合法性的基础。虽然互联网方便了人们在线与政府接触,但方便接触并不意味着一定会产生有效互动、商讨和对话。事实上,在互联网这种多样化信息环境中,几乎不存在真实的官民互动和对话,互联网并没有提升民众的政治参与能力。而乌托邦观则认为,互联网在今天已经成为一种强大的政治工具,提高了人们参与政治的机会,方便人们通过网络广泛地参与政治活动,互联网对于提升普通人的政治参与能力,有一种明显的赋权效果。

基于学界对互联网的政治效应的上述讨论,本研究从信息、互动和行动力三个维度,编制了包含15个题项的网络政治意识测量量表。测量结果见表12.1。

表 12.1　　　　　　　　　网络政治意识($N=1\,168$)

	均值	标准差	非常同意(%)	有些同意(%)	说不清楚(%)	不太同意(%)	很不同意(%)
网络促进了民众与政府之间的对话	3.52	0.895	12.8	39.5	36.0	10.3	1.5
网络强化了民众与政府之间的联系	3.43	0.930	12.2	35.1	38.8	11.6	2.4
网络有助于获得更多的政治信息	3.75	0.895	20.5	43.6	28.0	6.7	1.2
网络使政治信息更加公开和透明	3.50	0.976	15.5	36.1	33.7	12.2	2.5
网络让现实中被边缘化的意见有机会得到表达	3.63	0.859	12.7	48.6	29.5	7.4	1.7
网络提高了社会团体的联系效率	3.63	0.851	13.5	45.9	32.7	6.4	1.5
网络方便了弱势群体进行社会抗争	3.54	0.937	14.0	41.2	32.5	9.8	2.6
网络有助于政府及时了解民意	3.48	0.976	12.9	40.1	32.3	10.9	3.8
通过网络能够动员更多的人参加抗争活动	3.39	0.936	11.5	33.7	40.1	11.8	2.8
网络使政府的决策更加公开和透明	3.38	0.959	11.8	33.3	39.1	12.6	3.3
在网上发表意见有助于促进政府更快解决问题	3.36	0.932	9.5	36.3	38.2	12.9	3.2
网络方便了我对政府工作进行评价	3.32	0.949	9.8	33.6	39.7	13.3	3.7
网络让我有了更多的话语权	3.30	0.985	10.5	32.0	38.2	15.2	4.1
网络提高了我参与政治的热情	3.17	0.986	8.3	28.5	39.6	18.7	4.9
网上讨论能够影响政府的决策	3.01	1.049	7.0	25.1	38.9	19.7	9.3

从表 12.1 可见,城市居民对于互联网促进政府与民众对话、推动政

治信息公开、提升民众的政治行动能力,都有较正面的认识,所有题项在5点尺度李克特量表中的得分均值均超过3.0。大多数题项的同意率都在40%以上,其中占比最高的"网络有助于获得更多的政治信息"一题,同意率达到了64.1%,即使同意率最低的"网上讨论能够影响政府的决策"一题,同意率也达到了32.1%。这一结果,与国内学界的多次调查结果颇为类似。例如由美国加州大学洛杉矶分校(UCLA)发起并于2000年启动的"世界互联网项目"(World Internet Project,WIP)在中国的多次调查,发现中国网民对互联网使用的政治影响,有较为乐观的评估(郭良,2003,2005,2007)。调查用"通过使用互联网,像您这样的人在政治上可以有更大的权利"等4个题项测量网民的网络政治意识,在2003年、2005年和2007年连续3次调查中,4个题项的认同程度分别为"通过使用互联网,像您这样的人在政治上可以有更大的权利"62.7%(2003年)、45.1%(2005年)、30.3%(2007年);"通过使用互联网,像您这样的人对政府的行为有更多的发言权"55.5%(2003年)、54.2%(2005年)、47.9%(2007年);"通过使用互联网,像您这样的人可以更好地了解政治"71.7%(2003年)、62.8%(2005年)、75.1%(2007年);"通过使用互联网,政府工作人员可以更关心像您这样的人的想法"65.4%(2003年)、60.4%(2005年)、59.3%(2007年)。不过,在我们的调查结果中,有一个值得注意的现象是,在所有题项上,选择"说不清楚"的网民都在三成左右,其中占比最高的"通过网络能够动员更多的人参加抗争活动"达到了40.1%,说明有相当比例的网民对互联网的政治影响力,尤其是对于网络的政治动员能力,持有一种较为模棱两可的态度。

为了简化网络政治意识量表的结构,我们采用探索性因子分析方法,对量表包含的15个题项进行因子分析,以提取出有概括力的新因子。因子分析采用主成分分析作为抽取因子的方法,以特征值大于1作为选择因子的标准,采用正交旋转法中的最大方差旋转法作为转轴方法,以降低因子的复杂性。我们运用KMO测度和Bartlett's球状检验方法评估对项目进行因子分析的适当性,发现量表的*KMO*值为0.916,Bartlett's球状检验的卡方值为 8 194.139，自由度为 105，在 0.000($sig.=0.000$)水平上统计检验显著，说明存在潜在共享因子，适合进行因子分析。因子分析共析出 3 个因子，方差贡献率分别为 25.456%、19.644% 和 18.131%，累积方差贡献率为 63.232%。所有题项的共同度均接近或超过 0.5，达到因子分析的要求(见表 12.2)。

表 12.2　　　　　　　　网络政治意识因子负荷矩阵

	网络赋权	政民互动	行动能力	共同度
网络提高了我参与政治的热情	0.787	0.094	0.129	0.644
网上讨论能够影响政府的决策	0.735	0.084	0.073	0.553
网络方便了我对政府工作进行评价	0.717	0.229	0.267	0.637
网络让我有了更多的话语权	0.697	0.144	0.276	0.584
网络有助于政府及时了解民意	0.677	0.310	0.255	0.619
网络使政府的决策更加公开和透明	0.676	0.341	0.194	0.610
在网上发表意见有助于促进政府更快解决问题	0.594	0.223	0.250	0.466
网络强化了民众与政府之间的联系	0.246	0.792	0.147	0.709
网络促进了民众与政府之间的对话	0.237	0.791	0.203	0.723
网络使政治信息更加公开和透明	0.264	0.767	0.164	0.685
网络有助于获得更多的政治信息	0.093	0.752	0.257	0.641
网络让现实中被边缘化的意见有机会得到表达	0.237	0.242	0.784	0.729
网络方便了弱势群体进行社会抗争	0.223	0.148	0.773	0.668
网络提高了社会团体的联系效率	0.231	0.308	0.721	0.668

续表

	网络赋权	政民互动	行动能力	共同度
通过网络能够动员更多的人参加抗争活动	0.191	0.118	0.706	0.549
旋转后特征值	3.819	2.942	2.720	
方差贡献率(%)	25.456	19.644	18.131	
累积方差贡献率(%)	25.456	45.101	63.232	

根据因子分析结果和各因子所包含题目的具体含义，我们分别把这三个因子命名为"网络赋权意识"因子、"政民互动意识"因子和"行动能力意识"因子。这三个因子基本上从信息、互动和行动力三个方面涵盖了城市居民的网络政治意识。其中"网络赋权意识"因子包括"网络提高了我参与政治的热情""网上讨论能够影响政府的决策""网络方便了我对政府工作进行评价""网络让我有了更多的话语权"等 7 个题项，主要反映网民对互联网多大程度上赋予了民众更多的政治权力的理解；"政民互动意识"因子包括"网络强化了民众与政府之间的联系""网络促进了民众与政府之间的对话""网络使政治信息更加公开和透明""网络有助于获得更多的政治信息"4 个题项，反映了网民对互联网多大程度上促进了政民互动和信息公开的理解；"行动能力意识"因子包括"网络让现实中被边缘化的意见有机会得到表达""网络方便了弱势群体进行社会抗争""网络提高了社会团体的联系效率""通过网络能够动员更多的人参加抗争活动"4 个题项，反映了网民对互联网多大程度上提升了公民的政治行动能力的理解。

对量表的信度检验，我们采用分析量表的内部一致性 Cronbach's α 系数方法进行。3 个因子的 Cronbach's α 系数分别为 0.875、0.818 和 0.849。整个量表的 Cronbach's α 系数为 0.909。信度分析结果表明，网络政治意识量表具有很好的内部一致性。同时，量表包含的 3 个因子结构清晰，因子内所包含的题项在相应因子上的负荷均达到 0.59 以上，说明量表的结构效度良好。

(三)控制变量:性别、年龄、受教育程度

为了控制人口变量对网络政治参与的影响效应,我们把性别、年龄和受教育程度作为控制变量引入模型。其中男性占48%,女性占52%,年龄均值为32.5岁(标准差9.5岁),受教育程度均值为13.01年(标准差2.581年)。

三、网络政治意识对网络政治参与行为的影响

为了检验网络政治意识对网络政治参与行为的影响,我们借助OLS回归模型,分别以"网络政治信息获取""网络政治意见交流表达"和"网络政治行动"为因变量,以网络政治意识的3个因子为自变量,同时引入性别、年龄、年龄平方和受教育程度作为控制变量进行回归分析。其中性别是离散变量,我们以女性为参照进行虚拟变量处理。回归分析结果见表12.3。

表12.3　　网络政治意识对网络政治参与行为的影响($N=1\,049$)

	政治信息获取		政治意见交流表达		网络政治行动	
	B(S.E)	Beta	B(S.E)	Beta	B(S.E)	Beta
常数	-1.006^* (0.428)		-0.414 (0.444)		1.032^* (0.441)	
性别	0.414^{***} (0.059)	0.206	0.238^{***} (0.061)	0.119	0.037 (0.061)	0.018
年龄	-0.005 (0.025)	-0.046	0.023 (0.026)	0.211	-0.062^* (0.026)	-0.590
年龄平方	5.444E$-$5 (0.000)	0.036	0.000 (0.000)	-0.169	0.001^* (0.000)	0.564
受教育程度	0.060^{***} (0.012)	0.152	-0.010 (0.012)	-0.025	0.001 (0.012)	0.002
网络赋权	0.042 (0.029)	0.042	0.116^{***} (0.030)	0.116	0.115^{***} (0.030)	0.117
政民互动	0.185^{***} (0.030)	0.181	-0.072^* (0.031)	-0.070	-0.078^* (0.031)	-0.077

续表

	政治信息获取		政治意见交流表达		网络政治行动	
	B(S.E)	Beta	B(S.E)	Beta	B(S.E)	Beta
行动能力	0.135*** (0.029)	0.134	0.057 (0.030)	0.057	0.028 (0.030)	0.028
R^2	0.117		0.040		0.026	
adjusted R^2	0.111		0.034		0.020	
F	19.840***		6.217***		4.036***	

注：* $p<0.05$；** $p<0.01$；*** $p<0.001$。

从表12.3可见，三个模型均通过了显著性检验，模型的削减误差比例分别为11.7%、4.0%和2.6%。从具体变量的影响作用来看，控制变量性别的影响作用在模型1和模型2中显著，且方向都为正向，意味着男性比女性更有可能在网上参与政治信息获取和政治意见表达交流等政治行为；年龄在模型3中影响显著，其中年龄对因变量的标准回归系数为负值，而年龄平方的标准回归系数则为正值，说明年龄对网络政治行动的影响呈U形；受教育程度在模型1中呈显著的正向影响，说明受教育程度越高，参与网络政治信息获取行为的概率越高，但受教育程度在模型2和模型3中的影响作用均不显著。

网络政治意识是模型中的核心自变量。其中网络赋权意识在3个模型中均呈正向影响，但其影响作用只有在模型2和模型3中显著，说明网络赋权意识能提高城市居民的网络政治意见交流表达及网络政治行动的参与程度。政民互动意识的影响作用在3个模型中均显著，但方向不一致，在模型1中的影响作用为正向，而在模型2和模型3中的作用方向为负向，意味着城市居民的政民互动意识越强，参与网络政治信息获取的程度越高，而参与网络政治意见交流表达及网络政治行动的程度越低，说明信息公开对减少政治意见的网络传播和网络政治行动有显著作用。行动能力意识在3个模型中的作用皆为正向，但只有在模型1中通过了显著性检验，说明城市居民的行动能力意识越高，参与网络政治信息获取行为的可能性越大。

为了更好地理解网络政治意识对网络政治参与行为的影响,我们进一步选择阅读博客/微博、和网友讨论政治话题、在网上表达对政治议题的看法和参加网络抗议活动这四种分别代表网络政治信息获取、政治意见交流(讨论)、政治意见表达和政治行动的行为,借助 Logistic 回归模型,对网络政治意识是否影响城市居民参与这四种网络政治参与行为进行统计分析。分析结果见表 12.4。

表 12.4　　网络政治参与行为影响因素 Logistic 回归分析

自变量	信息获取 B	Exp(B)	政治讨论 B	Exp(B)	意见表达 B	Exp(B)	政治行动 B	Exp(B)
性别	0.688***	1.989	0.738***	2.092	0.554***	1.741	0.177	1.194
年龄	−0.122	0.885	−0.016	0.984	−0.131*	0.877	−0.102	0.903
年龄平方	0.002	1.002	0.000	1.000	0.002*	1.002	0.001	1.001
受教育程度	0.052	1.053	0.040	1.041	0.052	1.054	−0.012	0.988
网络赋权	0.183*	1.200	0.206**	1.229	0.271***	1.31	0.147*	1.158
政民互动	0.083	1.086	−0.073	0.929	−0.100	0.905	−0.333***	0.717
行动能力	0.069	1.072	0.129	1.138	0.075	1.078	−0.004	0.996
常数	2.209*	9.106	0.758	2.134	2.246*	9.450	1.721	5.592
N	1 068		1 069		1 067		1 067	
−2 Log likelihood	1 175.932		1 108.858		1 198.856		1 432.735	
Cox & Snell R Square	0.033		0.034		0.035		0.036	
Nagelkerke R Square	0.049		0.052		0.050		0.048	

注:* $p<0.05$,** $p<0.01$,*** $p<0.001$。

由表 12.4 可见,控制变量性别在模型 1、模型 2 和模型 3 中均呈显著的正向作用,说明男性网民比女性网民更有可能参与阅读博客/微博、和网友讨论政治话题和在网上表达对政治议题的看法这三类政治行为;控制变量年龄、年龄平方只有在模型 3 中的影响作用显著,其中年龄的 B 值为−0.131,而年龄平方的 B 值为 0.002,说明年龄对网络政治意见表达的影响作用呈 U 形。控制变量受教育程度在 4 个模型中均不显著,说明受教育程度对政治信息获取、政治意见交流(讨论)、政治意见表达和政治行动 4 类行为都没有显著影响。

在网络政治意识 3 个变量中，网络赋权意识在 4 个模型中均呈显著的正向影响，意味着城市居民的网络赋权意识越强，参与阅读博客/微博、和网友讨论政治话题、在网上表达对政治议题的看法和参加网络抗议活动的可能性越大。从发生比率来看，网络赋权意识得分每增加一个单位，阅读政治博客/微博的可能性就增加 0.2 倍，和网友讨论政治话题的可能性增加 0.229 倍，在网上表达对政治议题的看法的可能性增加 0.31 倍，参加网络抗议活动的可能性增加 0.158 倍。政民互动意识只有在模型 4 中呈显著的负向影响，说明政民互动意识得分越高，参与网络抗议活动的可能性越小，政民互动意识得分每增加一个单位，参与网络抗议活动的可能性就减少 28.3%。而行动能力意识在 4 个模型中的作用均不显著，说明行动能力意识对政治信息获取、政治意见交流（讨论）、政治意见表达和政治行动 4 类网络政治参与行为皆没有显著影响。

比较表 12.3 的 OLS 回归分析结果和表 12.4 的 Logistic 回归分析结果，我们可以发现，两个模型中各自变量对因变量的影响作用基本一致。

四、结论

本研究基于学界对互联网的政治影响的讨论，侧重从信息传播、互动交流和政治行动力等维度编制了网络政治意识量表，对量表的因子分析结果，浓缩了"网络赋权""政民互动"和"行动能力"3 个因子。测量结果显示，城市居民对互联网的赋权意义、互联网对促进信息公开和政民互动、增强网民的行动能力的意义，都有较为正面的认识。与从不参与网络政治行为的网民相比，网络政治参与程度较高的网民，具有更高的网络赋权意识，更相信网络有助于政民互动和政治信息公开，相信网络有助于提升政治行动者的政治能力。

目前学界对网络政治参与行为的因果逻辑的理论分析，多借助社会资本理论、公民自愿模型、政治机会结构等理论视角，其中社会经济地位、互联网使用、社会资本、文化资本、政治动机等变量,是学者用来分析和呈现网络政治参与行为逻辑的重要解释变量,而网络政治意识基本上是一个被忽略的变量。本研究借助结构化理论视角,把网络政治意识变量引入对网络政治参与行为的分析中,一定程度上补充和拓展了已有网络政治参与行为研究的解释框架。回归分析发现,网民的网络政治意识对网络政治参与行为有显著的影响作用,证明了网络政治意识对网络政治参与行为有较强的解释力。

值得注意的是,网络政治意识的政民互动维度对网络政治意见交流表达和网络政治行动有显著的负向作用。也就是说,对互联网促进政民互动和政治信息公开的认知程度越高,参与网上政治意见的交流表达以及在线抗议、在网上评价政府工作等政治行动的可能性就越小。这一研究发现意味着城市居民对网络提升政民互动、促进政治信息公开的认知程度越高,参与网络政治意见传播和网络政治行动的可能性越小。同时还意味着,在强弱关系交织的网络生态结构中,对网络政治意识与网络政治参与行为关系的考察,还需要进一步探讨影响两者之间关系的中介机制以及影响两者关系方向和强度的调节机制。

第十三章　政治动机、政治技能、社团参与与网络政治参与

一、文献回顾与研究假设

社会学历来重视对社会行为的研究。自韦伯以降，对社会行为的研究，就一直是社会学的重心。吉登斯(2009)强调，"人类行为是复杂而多侧面的，单一一种理论视角远远不能涵盖其方方面面"。通过对网络政治参与研究文献的梳理和分析，我们发现，对互联网与政治参与行为的关系，存在着多种解释视角和路径。坡拉特(2005)通过对学界有关网络政治参与研究文献的综述，发现学界对互联网影响政治参与机制的解释，主要包括三个方面，即作为信息资源库的互联网、作为互动空间的互联网以及作为虚拟行动领域的互联网。而公民自愿模型和社会资本理论，是被研究者采用最多的两种理论范式。此外，社会动员模型、社会经济地位模型、政治动机模型、文化资本理论等，也被不同的研究者用于解释互联网对政治参与的影响。本研究尝试基于公民自愿模型的理论视角和概念，定量探讨政治动机、政治资源和社会网络对网络政治参与行为的影响。

帕蒂等(Pattie et al.,2004)认为，现有的政治参与理论，主要包括基于选择视角的理论和基于结构视角的理论两种形态。基于选择视角的理论包括理性选择论、认知介入模型、政治动机模型等。理性选择论以理性经济人假设为前提，从成本和收益视角研究行动者的政治参与行为，其核

心思想是认为当收益大于成本时,行动者就会参与政治行动。而认知介入模型的主要观点是,个人获取和使用信息的意愿和能力,是影响政治参与的核心因素。政治动机模型则认为,政治参与动机越强,就越可能参与政治行动。基于结构视角的理论包括社会经济地位模型、政治动员模型、社会资本模型等。社会经济地位模型认为,公民的社会经济地位越高,就越有可能参与政治行动。而政治动员模型认为,志愿组织、政党组织或大众传媒的政治动员越强,公民参与政治行动的可能性就越大。社会资本模型则认为,社会资本能够促进公民的政治参与,诸如信任、规范及网络等社会资本越丰富,参与政治行动的概率越大。

维巴等学者对上述政治参与理论模型提出了质疑。他们认为,理性选择论无法解释当成本大于收益时,为什么仍会有人参与政治活动;而社会经济模型同样无法具体解释社会地位如何影响政治参与的水平。为了弥补上述政治参与理论模型的缺陷,他们提出了公民自愿模型这一综合性较强的理论模型。在这一理论模型中,他们综合了基于选择论视角和基于结构论视角这两类模型中的核心变量,在一定意义上可以说是对上述两类理论模型的综合和超越,其核心思想是在强调政治参与作为一种集体行为的基础上,从政治参与所必需的条件的角度,分析和考量人们为什么不参与政治。维巴等人认为,政治参与是一种非强迫、无报酬的自愿行为,人们之所以不参与政治,主要原因有三:一是"不能参与",二是"不想参与",三是"没有人要他们参与"。具体而言,"不能参与"是因为他们缺乏公民技能、金钱和时间等政治参与所需要的资源;"不想参与"是因为他们对政治不感兴趣,缺乏政治效能感、政治知识、政治信息和政治信任感等政治参与动机;"没有人要他们参与"是因为他们没有加入志愿组织、教会或政党组织,处于政治动员网络之外。因此,公民自愿模型将影响公民政治参与的因素概括为公民政治资源、政治动机和政治动员网络三个核心解释变量。

维巴强调,政治资源是公民拥有的以其社会经济地位为基础的参与政治的技能,包括时间、金钱、公民技能等;政治动机是指参与政治的心理态度与信念,包括政治兴趣、政治效能感、对党派的认同、集体意识等;政治动员网络则主要是指公民的社会网络,包括公民加入志愿组织、宗教组织、政治组织的种类和数量。

政治动机作为公民自愿模型中的核心解释变量,是指参与政治的心理态度与信念,在公民自愿模型中是通过政治兴趣、政治效能感和政治党派认同等变量进行测量的。本研究主要借助政治兴趣和政治效能感对政治动机进行测量。泽诺斯等人(Xenos et al.,2007)认为,互联网使用对市民参与和政治参与的影响,取决于网络使用者的政治兴趣。而克鲁格(Krueger,2002)发现,互联网使用的确会增加人们的政治参与,不过在那些政治兴趣更高、对自己的政治效能感估计更高的人身上,互联网对政治参与的这种提升作用表现得更为显著。基于上述理论逻辑,我们提出以下研究假设:

假设1:政治兴趣对网络政治参与行为有正向影响。政治兴趣越高,网络政治参与程度也越高。

假设2:政治效能感对网络政治参与行为有正向影响。政治效能感越强,网络政治参与程度也越高。

政治资源是维巴等用于解释社会经济地位影响政治参与的因果机制的概念。针对社会经济模型强调社会经济地位对公民政治参与影响的观点,维巴指出,传统关于社会经济地位与公民政治参与之间关系的分析,尚缺乏具体、清晰的因果解释机制。维巴认为,需要把社会经济地位与直接影响政治参与行为的政治资源区分开来。具体而言,人们拥有的空闲时间越多、资金越丰富、组织和沟通能力越强,其参与政治行动的可能性也就越大。基于这一理论逻辑,我们提出以下研究假设:

假设3:政治技能对网络政治参与行为有正向影响。政治技能越强,网络政治参与程度也越高。

在公民自愿模型中,社会网络对动员公民政治参与有着重要影响。维巴等人关注的社会网络主要是教会,他们发现参加教堂活动对政治参与具有重要的动员和促进作用。考虑到中国公民的实际情况,我们在研

究中主要借助公民参与俱乐部、志愿团体、专业学会/行业协会等各类社团活动的情况,来分析社会网络对网络政治参与行为的影响:

假设4:社团参与程度对网络政治参与行为有正向影响。社团参与程度越高,网络政治参与程度也越高。

二、变量测量

为了检验基于公民自愿模型提出来的上述四个研究假设,我们借助国家社会科学基金项目"我国公民网络行为规范及引导抽样调查研究"课题组在天津、长沙、西安、兰州四个城市运用多阶段分层抽样获得的数据,分别运用多元线性回归分析和Logistic回归分析方法进行定量分析。调查共发放问卷1 466份,回收有效问卷1 190份,有效问卷回收率为81.2%。其中天津273份,占22.9%;长沙292份,占24.5%;西安298份,占25.0%;兰州327份,占27.5%。

(一)因变量:网络政治参与行为

我们采用自编的网络政治参与行为测量量表(黄少华等,2016),从网络政治信息获取、网络政治意见交流表达、网络政治行动三个维度,用"访问政治新闻网站""阅读谈论政治和公共事务的博客/微博""和网友讨论政治话题""参与和政府官员的在线交流""在网上表达自己对政治议题的看法""参加网上投票""参与在线抗议活动""在网上对政府工作进行评价"8个指标,对城市居民的网络政治参与行为进行测量。测量结果表明,我国城市居民的网络政治参与程度总体偏低。其中参与程度相对较高的网络政治行为有"访问政治新闻网站""阅读谈论政治和公共事务的博客/微博""和网友讨论政治话题""参加网上投票"和"在网上表达自己对政治议题的看法",经常或较多参与的比例分别为32.0%、21.6%、19.5%、18.3%和17.2%;而参与程度较低的网络政治行为主要有"参与和政府官员的在线交流"和"参与在线抗议活动",经常或较多参与的比例均不足一成,分别为8.7%和9.5%。总体而言,城市居民参与网络政治信息获取行为的比例相对较高,网络政治意见交流和表达行为次之,而参与网络政治行动的比例最低,有超过半数的城市居民从未参与过网络政治行动。对测量指标的因子分析结果,析出三个因子,三个因子的方差贡献率分别为 32.572%、25.013% 和 24.017%,累积方差贡献率为 81.602%。我们根据各因子所包含题目的具体含义,分别把三个因子命名为"网络政治行动"因子、"网络政治意见交流表达"因子和"网络政治信息获取"因子(详细分析参见本书第八章)。

(二)自变量:政治兴趣、政治效能感、政治技能和社团参与

1. 政治兴趣

政治动机是政治行动者对参与政治的心理态度与信念。在公民自愿模型中,政治兴趣和政治效能感是测量政治动机的两个核心变量。政治兴趣是指一个人对政策、政府、政治议题等的关注程度。已有的对政治兴趣的测量,一般采用多个指标。例如刘季嫚(Liou,2004)用"我试图去解决我所在社区中的问题""我经常从报纸上收集关于我所在社区的信息"等题项测量政治兴趣。沙朗·E. 贾维斯(Jarvis et al.,2005)则把政治兴趣操作化为:你一周有几天会读报纸? 你对政治的兴趣如何? 你与朋友讨论政治的频率如何? 在本文中,我们通过测量个人对社会议题、政治新闻的关注程度来测量政治兴趣。具体指标包括:关注与政治相关的信息、阅读报纸等媒体上的政治新闻、收看电视新闻、和朋友讨论政治话题、和朋友讨论社会热门问题。测量结果表明,在电视上收看政治新闻和从纸媒上阅读政治新闻,是我国城市居民满足政治兴趣最主要的方式,经常和较多收看、阅读政治新闻的比例均超过五成,分别达到 58.6% 和 52.3%。相对而言,经常或较多与朋友讨论政治话题的城市居民比例较低,只有 25.4%。

我们采用探索性因子分析方法对政治兴趣量表进行简化,以提取出有概括力的新因子。经检验,量表的 KMO 值为 0.739,Bartlett's 球形检验的卡方值是 2 085.620,自由度为 10,在 $0.000(sig.=0.000)$ 水平上统计检验显著,说明适合进行因子分析。因子分析结果,5 个题项被浓缩为一个因子,因子的方差贡献率为 56.223%(见表 13.1)。对量表的内部一致性 Cronbach's α 系数分析发现,政治兴趣量表的 Cronbach's α 系数为 0.804,说明信度良好。

表 13.1　　　　　　　　政治兴趣因子负荷($N=1\,175$)

	政治兴趣	共同度
关注与政治相关的信息	0.800	0.640
阅读报纸等媒体上的政治新闻	0.773	0.598
和朋友讨论社会热门问题	0.765	0.585
和朋友讨论政治话题	0.707	0.499
收看电视新闻	0.699	0.489
特征值	2.811	
方差贡献率(%)	56.223	

2.政治效能感

政治效能感是行动者对自己的政治行为对整个政治过程可能产生影响力的感觉或者信念。安格斯·坎贝尔(Angus Campbell)等人是最早研究政治效能感的学者,他们在考察美国民众的选举行为时发现,政治效能感是一个能有效预测政治参与的重要变量(李蓉蓉,2010)。在坎贝尔之后,罗伯特·莱恩(Robert E. Lane)提出政治效能感包括两个维度,即自认为对政府有影响力及自认为政府会回应自己的要求。之后,多数学者倾向于认为政治效能感是一个多维度的概念,一般认为包含内在政治效能感和外在政治效能感两个维度。内在政治效能感是指个人相信自己有能力影响政府或政治精英,外在政治效能感则是指个人相信政府官员或者制度会对民众的要求予以重视并有所反应。也有学者认为政治效能感是一个三维度的概念,除了内在效能感和外在效能感外,还包括集体效能感(弗朗西斯,2005)。本书从内在效能感和外在效能感两个维度,用 7 项指标对城市居民的政治效能感进行了测量。从测量结果我们可以得出几点基本结论:第一,在 7 项测量政治效能感的指标中,认为"自己有权评价政府"一项所占比例最高,达到了 51.0%;第二,比较而言,测量内在政治效能感的题项得分较高,说明受访者的内在政治效能感高于外在政治效能感;第三,在所有测量指标上,选择居中的"一般"占有较高的比例,说明有相当数量的受访者对政治效能感的判断较为模糊。

我们采用探索性因子分析方法对政治效能感量表进行结构简化。对量表包含的 7 个指标的 KMO 测度和 Bartlett's 球状检验显示,量表的 KMO 值为 0.644,Bartlett's 球状检验的卡方值为 1746.210,自由度为 21,在 $0.000(sig.=0.000)$ 水平上统计检验显著。因子分析共析出 2 个因子,方差贡献率分别为 29.271% 和 26.909%,累积方差贡献率为 56.180%。其中"政治太复杂,不是像我这样的人能理解的"和"像我这样的人无权评价政府的行为"两题的共同度较低(见表 13.2)。

表 13.2　　　　　　政治效能感因子负荷矩阵($N=1\,174$)

	外在政治效能感	内在政治效能感	共同度
像我这样的人根本不能影响政府的行为	0.837	−0.069	0.705
政府官员不太在乎像我这样的人有何想法	0.822	−0.069	0.681
政治太复杂,不是像我这样的人能理解的	0.586	−0.115	0.356
像我这样的人无权评价政府的行为	0.531	−0.061	0.286
我完全有能力参与政治	−0.052	0.852	0.728
我完全可以胜任领导工作	−0.030	0.784	0.615
我比一般人更了解中国的政治情况	−0.209	0.719	0.561
旋转后特征值	2.049	1.884	
方差贡献率(%)	29.271	26.909	
累积方差贡献率(%)	29.271	56.180	

3. 政治技能

政治技能作为政治资源的一个重要测量指标,是指公民理解、反思政治事务的能力,以及必要的组织、沟通和协调能力。参与社团或组织的经验、与政府及组织的互动交流能力、对政策的判断能力等,是政治技能的重要内容。本文采用"经常""较多""一般""较少"和"从不"5点尺度李克特量表,用"写信给报社表达自己对政治议题的看法""为某个社团或组织工作""给政府部门写信""对政府工作进行评价"和"和朋友讨论政治话题"5个指标对城市居民的政治技能进行测量。测量结果见第九章表9.3和表9.4。

4. 社团参与

在本研究中,社团参与是测量社会网络的一个重要指标。阿尔蒙德和维巴(2008)认为,社团参与之所以能够促进公民的政治参与,主要是因为社团富有成效和有意义地把个人与政治体系联系在一起,从而扩展个人的政治见解,提升个人的政治能力,激发个人的政治活动;而且一个人参加的社团越多,其政治效能感会越强,也就是说,社团参与数量具有累积效应。不过阿尔蒙德和维巴(2008)也发现,社团成员身份并不一定意味着积极的政治参与,其原因正如普特南(2011)所说,"对社会资本和公民参与而言,真正重要的并不是有名无实的会员,而是积极投入的会员"。因此本文对社团参与的测量,同时考虑两个因素,即参与数量的多少和是否经常参与。测量结果见第十章表10.6。

(三)控制变量:性别、年龄、受教育程度

为了控制人口变量对网络政治参与的影响效应,我们把性别、年龄和受教育程度作为控制变量引入模型。其中男性占48%,女性占52%;年龄均值为32.5岁(标准差9.5岁),受教育程度均值为13.01年(标准差2.581年)。

三、政治动机、政治技能和社团参与对网络政治参与行为的影响

按照公民自愿模型,政治动机、政治资源和社会网络是影响政治参与行为的核心变量,因此,我们把政治兴趣、政治效能感、政治技能和社团参与程度分别作为政治动机、政治资源和社会网络的测量指标引入回归模

型。同时,把性别、年龄、年龄平方、受教育程度作为控制变量引入回归模型。回归分析结果见表13.3。

表13.3 政治动机、政治技能和社团参与对网络政治参与行为的影响($N=1\,044$)

	政治信息获取		政治意见交流表达		网络政治行动	
	B(S.E)	Beta	B(S.E)	Beta	B(S.E)	Beta
常数	−0.397 (0.392)		−0.386 (0.391)		0.585 (0.372)	
性别	0.266*** (0.054)	0.131	0.080 (0.054)	0.040	−0.064 (0.051)	−0.032
年龄	−0.020 (0.023)	−0.183	0.046* (0.023)	0.422	−0.028 (0.022)	−0.265
年龄平方	0.000 (0.000)	0.140	0.000* (0.000)	−0.410	0.000 (0.000)	0.226
受教育程度	0.037*** (0.011)	0.095	−0.032** (0.011)	−0.082	−0.005 (0.010)	−0.012
政治兴趣	0.521*** (0.032)	0.508	0.134*** (0.032)	0.131	−0.261*** (0.030)	−0.260
外在政治效能感	0.029 (0.027)	0.028	−0.008 (0.027)	−0.008	−0.020 (0.025)	−0.020
内在政治效能感	0.067* (0.028)	0.066	0.033 (0.028)	0.033	0.001 (0.027)	0.001
政治技能	0.133*** (0.032)	0.128	0.449*** (0.032)	0.436	0.672*** (0.030)	0.663
社团参与程度	0.058** (0.020)	0.066	0.051* (0.020)	0.059	0.051* (0.019)	0.056
R^2	0.301		0.296		0.343	
adjusted R^2	0.295		0.290		0.337	
F	49.502***		48.361***		59.873***	

注:* $p<0.05$;** $p<0.01$;*** $p<0.001$。

表13.3的OLS回归模型分别以"网络政治信息获取""网络政治意见交流表达"和"网络政治行动"为因变量。从3个模型的回归分析结果可见,控制变量性别对网络政治信息获取有显著的正向影响,意味着男性参与网络政治信息获取行为的程度高于女性。年龄和年龄平方只有在模

型2中显著,说明年龄对城市居民的网络政治意见交流表达有显著影响;在模型2中,年龄对因变量的标准回归系数为正值,而年龄平方的标准回归系数则为负值,说明年龄对网络政治意见表达交流的影响呈倒U形;受教育程度在模型1和模型2中均影响显著,但其中在模型1中的影响方向为正向,而在模型2中的影响方向则为负向,说明受教育程度越高,参与网络政治信息获取行为的可能性越大,而参与网络政治意见交流表达的可能性则越小。

自变量政治兴趣对因变量网络政治信息获取、网络政治意见交流表达、网络政治行动影响显著,但其中在模型3中的影响方向为负向。说明政治兴趣越高,参与网络政治信息获取(回归系数为0.521,$p<0.001$)和网络政治意见交流表达(回归系数为0.134,$p<0.05$)的可能性越大,但参与网络政治行动(回归系数为-0.261,$p<0.01$)的可能性反而越小。

在政治效能感变量中,外在政治效能感对网络政治信息获取有正向影响,而对网络政治意见交流表达和网络政治行动的影响则为负向,但这种影响作用在3个模型中均不显著;内在政治效能感则对网络政治信息获取、网络政治意见交流表达和网络政治行动均有正向影响,但只有在模型1中影响作用显著。这意味着,政治效能感对网络政治参与行为的影响作用十分有限。

自变量政治技能对因变量网络政治信息获取、网络政治意见交流表达、网络政治行动均有显著的正向影响,其在3个模型中的回归系数分别为0.133($p<0.001$)、0.449($p<0.001$)和0.672($p<0.001$),意味着政治技能越高,参与这三类网络政治行为的可能性也越大。

作为社会网络变量的社团参与程度对3个因变量的影响均为正向且作用显著,说明社团参与程度越高,参与网络政治信息获取、网络政治意见交流表达和网络政治行动的可能性越大。

综合分析自变量政治兴趣、政治效能感、政治技能和社团参与程度对因变量网络政治参与行为的影响,不难发现,政治兴趣对3类网络政治参与行为均有显著影响,但在模型3中的影响作用为负向,与假设的方面不一致，因此假设 1 只获得部分证实。政治效能感对网络政治参与行为的影响作用非常有限，仅有内在政治效能感对网络政治信息获取的影响作用获得证实，意味着假设 2 基本上没有获得证实。作为政治资源的政治技能对网络政治参与行为有显著的正向影响，政治技能越高，网络政治参与程度也越高，假设 3 得到证实。社团参与程度对三种类型的网络政治参与行为均影响显著，假设 4 获得证实。

为了更好地理解和检验政治动机对网络政治参与行为的影响，我们进一步选择阅读博客/微博、和网友讨论政治话题、在网上表达对政治议题的看法和参加网络抗议活动这四种分别代表网络信息获取、政治意见讨论、政治意见表达和政治行动的行为，借助 Logistic 回归模型，对政治兴趣、政治效能感、政治技能和社团参与是否影响网络使用者参与这四种网络政治行为进行统计分析。分析结果见表 13.4。

表 13.4　　网络政治参与行为影响因素 Logistic 回归分析

自变量	信息获取 B	Exp(B)	政治讨论 B	Exp(B)	意见表达 B	Exp(B)	政治行动 B	Exp(B)
性别	0.441**	1.554	0.479**	1.614	0.252	1.287	−0.096	0.908
年龄	−0.071	0.931	0.088	1.092	−0.076	0.927	−0.030	0.970
年龄平方	0.001	1.001	−0.001	0.999	0.001	1.001	0.000	1.000
受教育程度	−0.020	0.980	−0.053	0.948	−0.026	0.974	−0.050	0.952
政治兴趣	0.473***	1.605	0.373***	1.452	0.392***	1.481	−0.538***	0.584
外在政治效能感	0.076	1.079	0.017	0.983	0.179*	1.196	0.107	1.113
内在政治效能感	0.141	1.152	0.082	1.086	0.136	1.146	0.006	1.006
政治技能	0.963***	2.621	1.640***	5.157	1.789***	5.982	1.886***	6.591
社团参与程度	0.177**	1.194	0.164*	1.178	0.139*	1.149	−0.016	0.984
常数	2.631*	13.884	0.949	2.583	3.092*	22.026	1.444	4.240
N	1 057		1 058		1 057		1 055	
−2 Log likelihood	945.005		819.670		844.415		1 043.901	
Cox & Snell R Square	0.207		0.249		0.296		0.323	

续表

自变量	信息获取		政治讨论		意见表达		政治行动	
	B	$Exp(B)$	B	$Exp(B)$	B	$Exp(B)$	B	$Exp(B)$
Nagelkerke R Square	0.307		0.381		0.434		0.431	

注：* $p<0.05$，** $p<0.01$，*** $p<0.001$。

在表 13.4 的 4 个 Logistic 回归模型中，分别包含 4 个因变量：

(1)网络政治信息获取：是否曾经在网上阅读过谈论政治和公共事务的博客/微博？

(2)网络政治意见讨论：是否曾经在网上和网友讨论过政治话题？

(3)网络政治意见表达：是否曾经在网上表达过对政治议题的看法？

(4)网络政治行动：是否曾经在网上参加过在线抗议活动？

在问卷中，对上述 4 个变量的测量，采用的是从"经常"到"从不"5 点尺度。我们将"从不"重新赋值为 0，而将"经常""较多""一般""较少"赋值为 1，从而将网络政治信息获取、政治意见讨论、政治意见表达、政治行动 4 个因变量操作化为只有 0 和 1 两个取值的二值变量。

从表 13.4 可见，控制变量性别在模型 1 和模型 2 中有显著的正向作用，说明男性网民比女性网民更有可能参与阅读博客/微博、和网友讨论政治话题这两类行为；控制变量年龄、年龄平方和受教育程度在 4 个模型中的影响作用均不显著，说明年龄和受教育程度对信息、讨论、表达和行动 4 类网络政治参与行为均没有显著影响。

在政治动机变量中，政治兴趣在 4 个模型中均呈现出显著的影响作用，但政治兴趣变量在模型 4 网络抗议活动中的影响方向为负向，B 值分别为 0.473、0.373、0.392 和 -0.538，说明政治兴趣得分越高，参与阅读博客/微博、和网友讨论政治话题、在网上表达对政治议题的看法等政治行为的可能性越大，但参与网络抗议活动的可能性越小。政治效能感在 4 个模型中均呈现出正向影响，但只有外在政治效能感的影响作用在模型 3 中通过了显著性检验，说明外在政治效能感得分越高，在线表达政治意见的可能性越大。

政治技能作为公民自愿模型中重要的资源变量,在4个模型中均呈现出显著的正向影响,B 值分别为 0.963、1.640、1.789 和 1.886,说明政治技能越高,参与阅读博客/微博、和网友讨论政治话题、在网上表达对政治议题的看法和参与网络抗议活动的可能性越大。从发生比率来看,政治技能得分每增加一个单位,参与上述 4 类政治行为的可能性分别增加 1.621 倍、4.157 倍、4.982 倍和 5.591 倍。

作为社会关系网络变量的社团参与程度在模型1、模型2和模型3中均呈现出显著的正向影响,说明社团参与程度越高,参与阅读博客/微博、和网友讨论政治话题、在网上表达对政治议题的看法等活动的可能性越大。但社团参与程度在模型4中的影响是负向的,说明社团参与对网络抗议活动有负向影响,但这种影响作用没有通过显著性检验。

比较表 13.3 的 OLS 回归分析结果和表 13.4 的 Logistic 回归分析结果,我们不难发现,各自变量对因变量的影响作用呈现出较高程度的一致性。概括而言,本研究基于公民自愿模型提出的 4 个假设中,假设 3 和假设 4 获得了证实,假设 1 获得了部分证实,而假设 2 则基本上没有获得证实。

四、结论与讨论

网络空间在今天已经成为一个全新的政治空间,与现实政治空间相比,网络政治空间具有身体不在场互动、时空压缩与伸延并存、海量政治信息涌动、政治动员即时化、政治网络扁平化等特性。这些新的空间特性,导致政治参与呈现出新的实践形态,网络政治参与已经成为一种与现实政治参与同样重要的政治实践。本研究结合宾伯等学者对网络政治参与的界定(搜寻政治政策信息、与他人讨论政治议题、表达政治意见)和坡拉特提出的互联网影响政治行为的三个维度(作为信息资源库的互联网、作为互动空间的互联网、作为虚拟行动领域的互联网),提出网络政治参与的三维度结构(网络政治信息获取、网络政治信息交流表达、网络政治行动)。因子分析结果较好地验证了这一设想。本研究发现,目前我国城市居民的网络政治参与程度总体偏低,即使参与程度最高的"访问政治新闻网站",经常或较多参与的比例也只有32.0%,而参与程度较低的"参与和政府官员的在线交流",经常或较多参与的比例只有8.7%。因此,对于互联网对政治参与的促进作用,我们不能有过于简单的乐观态度,网络使用并不会必然提升网民的政治参与程度。

公民自愿模型是一个被广泛接纳的用来解释政治参与的理论工具。本研究借助公民自愿模型,在控制性别、年龄、受教育程度等结构性变量对网络政治参与行为的影响作用的基础上,着重分析了政治行动者的政治兴趣、政治效能感、政治技能和社团参与程度对网络政治参与行为的影响。从回归分析结果来看,政治兴趣、政治技能和社团参与程度都对网络政治参与行为有显著影响,但政治效能感则对网络政治参与行为影响有限。这一方面意味着,政治动机、政治资源和社会网络都对网络政治参与行为有较强的解释力,另一方面也意味着,作为测量政治动机的政治效能感,并不能有效解释网络空间的政治参与行为。

需要说明的是,无论是对现实政治参与的研究,还是对网络政治参与的分析,政治效能感都是被学者广为强调的一个重要自变量,而且大量实证研究也的确证实政治效能感对政治参与行为有显著的影响。但在我们的研究中,却没有发现政治效能感对网络政治参与行为有显著的影响作用,一个可能的原因是,在我们的调查中,城市居民的政治效能感相对偏低。一方面,与国内学者对政治效能感的相关调查结果相比(张明新,2015),我们测量得到的政治效能感得分相对偏低;另一方面,在本研究中,与对政治兴趣、政治技能等相关变量的测量结果相比,政治效能感的得分也相对偏低。同时我们发现,在政治效能感的测量结果中,受访者选择较为中立的"一般"选项的比例较高,其中最高的"我完全可以胜任领导工作"一项,选择"一般"的比例超过了50%。因此,在后续研究中,需要对政治效能感有更精准的测量和分析。

附录　AI时代智能社会学的学科建构

一、引　言

2019年7月17日,埃隆·马斯克(Elon Musk)创建的"神经连接(Neuralink)"公司发布了一款脑机接口系统,利用神经手术机器人向大脑中植入超细柔性电极来监测大脑神经元活动,通过USB-C接口读取大脑信号,实现大脑与机器的直接互联与沟通,从而使人机之间的信息传递和通信控制变得非常方便。而OpenAI于2022年11月30日发布的大型语言模型ChatGPT更是能够进行自然语言处理,能像人类一样聊天互动,完成撰写方案、视频脚本、代码、论文等任务,在模糊甚至消解人类意识与机器智能之间边界的道路上,又向前迈进了一大步。

无论是马斯克的脑机接口系统,还是OpenAI的大型语言模型ChatGPT,都是一经发布,便立即引发了全球性的关注和热议。这种关注和热议,从一个侧面反映了科技界、企业界、媒体和社会大众对人工智能及其社会影响的高度关切和极大热情。近年来,随着互联网、物联网、云计算、大数据、智能助理、无人机、自动驾驶、智能机器人、机器翻译、AI艺术等的不断兴起和应用,人工智能已然成为最热门的技术应用领域之一,其社会影响也日益增强。可以说,一个人工智能的时代已悄然来临。

习近平总书记(2018)指出:"新一代人工智能正在全球范围内蓬勃兴起,为经济社会发展注入了新动能,正在深刻改变人们的生产生活方式。

把握好这一发展机遇,处理好人工智能在法律、安全、就业、道德伦理和政府治理等方面提出的新课题,需要各国深化合作、共同探讨。"从社会科学角度对人工智能技术发展及其引发的社会后果进行探讨,不仅能够为理解人工智能的实质和影响提供有价值的理论视角,而且能够为积极应对人工智能提出的新课题提供思想空间。事实上,随着近年来人工智能技术在社会生产生活领域应用的迅速扩展,有关人工智能的社会科学研究已经引起了国内外不少专家学者的重视,研究成果也呈现出爆发式增长态势。其中国内社会科学界对人工智能的研究,主要集中在厘清人工智能的基础认知、挖掘人工智能的应用空间、预判人工智能的社会后果等主题(梅立润,2019);而国外社会科学领域对人工智能的研究,则主要围绕算法与应用、系统建构、大数据、知觉与记忆、模拟仿真等主题展开(罗晨等,2018)。有学者甚至认为,随着人工智能技术逐步向社会渗透,加强对人工智能相关法律、伦理和社会问题的研究,建构由智能政治学、智能社会学、智能法学、智能经济学、智能教育学、智能心理学、智能语言学等二级学科组成的智能社会科学,已经是顺应新时代人工智能技术发展的必需(高奇琦,2018)。

人工智能时代来临引发人们最直观最深刻的感受,莫过于社会的巨大变迁。因此,在回应人工智能社会兴起的智能社会科学学科群中,智能社会学尤其具有重要的地位,因为"社会学作为一门独立学科的产生,与西方现代性社会转型有着本质上的勾连,是一种与现代性社会转型密切相关,对现代性进行智性反思的现代知识形态"(黄少华,2002)。创建智能社会学的意义,就在于运用社会学分析现代社会结构和社会变迁的理论和方法资源,通过引入智能社会概念,深入研究人工智能引发的社会变迁,从而揭示智能社会的实质、结构及其趋势。

二、智能社会:一个新的社会

卢西亚诺·弗洛里迪(Luciano Floridi)在《第四次革命:人工智能如何重塑人类现实》一书中认为,科学从两个方面改变着人类的认识:一个方面是"向外的",即对世界的认识;另一个方面是"向内的",即对自我的认识。在他看来,迄今人类的自我认识在科学的推动下经历了四次革命:哥白尼的日心说使人类开始重新思考自己的位置和角色,认识到人类所栖居的地球并非宇宙的中心;达尔文的进化论证明了人类并不是万物之灵,人类开始认识到自己与其他动物并没有本质区别;弗洛伊德的精神分析学证明了人类的大脑是无意识的,由此颠覆了人类理性的至高地位与自我意识能力;而图灵革命是人类正在经历的第四次革命,图灵革命让人们认识到,人类在逻辑推理、信息处理和智能行为领域的主导地位已不复存在,人类智能的唯一性受到了前所未有的挑战(弗洛里迪,2016)。图灵革命所引发的人类自我认识以及技术和社会变迁,正在逐步形塑一种新的社会形态,在这种新的智能社会中,作为行动者的智能体以及社会结构、权力关系、文化体验,呈现出了融合主体、集体智能、结构脆弱性、智能权力、虚拟体验等新的特点。

智能社会的新特点,首先体现在作为行动者的智能体,逐渐由单一的人类主体,演变成人、智能机器人以及"人机一体"的赛博格(cyborg)三类主体并存。随着人工智能的发展,人机接口的普及,人类智能和机器智能终将合为一体。库兹韦尔强调,"生物智能必将与我们正在创造的非生物智能紧密结合"。他认为,"在我们的大脑中,大量的分布式纳米机器人将与我们的生物神经元相互配合。它将提供包括全部感觉的全沉浸虚拟现实。这种全沉浸虚拟现实和与我们情感相关的神经一样在神经系统内部作用。更重要的是,生物思想和我们正在创建的非生物智慧之间的密切关系将在很大程度上扩展人类的智慧"(库兹韦尔,2017)。人与机器的无缝对接和融合,不仅模糊和消解了人与机器、人与电脑、人与网络之间的界限,使行动者成为人机一体的融合智能体,而且改变了行动者的意识、情感与社会行动以及社会行动与社会结构之间的关系,从而让社会行动呈现出一种不同于以往的全新逻辑。

智能社会的第二个新特点,是数据和算法构成了社会结构的基础。人工智能自1956年在达特茅斯会议上被提出来以后,在随后的60年间其发展历经了"三起两落",概念含义和技术逻辑也在这一过程中发生了巨大的变化。与以符号逻辑、专家系统为代表,尝试还原和模拟人类智能的经典通用型人工智能不同,新一代人工智能以大数据和算法为基础,是一种由数据和算法交互驱动的群体智能(collective intelligence)。基于这种群体智能的智能社会,是一个由数据驱动,通过深度学习算法对数据进行计算、分析和建模,从而做出智能决策,规范和引导人的行为的新型社会形态。有学者将这样一种基于数据和算法的社会形态称为"解析社会或数据解析社会"(段伟文,2019),强调在这一革命性的新社会形态中,数据扮演着清晰观测与呈现社会生活的透镜角色,这种"数据透镜"使人们的行为被量化记录与透视,而算法则是洞察和解析人们的行为规律,做出智能决策的基本途径。未来一旦脑机接口的速度和精度超过人际沟通的速度和精度,形成一个全新的脑联网或者说智联网,架构在其上的社会结构就将发生彻底的改变。

　　智能社会的第三个新特点,是技术和社会的可能性与不确定性的极度增长,以致可能性和不确定性成为社会结构中的内在构成因素,从而极大地增加智能社会的风险性。从技术层面来看,新一代人工智能基于大数据和算法,而人工智能算法的逻辑基础具有不确定性,且"算法的准确度和可靠性易受到研发数据和研发人员的主观影响";同时,基于算法的人工智能具备自学习和自适应能力,有可能演变成为高度自主的非生物智能主体,从而脱离人类的引导、监督和控制,导致"技术失控",进而产生巨大的社会风险(唐钧,2019)。从社会层面来说,人工智能对现有的伦理、法律、社会制度都构成了重大挑战,引发了新的伦理、法律和社会风险。例如,随着人工智能自主性和能动性的不断提高,人类必须面对诸如"在进行行为选择时,生物智能体与非生物智能体究竟谁是责任主体""人工智能算法如何承担主体责任"这样的伦理难题和法律困境;又如,人工智能的广泛应用,使人们的行为处于随时被监视的状态,从而导致人的隐私权丧失,这对现代隐私观念提出了巨大的挑战;再如,在人工智能成为社会的核心资源、生产中心和主要推动力时,会在相当程度上引发新的社会不平等,从而加剧社会结构的脆弱性。

智能社会的新特点,还体现在权力关系的转变上。人工智能的发展,导致基于数据和算法的智能权力成为一种有广泛影响力的新型权力。这种智能权力与卡斯特所说的信息权力十分接近。卡斯特(2006)说,"新的权力存在于信息的符码中,存在于再现的影像中;围绕着这种新的权力,社会组织起了它的制度,人们建立了自己的生活,并决定着自己的所作所为。这种权力的部位是人们的心灵"。智能权力对人的身份、行为、习惯、认知、情感、意志等,都具有非常精准的认知与操控能力。在智能社会中,权力结构将日益由数据和算法所框定的现实与认知所形塑。同时,在智能社会中,由于社会环境的日益智能化,社会环境也开始具有力量,成为一种新的社会权力,具有规范人的行为习惯、形塑公共空间面貌的力量。在智能环境中,人们的行踪、活动、交往甚至兴趣、爱好、生活习惯等都变成透明的数据,从而成为权力操控的对象。例如,当人们借助智能手机中的App实时了解和选择出行道路、参考网友的评分或评论选择外出住宿的宾馆和吃饭的餐厅时,智能环境便具有了一种引导认知和规范行为的权力。

三、智能社会学的学科建构

社会学作为一门独立学科的产生,与现代社会结构变迁有着本质上的联系,是对现代社会结构变迁的一种理论回应。现代社会结构变迁及其引发的社会问题,在很大程度上形塑了社会学的研究对象、研究领域、研究主题、问题意识、理论解释框架及研究方法。而自社会学诞生近200年来,随着现代社会的不断发展,社会学的概念和理论也经历了不断的变化,形成了各种不同的理论概念与理论传统。今天,智能社会的兴起,构成了社会学研究必须面对,并对社会学已有概念范畴和解释框架提出了挑战的新社会事实。面对这一新的社会事实,社会学必须尝试建构新的概念和思考框架,以拓展思想空间,重建社会学的想象力和解释力。正如卡斯特所说,今天,"我们置身新世界,我们需要新的理解"(卡斯特,

2003)。智能社会学作为一种知识形态,有可能建构一幅新的社会图景,一种新的社会学理论视野,从而将社会学带入一个新的领域,并由此建构社会学研究的新范式。

那么,什么是智能社会学?或者说,智能社会学的问题意识和理论框架应该是怎样的?目前国内学界关注这一议题的学者数量不多,而且意见也不一致。例如高奇琦(2018)认为:"作为一门具有高度问题意识和人文情怀的社会学科,智能社会学所权衡的是人工智能技术对于社会整体的利与弊。在此基础上,智能社会学应对这一颠覆性的科技革命的前景,及其带来的社会变革与问题进行预测和解答。智能社会学存在诸多议题。其中,人工智能时代下的结构性失业、技术贫困和伦理困境是其未来最需要关注的重点问题。现代社会学是基于变革时代的社会变迁而产生的,也是对社会变迁与问题的回应。因此,智能社会学的重要内容和核心在于,在人工智能的时代背景下,如何激发个人和社会组织的主体性,从而应对现实的社会问题,并促使社会适应时代的变迁。当然,主体性的发挥需要在社会成本可控,同时在兼顾社会效率的基础上实现。"而萧子扬则主张使用"人工智能社会学"概念,并认为"人工智能社会学主要研究人工智能时代人与社会的关系,尤其是人与机器的关系,以及人工智能给社会发展带来的多层次影响,人工智能给人类关系和社会行动带来的影响等内容。"在学科定位上,他把人工智能社会学定位为"属于应用社会学,而非理论社会学,即人工智能社会学是应用社会学的一般原理、基本方法、研究路径和学科范式对人工智能时代的人类行为与社会关系进行分析、研究,重点探讨和解决人工智能时代的社会性问题,属于社会学的一个分支学科"(萧子扬,2019)。

值得肯定的是,上述学者对智能社会学的界定,不仅强调了对人工智能进行社会学研究的必要性,而且对人工智能所引发的社会学议题进行了初步的梳理,提出了智能社会学研究目前所必须面对的迫切问题。但是,两位学者对智能社会学的学科建构如何接续并拓展社会学的理论传统考虑尚不够充分。虽然萧子扬强调人工智能社会学研究应该采取社会学的理论和视角如社会冲突理论、现象学社会学理论、后工业社会理论、社会交换理论、结构功能理论、社会行动理论等,但他也仅仅将人工智能社会学定位为社会学的一个分支学科,只是应用社会学的一般原理、基本方法、研究路径和学科范式对人工智能时代的人类行为与社会关系进行分析研究,而忽略了人工智能的社会学研究对现代社会学理论的反哺意义,忽略了智能社会学对于拓展现代社会学理论范式的创新意义。

我们认为,智能社会学的学科建构,当然需要回应人工智能和智能社会兴起所引发的社会变迁及其各种社会问题,但是这种回应必须建基于社会学的理论传统,运用社会学的概念,在社会学的理论视野中展开。只有在社会学理论层面对智能社会做出理论回应,才能真正揭示智能社会兴起的社会学意义。同时,由于智能社会的社会结构、社会过程、权力关系和社会行动具有不同于工业社会的新特点,因此社会学对智能社会的回应,必须对智能社会的社会结构、社会过程、权力关系和社会行动重新进行概念化,以建构对智能社会有解释力的概念框架。为了实现这一目标,智能社会学的学科建构,必须处理以下几个重要的理论议题。

首先,要加强智能社会学的基础理论研究。新一代人工智能的兴起,导致了社会在社会行动、社会结构、权力关系、文化体验等诸多层面的变迁,对这些变迁进行理论探讨,是智能社会学必须首先面对的基础理论问题。因为正如吉登斯(1998)所说,"社会理论的探求者们首先应该关注的,是重新构造有关人的存在与行为、社会再生产与社会转型的概念"。在经典社会学的话语体系中,"社会"是占有举足轻重地位的核心概念,经典社会学的研究主题主要集中于"社会"这一概念。社会学家尤其是受涂尔干思想影响的社会学家,都试图把社会概念与现代性联系起来,将与现代性相勾连的"社会"概念视为社会学的内涵。在概念化"社会"的过程中,社会被界定为具有自身内部统一性、有明确边界的体系。社会学对这一体系的理论解释,正是以对社会的这种理解为基础的。而智能社会的兴起,正在以新颖的方式把人与机器、人与人联结起来,从而模糊、突破和重建了人工智能赖以产生的现代社会的社会结构,内部统一、边界明确的现代社会形态正在被人机合一、边界流动的人工智能社会所取代,由此而导致社会在行动、结构、权力、组织、体验等诸多层面的改变。对这些改变从社会学视角做出学理上的回应,是智能社会学基础理论研究的重要内容。而这种理论回应,又将拓展和创新现代社会学的理论概念和理论范式。

其次,要加强智能社会学的应用研究。人工智能的兴起,导致了人与机器、技术与社会共生的状态,这种共生状态,加剧了社会的不确定性,引发了诸多新的社会风险,从而对政府管理、经济安全、社会稳定和全球治理等产生了深远影响。例如大数据和算法让人工智能具有强大的自我学习能力,导致人工智能的自主性极大增强,有可能让人类失去对人工智能的有效控制;人工智能的发展让智能机器人成为新型的智能劳动者,从而对现代社会的就业结构构成冲击,让大量可重复、有固定规则和答案的工作岗位,甚至某些认知和情感劳动被智能机器所取代;随着人工智能逐渐成为社会的核心资源、生产中心和主要推动力,数字鸿沟、信息分化等新的社会不平等将被加剧,与人工智能的接触和融合程度,将成为决定收入、地位、消费能力等的关键因素;人工智能自主性和能动性的不断提高,引发了诸如"人工智能体是道德责任主体吗""人工智能算法如何承担主体责任"等这些新的伦理难题和法律困境;人工智能的广泛应用,使人们的行为处于随时被监视的状态,从而对现代隐私观念提出了巨大的挑战。智能社会的这些新的社会风险和社会问题,迫切需要社会学加强智能社会学的应用研究,构建具有普适性的社会风险分析工具,从人工智能的设计、应用、管理等方面来分析人工智能技术应用的社会后果,以应对人工智能可能带来的风险挑战,加强前瞻预防与约束引导,最大限度地降低风险,确保人工智能的安全、可靠、可控发展。

再次,要加强智能社会学的方法论研究。智能社会学基础理论的创新,不仅需要建构新的主题和新的概念工具,而且需要发展出新的方法作为研究工具,以便更好地理解和解释智能社会的社会结构和社会行动。正如卡斯特在对互动信息网络进行理论化时所强调的,网络社会学的理论建构需要一种新的方法论。"社会研究的创新不可能仅仅在理论基础层面展开,社会学作为一门经验科学,所受到的限制与非实验条件下观察的局限有关,因而新的问题、新的概念、新的视角要求新的工具。"(卡斯特,2000)人工智能的发展和应用,为研究方法的创新提供了充分的机会与可能。智能社会不只是一个研究对象,而且也是一个研究工具,它为研究者提供了充分接近和利用包含各种不同资料的大数据环境的机会。由于大数据在数据采集、储存、传输、处理、分析、展示等方面比传统的数据方法具有更大的优势,已经越来越成为人们认识社会、研究人类行为的一种重要的新工具。与传统数据搜集和分析方法相比,大数据方法存在三个重要特点:第一,传统数据样本量一般较小,而大数据样本几乎等于总体,研究者甚至没有必要抽样;第二,传统数据常用问卷调查方法获取,数据可信度低,而大数据是在现实生活中自动形成的,可信度大于传统问卷调查数据;第三,传统数据的产生过程是通过问卷调查"搜集"数据,针对性强,但应用范围受到限制,而大数据研究则重在数据"挖掘",这些数据是真实世界的自然记录,可以挖掘的数据无穷无尽,没有边界(罗玮等,2015)。有学者甚至认为,大数据方法的应用,导致经验社会科学超越了从假设到模型再到验证的研究过程,研究不再需要假设和模型,数据自己会遵循自己的逻辑得出研究结论。大数据方法在方法论上的创新,将有助于推动智能社会学研究的理论创新。

四、当前智能社会学研究的重要议题

吉登斯(1998)说:"社会理论的任务之一,就是对人的社会活动和具有能动作用的行动者的性质作出理论概括。"面对智能社会所呈现的独特社会特性,建构一个有深厚理论思考和实证研究作支撑的概念分析架构,以解释智能社会的社会行动和社会结构,是目前智能社会学研究所面临的主要挑战,也是智能社会学研究所需要突破的重心所在。依照这一思路,我们认为,以下议题是当前智能社会学研究中应着重面对的重要议题。

(一)智能主体及其社会行动

智能社会的兴起,不仅改变了社会行为的空间和环境,而且改变了社会行为的主体。人工智能作为一门有关"智能主体(intelligent agent)的研究与设计"的学问,其中的"智能主体是指一个可以观察周遭环境并做出行动以达到目标的系统"(李开复等,2017)。智能社会中的智能主体,已不再仅仅是作为行动者的人,智能机器人以及人机一体的赛博人同样也是具有能动性的行为主体。随着自动驾驶、无人机、智能助理、翻译机器人、聊天机器人、伴侣机器人等的不断出现,一个人类智能体与人工智能体交互、混合、共存的融合主体时代已经来临,智能社会就是这样一个多智能主体交互、融合、并存的社会。在这样一个多智能主体交融、并存的时代,智能主体的社会行为和社会参与,都将发生革命性的变革,其行为模式和行为逻辑也必将呈现出诸多不同于工业时代的社会行为的特色。智能时代社会行为的这种转变,迫切需要社会科学从理论上做出回应和解释。换言之,智能社会学不仅需要研究人类作为行为主体的行为逻辑,而且要研究人工智能体和人机合一的赛博格作为行为主体的行为逻辑,以及人工智能主体和赛博格的行为与人类主体行为之间的关系,人工智能体和赛博格的行为对人类主体行为的影响。

(二)智能社会的社会结构

智能社会是一个由数据驱动,通过算法对数据进行计算、分析和建模,从而做出智能决策,规范和引导人的行为的新型社会。也就是说,数据和算法是构成智能社会结构的基础。这种以数据和算法为基础的智能社会,其社会结构发生了诸多转变。例如,现代社会中人与人、人与组织、人与社会之间的关系,被不同智能体之间的互动关系所取代,由多智能体之间互动形塑的新社会秩序,具有互动、自主、适应、透明、开放等特性;智能社会的组织模式,也呈现出共享、弹性、网络化、扁平化和边界流动等新的特点。同时,智能社会造成了新的社会不平等与社会分层。生产智能化和产业升级转型将导致越来越多的工作岗位被智能机器所取代,造成在这些岗位工作的劳动者的持续性失业,从而被社会边缘化,变成数字穷人,由此引发社会的贫富分化加剧和社会分层逻辑转变。正如卡斯特(2003)所说:"现在世界大多数人都与全球体系的逻辑毫无干系,这比被剥削更糟。我说过总有一天我们会怀念过去被剥削的好时光。因为至少剥削是一种社会关系。我为你工作,你剥削我,我很可能恨你,但我需要你,你需要我,所以你才剥削我。这与说'我不需要你'截然不同。"数字穷人会因为没有被剥削的价值而被排除在智能社会之外,成为解构甚至颠覆社会的破坏性力量。这些因人工智能发展而引发的社会互动结构和分层结构转变,都是迫切需要社会学认真面对和研究的重要议题。

(三)智能社会的权力关系

权力是现代社会学的核心议题。权力金字塔是韦伯对权力的想象,他将权力视为在遇到抵抗的情况下也能贯彻自己意志的能力,这种权力的典型面貌体现在民族国家及其司法体系中;而全景敞视主义则是福柯对现代权力的比喻,这一概念深刻地洞见了渗透在现代社会中的微观权力的秘密,即权力的实质在于调度、计谋、策略、技术和运作(黄少华等,2013)。智能社会的兴起,对于权力变迁最显著的影响,是产生了以数据和算法为基础的非人格化权力以及这种非人格化权力对不同群体赋权上的不平等。在智能社会中,权力的形式和主题发生了变化,有两类作为行动者的智能体拥有前所未有的权力。一是掌握数据和算法的超级人类主体。在以数据和算法为基础的智能社会中,数据和算法权力的重要性不言而喻,谁掌握了数据和算法,谁就拥有了控制的权力。二是以数据和算法为基础的人工智能主体。在智能社会时代,非生物的人工智能体随时记录和追踪着每个人的行为、情感和思想,并借助智能算法去为个体主体画像,然后据此定义、影响和引导人类个体的行为、情感和思想。这种非人格化的智能权力,将制约甚至重新塑造人类个体,使人类个体的个体性和能动性被数据和算法消解。因此,如何理解人工智能时代非人格化智能权力的实质及其对人类社会的影响,并在此基础上探讨如何平衡人类智能体与人工智能体之间的权力关系,平衡不同人类智能体之间的权力关系,以在人工智能时代如何重建人类主体的能动性,从而获得对社会议程的主导权,是智能社会学必须及早面对的重要议题。

(四)智能社会的社会风险

人工智能的社会应用,不仅推进和改善了社会的生产、交易、互动、传播,而且也加剧了社会的风险和不确定性。霍金说,成功创造出有效的人工智能可能是人类文明史上的最大事件,但也可能是最坏、最糟糕的事件。除非我们学会如何做好准备并避开潜在风险,否则人工智能可能给人类文明带来巨大的风险和破坏(腾讯科技,2017)。具体而言,智能社会的社会风险,主要表现在以下几个方面:一是人工智能应用所造成的持续性失业加剧了社会的贫富差距,以及由此引发的数字穷人、智能鸿沟等新的社会不平等;二是社会智能化造成人类主体的机器人恐惧症、机械移植排异、超智能精神失常、虚拟现实成瘾、身份认同焦虑、自我刺激成瘾、寿命延长倦怠等一系新的社会问题;三是人工智能有可能导致现有伦理、法律等社会规范的失效,从而引发隐私权丧失、责任主体不明等新的伦理、法律和社会风险;四是由于人工智能具有深度学习和自主创新能力,未来甚至可能拥有自主意识,因而可能通过相互学习、相互作用、不断自我完善而形成集体智能或者"超级智能组织",而人类则可能因为人工智能的强大智能而丧失对人工智能的控制能力,甚至越来越依赖人工智能,反过来被人工智能控制和统治,无法获得对人工智能的主导权。人工智能所蕴含的这些严重风险,迫切需要智能社会学从学理层面做出深入的分析和梳理。

(五)智能社会的社会治理

人工智能在社会治理和国家治理中的应用,是人工智能社会应用的一个重要内容。我们要加强人工智能同社会治理的结合,促进人工智能在公共安全领域的深度应用,运用人工智能提高公共服务和社会治理水平,确保人工智能安全、可靠、可控。随着人工智能对社会生产生活的影响越来越广泛和深入,智能社会学首先要加强对人工智能的技术风险及其引发的相关法律、伦理和社会风险的研究。其次,要加强对目前应对人工智能风险的路径和措施的评估。例如马斯克强调,人工智能"是关乎人类文明存亡的最根本风险"(胡丹丹,2019),他研发脑机接口的终极目标,就是要通过高带宽数字接口将机器与人脑相连接,创建人与机器一体化的赛博格,以升级人类智能,从而保持人类智能与机器智能的同步,共同应对人工智能的风险。这样的应对路径和举措是否有效,是否会引发更大的技术和社会风险,需要立足社会科学的理论视角做出恰当的回应。最后,要加强对人工智能在社会治理、国家治理和全球治理中的应用前景和后果的探讨,推进社会治理、国家治理和全球治理的智能化,创造友好、负责任的人工智能应用,打造人机协同、人机融合的智能化新世界。

五、结语

我们提出智能社会学研究的重要现实依据,是人工智能的发展正在逐渐形成一种新的社会形态——智能社会。智能社会既有与现代工业社会相同的特征,又有不同于工业社会的新特点,如融合主体、集体智能、结构脆弱性、智能权力、虚拟体验等。智能社会学的研究,一方面要综合运用社会学已有理论视角和理论概念来分析智能社会的实质、特征、结构、权力、行动和变迁;另一方面,又要针对智能社会的新特点,丰富社会学现有的概念工具箱,重构社会学的理论范式,建构新概念、新理论和新叙述来解释智能社会,以便更好地分析和解释智能社会的实质、特征、结构、权力、行动和变迁。这也是智能社会学学科建构的一个重要目标。

对于智能社会学来说,理论创新不仅体现在概念和话语创新上,也体现在研究方法的创新上。智能社会学的学科建构,不仅要在概念、理论和话语层面展开,而且需要提炼和运用新的研究方法和研究工具,以建构新的问题、新的概念和新的视角。新的研究方法的运用,有可能产生出新的社会研究范式,从而引发新的社会学革命。正如卡斯特所说,社会学理论、电脑化书写和社会学想象力的结合,将使社会学研究空间得到极大的拓展(Castells,2000)。

最后需要强调的是，智能社会学研究也为化解长期困扰社会学的一些理论难题提供了新的视角。吉登斯(2009)认为，在社会学中，有四个引发社会学家旷日持久的争论和分歧的理论难题：一是人类行动和社会结构的关系问题，人类行动者是主动创造者还是受社会结构制约的被动行动者；二是社会问题，社会的实质是持续性和共识，还是矛盾、分裂和斗争；三是性别问题，性别差异是一个需要由其他社会学概念解释的问题，还是可以用来解释其他社会差异的概念；四是现代社会的发展问题，社会发展的动力究竟是经济因素还是社会、政治、文化等其他因素。智能社会学的研究，有可能为化解这些理论困境和理论分歧提供新的角度。例如，智能社会学在强调人类主体是能动的智能体的同时，强调基于大数据和算法的人工智能也是具有高度自适应和自主性的能动智能主体。不仅如此，由于社会环境的日益智能化，在智能社会学看来，作为社会行为场域的社会时空也是一种具有社会权力的能动体，能够引导和规范人的社会行为。这意味着，社会的实质和变迁，需要由人类主体、人工智能主体和能动的时空场域三者之间的交互建构来进行解释。这样的一种解释逻辑，或许能够为化解困扰社会学的结构与行动关系问题提供一种新的视角。

参考文献

Achab S, Nicolierl M, Mauny F & Monnin1 J, et al. Massively Multiplayer Online Role-playing Games: Comparing Characteristics of Addict VS Non-addict Online Recruited Gamers in a French Adult Population[J]. Achab S, et al. BMC Psychiatry, 2011(11):144.

Alexander C J & Pal L A. Digital Democracy: Policy and Politics in the Wired World[M]. New York: Oxford University Press, 1998.

American Psychiatric Association DSM-5 Task Force Arlington, VA, US. Diagnostic and Statistical Manual of Mental Disorders: DSM-5™ (5th ed.)[J]. Codas, 2013,25(2):191.

Anduiza E, Cantijoch M & Gallego A. Political Participation and the Internet: Descriptive Hypotheses and Causal Mechanisms[C]. Changing Politics Through Digital Networks: The Role of ICTs in the Formation of New Social and Political Actors and Actions. Florença, 2007.

Armstrong A G & Hagel J. The Real Value of Online Communities[J]. Strategic Management of Intellectual Capital, 1998,74(3):63—71.

Bainbridge W S. The Warcraft Civilization: Social Science in a Virtual World [M]. Cambridge: The MIT Press, 2010.

Bakker T P & De Vreese C H. Good News for the Future? Young People, Internet Use, and Political Participation[J]. Communication Research, 2011,38 (4):451—470.

Bannister F & Remenyi D. The Societal Value of ICT: First Steps Towards an Evaluation Framework[J]. Electronic Journal of Information Systems Evaluation,

2003,6(2):197—206.

Bennett W L, Wells C & Rank A. Young Citizens and Civic Learning: Two Paradigms of Citizenship in the Digital Age[J]. Citizenship Studies, 2009,13(2):105—120.

Bennett W L. Changing Citizenship in the Digital Age. Bennett W L (ed.). Civic Life Online: Learning How Digital Media Can Engage Youth[M]. Cambridge: The MIT Press, 2008:1—24.

Beranuy M, Carbonyl X & Griffiths M D. A Qualitative Analysis of Online Gaming Addicts in Treatment[J]. International Journal Mental Health Addiction, 2013 (11):149—161.

Billieux J, Linden M V & Achab S, et al. Why Do You Play World of Warcraft? An In-depth Exploration of Self-reported Motivations to Play Online and In-game Behaviors in the Virtual World of Azeroth[J]. Computers in Human Behavior, 2013, 29 (1):103—109.

Bimber B & Davis R. The Internet in Campaign 2000: How Political Web Sites Reinforce Partisan Engagement[R]. Center for Information Technology and Society, University of California, Santa Barbara, 2022.

Bimber B. The Internet and Political Transformation: Populism, Community, and Accelerated Pluralism[J]. Polity, 1998,31(1):133—160.

Bimber B. The Study of Information Technology and Civic Engagement[J]. Political Communication, 2000,17(4):329—333.

Bourdieu P. Distinction: A Social Critique of the Judgement of Taste. Cambridge [M]. Cambridge: Harvard University Press, 1984.

Carpini M X D & Keeter S. What Americans Know about Politics and Why It Matters[M]. New Haven: Yale University Press,1997.

Carpini M X D. Gen. com: Youth, Civic Engagement, and the New Information Environment[J]. Political Communication,2000,17(4):341—349.

Castells M. Toward a Sociology of the Network Society[J]. Contemporary Sociology, 2000,29(5): 693—699.

Catalán S, Martínez E & Wallace E. The Role of Flow for Mobile Advergaming Effectiveness[J/OL]. Online Information Review, 2019,43(7): 1228—1244.

Chan K, Wan K & King V. Performance Over Enjoyment? Effect of Game-Based Learning on Learning Outcome and Flow Experience[J]. Frontiers in Education,2021(6):1—10.

Chang I C,Liu C C & Chen K. The Effects of Hedonic /Utilitarian Expectations and Social Influence on Continuance Intention to Play Online Games[J]. Internet Research,2014,24(1):21—45.

Charlton J P & Danforth I D W. Validating the Distinction between Computer Addiction and Engagement: Online Game Playing and Personality[J]. Behavior & Information Technology,2010,29(6): 601—613.

Chou T J & Ting C C. The Role of Flow Experience in Cyber Game Addiction [J]. CyberPsychology & Behavior,2003,6(6):663—675.

Christensen H S. Political Activities on the Internet: Slacktivism or Political Participation by Other Means? [J]. First Monday, 2011,16(2):618—627.

Cole H & Griffiths M D. Social Interactions in Massively Multiplayer Online Role-Playing Gamers[J]. CyberPsychology & Behavior,2007,10(4):575—583.

Coleman J S. Foundations of Social Theory[M]. Cambridge: Harvard University Press,1990.

Craig S C, Niemi R G & Silver G E. Political Efficacy and Trust:A Report on the NES Pilot Study Items[J]. Political Behavior, 1990,12(3):289—314.

Cronbach L J. Coeficient Alpha and the Internal Structure of Tests[J]. Psychometrica,1951,16 (3):297—334.

Davis F D. Perceived Usefulness Perceived Ease of Use,and User Acceptance of Information Technology[J]. Mis Quarterly,1989,13(3):319—340.

Ducheneaut N, Yee N & Nickell E, et al. Buildingan MMO With Mass Appeal: A Look at Gameplay in World of Warcraft[J]. Games and Culture A Journal of Interactive Media, 2006,1(4): 281—317.

Francis L F L. Collective Efficacy, Support for Democratization and Political Participation in Hong Kong[J]. International Journal of Public Opinion Research,2006,18(3):297—317.

Friedland L, Davan V & Shah V, et al. Capital,Consumption,Communication, and Citizenship: The Social Positioning of Taste and Civic Culture in the United States [R]. The Annals of the American Academy of Political and Social Science, 2007.

Fromme J. Computer Games as a Part of Children's Culture[J]. The International Journal of Computer Game Research, 2003, 3(1): 1—22.

Frostling-Henningsson M. First-Person Shooter Games as a Way of Connecting to People: "Brothers in Blood" [J]. CyberPsychology & Behavior, 2009, 12(5): 557—562.

Geniş Ç & Ayaz-Alkaya S. Digital Game Addiction, Social Anxiety, and Parental Attitudes in Adolescents: A Cross-sectional Study [OL/J]. Children and Youth Services Review, 2023(149): 106931.

Gennaro C D & Dutton W. The Internet and the Public: Online and Offline Political Participation in the United Kingdom[J]. Parliamentary Affairs, 2006, 59(2): 299—313.

Gentile D A, Lynch P J, Linder J R, et al. The Effects of Violent Video Game Habits on Adolescent Aggressive Attitudes and Behaviors[J]. Journal of Adolescence, 2004, 27(1): 5—22.

Gibson R K, Lusoli W & Ward S. Online Participation in the UK: Tesing a "Contextualized" Model of Internet Effects[J]. British Journal of Politics and International Relations, 2005(7): 561—583.

Graham L T & Gosling S D. Personality Profiles Associated with Different Motivations for Playing World of Warcraft[J]. Cyberpsychology Behavior & Social Networking, 2013, 16(3): 189—193.

Griffiths M D, Davies M N O & Chappell D. Breaking the Stereotype: The Case of Online Gaming[J]. CyberPsychology & Behavior, 2003, 6(1): 81—91.

Griffiths M D, Davies M N O & Chappell D. Online Computer Gaming: A Comparison of Adolescent and Adult Gamers[J]. Journal of Adolescence, 2004, 27(1): 87—96.

Griffiths M D, Dancaster I. The Effect of Type a Personality on Physiological Arousal While Playing Computer Games[J]. Addictive Behaviors, 1995, 20(4): 543—548.

Hausman A V, Siekpe J S. The Effect of Web Interface Features on Consumer Online Purchase Intentions[J]. Journal of Business Research. 2009, 62(1): 5—13.

Hsu C L & Lu H P. Why Do People Play On-line Games? An Extended TAM With Social Influences and Flow Experience[J]. Information & Management, 2004,

41：853—868.

Hsu C L & Lu H P. Consumer Behavior in Online Game Communities：A Motivational Factor Perspective[J]. Computers in Human Behavior,2007, 23(3)：1642—1659.

Inglehart R. Modernization and Postmodernization：Cultural, Economic, and Political Change in 43 Societies[M]. Princeton：Princeton University Press, 1997.

Isbister K. 游戏情感设计：如何触动玩家的心灵[M]. 金潮，译. 北京：电子工业出版社,2017.

Jakobsson M & Taylor T L. The Sopranos Meets Everquest：Social Networking in Massively Multiplayer Online Games. In：Proceedings of the 5th International Digital Arts and Culture Conference Melbourne[C]. Australia. May19—23,2003：81—90.

Jansz J. The Emotional Appeal of Violent Video Games for Adolescent Males [J]. Communication Theory, 2005,15(3)：219—241.

Jarvis S E, Montoya L & Mulvoy E. The Political Participation of College Students, Working Students and Working Youth[R]. Center for Information & Research on Civic Learning & Engagement(CIRCLE), University of Texas at Austin, 2005.

Jenkins H. Complete Freedom of Movement：Video Games as Gendered Play Spaces. Cassell J & Jenkins H, eds., From Barbie to Mortal Kombat：Gender and Computer Games [M]. Cambridge：The MIT Press,1998：262—297.

Jennings K M & Zeitner V. Internet Use and Civic Engagement：A Longitudinal Analysis[J]. Public Opinion Quarterly,2003,64 (3)：311—334.

Joinson A N. Causes and Implications of Disinhibited Behavior on the Internet. Gackenbach J. ed., Psychology and the Internet：Intrapersonal, Interpersonal, and Transpersonal Implications[M]. San Diego：Academic Press,2007：63—80.

Karaca S, Karakoc A & Gurkan O C, et al. Investigation of the Online Game Addiction Level, Sociodemographic Characteristics and Social Anxiety as Risk Factors for Online Game Addiction in Middle School Students[J]. Community Mental Health Journal, 2020,56(5)：830—838.

Khoshnoud S, Igarzábal F A & Wittmann M. Peripheralphysiological and neural correlates of the flow experience while playing video games：A comprehensive review [J]. Peer J, 2020(8), e10520. https://doi.org/10.7717/peerj.10520.

Kim H K & Davis K E. Toward a Comprehensive Theory of Problematic Internet Use: Evaluating the Role of Self-esteem, Anxiety, Flow, and the Self-rated Importance of Internet Activities[J]. Computers in Human Behavior, 2009, 25 (2):490—500.

Kim I, Park W & Chan. The Effect of Interaction on Flow, Trust and the Intention to Play in On-line Game Portal Sites[J]. Journal of The Korean Society for Computer Game,2012, 25 (3):33—45.

Kobayashi T, Ikeda K & Miyata K. Social Capital Online: Collective Use of the Internet and Reciprocity as Lubricants of Democracy[J]. Information, Communication and Society, 2006 ,9(5): 582—611.

Kolko B & Reid E. Dissolution and Fragmentation: Problems in On-line Communities. In: Jones S G ed. Cybersociety 2.0: Revisiting Computer-Mediated Communication and Community[M]. London: Sage Publication,1998.

Koufaris M. Applying the Technology Acceptance Model and Flow Theory to Online Consumer Behavior[J]. Information Systems Research, 2002,13(2): 205—223.

Kraut R, Patterson M & Lundmark V, et al. Internet Paradox: A Social Technology that Reduces Social Involvement and Psychological Well-being? [J]. American Psychologist, 1998,53(9): 1017—1031.

Krueger B S. Assessing the potential of Internet political participation in the United States: A resource approach[J]. American Politics Research, 2002,30(5):476—498.

Kuss D J, Louws J & Wiers R W. Online Gaming Addiction? Motives Predict Addictive Play Behavior in Massively Multiplayer Online Role-playing Games[J]. CyberPsychology Behavior and Social Networking,2012,15(9): 480—485.

Liao G Y, Cheng T C E & Teng C I. How Do Avatar Attractiveness and Customization Impact Online Gamers' Flow and Loyalty? [J]. Internet Research,2019, 29(2): 349—366.

Lin Y L & Lin H W. A Study on the Goal Value for Massively Multiplayer Online Role-playing Games Players[J]. Computers in Human Behavior, 2011,27 (6): 2153—2160.

Liou S-M. The Effect of We the People Project Citizen on the Civic Skills and

Dispositions of Taiwanese Senior High School Students[J]. Journal of National Taiwan Normal University: Education, 2004,49(1): 63—89.

Mallon B & Webb B. Stand Up and Take Your Place: Identifying Narrative Elements in Narrative Adventure and Role-play Games [J]. Computer in Entertainment, 2005, 3(1):87—102.

Malone K L. Dragon Kill Points: The Economics of Power Gamers[J]. Games and Culture,2009,4(3): 296—316.

Manninen T. Interaction Forms and Communicative Actions in Multiplayer Games[J]. the International Journal of Computer Game Research,2003,3(1): 1—10.

Morahan-Martin J & Schumacher P. Incidence and Correlates of Pathological Internet Use Among College Students[J]. Computers in Human Behavior,2000,16(1): 13—29.

Meyers K S. Television and Video Game Violence: Age Differences and the Combined Effects of Passive and Interactive Violent Media[D]. Louisiana State University,2002.

Miller A H. Political Issues and Trust in Government,1964—1970[J]. American Political Science Review, 1974,68(3): 951—972.

Mossberger K, Tolbert C J & McNeal R S. Digital Citizenship: The Internet, Society, and participation[M]. Cambridge: MIT Press,2008.

Muramatsu J & Ackerman M S. Computing, Social Activity, and Entertainment: A field Study of a Game MUD[J]. Computer Supported Cooperative Work, 1998,7(1): 87—122.

Norris P. Introduction: The Growth of Critical Citizens? Norris P ed. Critical Citizens: Global Support for Democratic Government[M]. Oxford: Oxford University Press, 1999: 1—27.

Oliver R L. A Cognitive Model of the Antecedents and Consequences of Satisfaction[J]. Journal of Marketing Research,1980,17(4): 460—469.

Parks M R & Floyd K. Making Friends in Cyberspace[J]. Journal of Communication,1996, 46(1): 80—97.

Pattie C, Seyd P & Whiteley P. Citizenship In Britain: Values Participation and

Democracy. [M]. Cambridge: Cambridge University Press, 2004.

Paxton P. Is Social Capital Declining in the Unites Stated? A Multiple Indicator Assessment[J]. American Journal of Sociology, 1999,105(1): 88—127.

Poels K, De Cock N & Malliet S. The Female Player Does Not Exist: Gender Identity Relates to Differences in Player Motivations and Play Styles[J]. CyberPsychology, Behavior and Social Networking, 2012,15(11): 634—638.

Poels K, De Kort Y A W & IJsselsteijn W A. Game Experience Questionnaire: Development of A Self-report Measure to Assess the Psychological Impact of Digital Games[R]. Technische Universiteit Eindhoven, 2007.

Polat R K. The Internet and Political Participation Exploring the Explanatory Links[J]. European Journal of Communication, 2005,20(4): 435—459.

Puig-i-Abril E & Rojas H. Being Early on the Curve: Online Practices and Expressive Political Participation[J]. International Journal of Internet Science, 2007,2(1): 28—44.

Putnam R D. Bowling Alone: America's Declining Social Capital[J]. Journal of Democracy, 1995,6 (1): 65—78.

Putra P Y, Fithriyah I & Zahra Z. Internet addiction and online gaming disorder in children and adolescents during COVID-19 pandemic: A systematic review[J]. Psychiatry Investigation, 2023, 20(3):196.

Quan-Haase A & Wellman B. How Does the Internet Affect Social Capital? In: Huysman M & Wulf V eds. Social Capital and Information Technology[M]. Cambridge: MIT Press, 2004.

Quintelier E & Vissers S. The Effect of Internet Use on Political Participation: An Analysis of Survey Results for 16-year-olds in Belgium[J]. Social Science Computer Review, 2008, 26(4): 411—427.

Resnick P. Beyond Bowling Together: Sociotechnical Capital. In: Carroll J ed. Human Computer Interaction in the New Millennium[M]. Boston: Addison-wesley, 2001.

Rojas H & Puig-i-Abril E. Mobilizers Mobilized: Information, Expression, Mobilization and Participation in the Digital Age[J]. Journal of Computer-Mediated

Communication, 2009,14(4): 902—927.

Scheufele D A & Nisbet M C. Being a Citizen Online: New Opportunities and Dead Ends[J]. The Harvard International Journal of Press/Politics,2002,7(3): 55—75.

Schmierbach M, Oeldorf-Hirsch A & Dardis F E. Electronic Friend or Virtual Foe: Exploring the Role of Competitive and Cooperative Multiplayer Video Game Modes in Fostering Enjoyment[J]. Media Psychology,2012,15(3): 356—371.

Schudson M. The Good Citizen: A History of American Civic Life[M]. Cambridge: Harvard University Press, 1998.

Shah D, Schmierbach M & Hawkins J, et al. Nonrecursive Models of Internet Use and Community Engagement: Questioning Whether Time Spent Online Erodes Social Capital[J]. Journalism and Mass Communication Quarterly, 2002,79(4): 964—987.

Shen F, Wang N & Guo Z, et al. Online Network Size, Efficacy, and Opinion Expression: Assessing the Impacts of Internet Use in China[J]. International Journal of Public Opinion Research, 2009, 21(4): 451—476.

Shi T. Voting and Nonvoting in China: Voting Behavior in Plebiscitary and Limited-Choice Elections[J]. Journal of Politics,1999,61(4): 1115—1139.

Shin D H. The Dynamic User Activities in Massive Multiplayer Online Role-Playing Games[J] International Journal of Human-Computer Interaction, 2010, 26(4): 317—344.

Shin S K & Park J Y. A Study on the Augmented Reality Game Motivation Influences in Game Flow: Focusing on Pokemon Go[J]. Information Society & Media, 2017,18(3): 141—147.

Skoric M M, Ying D & Ng Y. Bowling Online, Not Alone: Online Social Capital and Political Participation in Singapore[J]. Journal of Computer-Mediated Communication, 2009 ,14(2): 414—433.

Su Y S, Chiang W L & Lee C T J, et al. The Effect of Flow Experience on Player Loyalty in Mobile Game Application[J]. Computers in Human Behavior, 2016(63):240—248.

Sublette V A, Mullan B. Consequences of Play: A Systematic Review of the Effects of Online Gaming[J]. International Journal of Mental Health & Addiction, 2012,10(1): 3—23.

Sunstein C. Designing Democracy: What Constitutions Do[M]. Oxford: Oxford University Press, 2001.

Sweetser P, Johnson D & Wyeth P A, et al. GameFlow in Different Game Genres and Platforms[J]. Computers in Entertainment, 2017,15(3): 1—24.

Thatcher A, Wretschko G & Fridjhon P. Online Flow Experiences, Problematic Internet Use and Internet Procrastination[J]. Computers in Human Behavior, 2008, 24(5): 2236—2254.

Verba S, Schlozman K L & Brady H E. Voice and Equality: Civic Voluntarism in American Politics[M]. Cambridge: Harvard University Press, 1995.

Verbeek P. Moralizing Technology: Understanding and Designing the Morality of Things[M]. Chicago: The University of Chicago Press, 2011.

Wan C S & Chiou W B. Psychological Motives and Online Games Addiction: A Test of Flow Theory and Humanistic Needs Theory for Taiwanese Adolescents[J]. CyberPsychology & Behavior, 2006,9(3): 317—324.

Wang J L, Sheng J R & Wang H Z. The Association Between Mobile Game Addiction and Depression, Social Anxiety, and Loneliness [J]. Frontiers in Public Health, 2019, (7): 247.

Weber L M, Loumakis A & Bergman J. Who Participates and Why? An Analysis of Citizens on the Internet and the Mass Public[J]. Social Science Computer Review, 2003, 21(1): 26—42.

Webster J, Trevion L K & Ryan L. The Dimensionality and Correlates of Flow in Human-Computer Interaction[J]. Computers in Human Behavior, 1993,9(4): 411—426.

Weibel D, Wissmath B & Habegger S, et al. Playing Online Games Against Computer-VS. Human-Controlled Opponents: Effects on Presence, Flow, and Enjoyment[J]. Computers in Human Behavior, 2008, 24(5): 2274—2291.

Williams D, Yee N & Caplan S E. Who Plays, How Much, and Why? Debunking the Stereotypical Gamer Profile[J]. Journal of Computer-Mediated Communication, 2008,13(4):993—1018.

Williams D. On and Off the 'Net: Scales for Social Capital in an Online Era[J]. Journal of Computer-Mediated Communication, 2006 ,11(2):593—628.

Williams D. The Impact of Time Online: Social Capital and Cyberbalkanization [J]. CyberPsychology and Behavior,2007,10(3):398—406.

Yang H L & Wu W P. The Effect of Flow Frequency on Internet Addiction to Different Internet Usage Activities[J]. International Journal of Information and Communication Technology Education: an Official Publication of the Information Resources Management Association,2017,13(4):28—39.

Yee N. Motivations for Play in Online Games[J]. CyberPsychology & Behavior, 2006,9(6):772—775.

Zamir O & Etzioni O. Grouper: A Dynamic Clustering Interface to Web Search Results[J]. Computer Networks, 1999,31 (11—16):1361—1374.

Zukin C, Keetr S & Andolina M, et al. A New Engagement? Political Participation, Civic Life, and the Changing American Citizen[M]. Oxford: Oxford University Press,2006.

阿尔蒙德 A.，维巴 S. 公民文化:五个国家的政治态度和民主制[M]. 徐湘林,译. 北京:东方出版社,2008.

奥罗姆 A. 政治社会学导论[M]. 张华青,何俊志,孙嘉明,等译. 上海:上海人民出版社,2006.

边燕杰,李煜. 中国城市家庭的社会网络资本[J]. 清华社会学评论,2000(2):6—23.

边燕杰. 社会网络与地位获得[M]. 北京:社会科学文献出版社,2012.

波斯特 M. 信息方式:后结构主义与社会语境[M]. 范静哗,译. 北京:商务印书馆,2000.

波兹曼 N. 娱乐至死:童年的消逝[M]. 章艳,吴燕莛,译. 桂林:广西师范大学出版社,2009.

布迪厄 P. 布尔迪厄访谈录:文化资本与社会炼金术[M]. 包亚明,译. 上海:上海人民出版社,1997.

曾凡斌.论网络政治参与的九种方式[J].中州学刊,2013(3):19—22.

查德威克 A.互联网政治学:国家、公民与新传播技术[M].任孟山,译.北京:华夏出版社,2010.

陈文江,黄少华.互联网与社会学[M].兰州:兰州大学出版社,2001.

陈向明.质的研究方法与社会科学研究[M].北京:教育科学出版社,2000.

陈怡安.线上游戏的魅力:以重度玩家为例[M].高雄:复文图书出版社,2003.

陈俞霖.网络同伴对 N 世代青少年的意义——认同感的追寻[M].高雄:复文图书出版社,2003.

戴安娜·卡尔,大卫·白金汉,安德鲁·伯恩等.电脑游戏:文本、叙事与游戏[M].丛治辰,译.北京:北京大学出版社,2015.

德威利斯 R F.量表编制:理论与应用[M].魏勇刚,等译.重庆:重庆大学出版社,2004.

邓天颖.想象的共同体:网络游戏虚拟社区与高校亚文化群体的建构[J].湖北社会科学,2010(2):173—175.

翟学伟.个人地位:一个概念及其分析框架——中国日常社会的真实建构[J].中国社会科学,1999(4):144—158.

段伟文.人工智能与解析社会的来临[J].科学与社会,2019,9(1):115—128.

菲斯克 J.解读大众文化[M].杨全强,译.南京:南京大学出版社,2001.

弗里曼 D.游戏情感设计[M].邱仲潘,译.北京:红旗出版社,2005.

弗洛里迪 L.第四次革命:人工智能如何重塑人类现实[M].王文革,译.杭州:浙江人民出版社,2016.

福山.信任:社会美德与创造经济繁荣[M].彭志华,译.海口:海南出版社,2001.

高奇琦.人工智能的学科化:从智能科学到智能社会科学[J].探索与争鸣,2018(9):84—90.

格里菲斯 M.网络成瘾行为心理学.互联网心理学:寻找另一个自己[M].于丹妮,译.北京:电子工业出版社,2017.

格林斯坦,波尔斯比.政治学手册精选[M].储复耘,译.北京:商务印书馆,1996.

共青团中央维护青少年权益部,中国互联网络信息中心[R].2019 年全国未成年人互联网使用情况研究报告,2020.

共青团中央维护青少年权益部,中国互联网络信息中心[R].2021 年全国未成年人互联网使用情况研究报告,2022.

共青团中央维护青少年权益部,中国互联网络信息中心[R].2022年全国未成年人互联网使用情况研究报告,2023.

顾海根.大学生因特网成瘾障碍研究[M].合肥:中国科学技术大学出版社,2008.

顾训宝.十年来我国公民参与现状研究综述[J].北京行政学院学报,2009(4):33—38.

郭良.中国12城市互联网使用状况及影响调查报告[R].北京:中国社会科学院社会发展研究中心,2003.

郭良.中国5城市互联网使用及影响调查报告[R].北京:中国社会科学院社会发展研究中心,2005.

郭良.中国7城市互联网使用及影响调查报告[R].北京:中国社会科学院社会发展研究中心,2007.

韩晓宁,吴梦娜.微博使用对网络政治参与的影响研究:基于心理和工具性视角[J].国际新闻界,2013,35(11):88—102.

亨廷顿 S P. 多明格斯 G. 政治发展[M]//格林斯坦,波尔斯比.政治学手册精选.储复耘,译.北京:商务印书馆,1996.

亨廷顿 S P. 纳尔逊 J. 难以抉择——发展中国家的政治参与[M].汪晓寿,吴志华,项继权,译.北京:华夏出版社,1989.

亨廷顿 S P. 变化社会中的政治秩序[M].王冠华,等译.北京:生活·读书·新知三联书店,1989.

侯蓉兰.角色扮演网路游戏对少年自我认同的影响[D].台中:东海大学,2002.

胡荣.农民上访与政治信任的流失[J].社会学研究,2007(3):39—55.

胡荣.社会资本与城市居民的政治参与[J].社会学研究,2008(5):142—159.

胡荣.社会资本与中国农村居民的地域性自主参与——影响村民在村级选举中参与的各因素分析[J].社会学研究,2006(2):61—85.

胡小兰,杨红君.大学生网络游戏动机问卷的编制[J].中国健康心理学杂志,2012,20(11):1683—1685.

胡晓梅.何处是我身:青少年在网络游戏中的自我认同建构[M].杭州:浙江大学出版社,2021.

黄厚铭.网路上探索自我认同的游戏[J].教育与社会研究,2002(3):65-105.

黄厚铭.虚拟社区中的身份认同与信任[D].台北:台湾大学,2001.

黄少华,陈文江.重塑自我的游戏:网络空间的人际交往[M].兰州:兰州大学出版社,2002.

黄少华,翟本瑞.网络社会学:学科定位与议题[M].北京:中国社会科学出版社,2006.

黄少华,袁梦遥.网络公民参与:一个基于文献的概念梳理[J].中共杭州市委党校学报,2015(1):64-69.

黄少华.网络空间的社会行为:青少年网络行为研究[M].北京:人民出版社,2008.

黄少华.网络时代社会学的理论重构[J].宁夏大学学报,2002(3):30-34.

黄少华.网络游戏意识对网络游戏行为的影响:以青少年网民为例[J].新闻与传播研究,2009,16(2):59-68.

黄少华.虚拟世界中的道德实践[M].北京:中国社会科学出版社,2010.

黄少华等.互联网的社会意义[M].杭州:浙江大学出版社,2015.

基恩 A.网民的狂欢:关于互联网弊端的反思[M].丁德良,译.海口:南海出版公司,2010.

吉登斯 A.批判的社会学导论[M].郭忠华,译.上海:上海译文出版社,2007.

吉登斯 A.亲密关系的变革:现代社会中的性、爱和爱欲[M].陈永国,汪民安,等译.北京:社会科学文献出版社,2001.

吉登斯 A.社会的构成:结构化理论大纲[M].李康,李猛,译.北京:生活·读书·新知三联书店,1998.

吉登斯 A.社会理论的核心问题:社会分析中的行动、结构与矛盾[M].郭忠华,徐法寅,译.上海:上海译文出版社,2015.

吉登斯 A.社会学[M].李康,译.北京:北京大学出版社,2009.

吉登斯 A.现代性的后果[M].黄平,译.南京:译林出版社,2000.

纪慧怡.真实与虚拟空间的对话:网咖族的内在经验意义探讨[D].台北:世新大学,2004.

金桥.上海居民文化资本与政治参与——基于上海社会质量调查数据的分析[J].社会学研究,2012,27(4):84-104.

金荣泰.国中生电子游戏经验与攻击行为、攻击信念之关系研究[D].嘉义:中正大学,2001.

金盛华,周宗奎等.中国青少年网络生活状况调查研究[M].北京:北京师范大学出版社,2015.

卡斯特 M.千年终结[M].夏铸九,等译.北京:社会科学文献出版社,2003.

卡斯特 M.认同的力量[M].曹荣湘,译.北京:社会科学文献出版社,2006.

卡斯特 M.网络社会:跨文化的视角[M].周凯,译.北京:社会科学文献出版社,2009.

卡斯特 M.网络社会的崛起[M].夏铸九,等译.北京:社会科学文献出版社,2003.

凯茨 J E.莱斯 R E.互联网使用的社会影响:上网、参与和互动[M].郝芳,刘长江,译.北京:商务印书馆,2007.

孔少华.大型多人在线网络游戏虚拟社区用户信息行为研究——以网易大型多人在线网络游戏梦幻西游为例[J].情报科学,2013,31(1):123-128.

库兹韦尔 R.奇点临近[M].李庆诚,董振华,田源,译.北京:机械工业出版社,2017.

赖柏伟.虚拟社群:一个想象共同体的形成——以在线角色扮演游戏《网络创世纪》为例[D].台湾:世新大学,2002.

雷雳,张国华,魏华.青少年与网络游戏:一种互联网心理学的视角[M].北京:北京师范大学出版社,2018.

雷雳.互联网心理学:新心理与行为研究的兴起[M].北京:北京师范大学出版社,2016.

李臣.网络游戏中的虚拟物品交易行为研究:以角色扮演类网络游戏为例[D].兰州:兰州大学,2013.

李董平,周月月,赵力燕等.累积生态风险与青少年网络成瘾:心理满足需要和积极结果预期的中介作用[J].心理学报,2016,48(12):1519-1537.

李家嘉.影响在线游戏参与者互动行为之因素探讨[D].台北:中正大学,2002.

李开复,王咏刚.人工智能[M].北京:文化发展出版社,2017.

李良荣.新生态 新业态 新取向:2016年网络空间舆论场特征概述[J].新闻记者,2017(1):16-19.

李蓉蓉.海外政治效能感研究述评[J].国外理论动态,2010(9):42—56.

李雪彦.网络政治参与和传统政治参与的比较研究[J].福建行政学院学报,2012(4):60—65.

李亚妤.互联网使用、网络社会交往与网络政治参与:以沿海发达城市网民为例[J].新闻大学,2011(1):69—81.

李曜安.儿童与青少年的媒体使用经验:在网路出现之后[D].新竹:清华大学社会学研究所,2004.

李仪凡,陆雄文.虚拟社区成员参与动机的实证研究——以网络游戏为例[J].南开管理评论,2007(5):55—60.

李仪凡,唐嘉庚,任寒青等.中国网络游戏玩家关键驱动因素研究——以MMORPG为例的探索性研究[J].市场营销导刊,2005(2):35—37.

李元书,刘昌雄.政治参与:涵义、特征和功能[J].学术交流,1995(6):64—69.

梁莹.公共政策过程中的"信任"[J].理论探讨,2005(5):122—125.

梁莹.公民政策参与中的"信任"因素研究——基于历史坐标中的信任理论之思考[J].社会科学研究,2008(3):64—71.

林南.社会资本:关于社会结构与行动的理论[M].张磊,译.上海:上海人民出版社,2005.

林雅容.自我认同形塑之初探:青少年、角色扮演与在线游戏[J].资讯社会研究,2009(16):197—229.

刘建银,李波.青少年网络游戏行为与成瘾[M].北京:科学出版社,2017.

刘晋飞,王茂福.青少年在网络游戏世界中互动可持续性的原因分析——以《反恐精英》为例[J].中国青年研究,2006(6):5—8.

刘柳.虚拟社区中的人际互动[J].南京邮电大学学报,2006(2):36—40.

刘瑞儒,符永川,任锁平.青少年网络游戏行为特征研究——以陕西青少年为研究视角[J].电化教育研究,2011(7):47—53.

流心.自我的他性:当代中国的自我谱系[M].常姝,译.上海:上海人民出版社,2005.

卢曼 N.信任:一个社会复杂性的简化机制[M].瞿铁鹏,李强,译.上海:上海人民出版社,2005.

卢西亚·罗莫,斯蒂芬妮·比乌拉克,劳伦斯·科恩,等.青少年电子游戏与网络成瘾[M].葛金玲,译.上海:上海社会科学院出版社,2016.

罗晨,沈浩.社会科学领域的人工智能研究:基于SSCI文献的探索[J].全球传媒学刊,2018,5(4):43—64.

罗玮,罗教讲.新计算社会学:大数据时代的社会学研究[J].社会学研究,2015,30(3):222—241.

马斯洛 A.人的潜能与价值[M].林方,等译.北京:华夏出版社,1987.

麦戈尼格尔 J.游戏改变世界:游戏化如何让现实变得更美好[M].闾佳,译.杭州:浙江人民出版社,2012.

梅立润.国内社会科学范畴中人工智能研究的学术版图[J].内蒙古社会科学,2019,40(3):203—212.

穆尔 J D.从叙事的到超媒体的同一性——在游戏机时代解读狄尔泰和利科[J].学术月刊,2006(5):29—36.

尼 N H.伏巴 S.政治参与[M]//格林斯坦,波尔斯比.政治学手册精选.储复耘,译.北京:商务印书馆,1996.

纽顿 K,于宝英,索娟娟.信任、社会资本、公民社会与民主[J].国外理论动态,2012(12):58—66.

彭涛,杨勉.网络游戏与现实互动中的人际关系[J].四川师范大学学报:社会科学版,2007(2):43—48.

普特南.独自打保龄:美国社区的衰落与复兴[M].刘波,等译.北京:北京大学出版社,2011.

普特南.使民主运转起来:现代意大利的公民传统[M].王列,赖海榕,译.南昌:江西人民出版社,2001.

齐杏发.大学生网络政治参与状况实证研究[J].理论与改革,2011(1):153—155.

契克森米哈赖 M.心流:最优体验心理学[M].张定绮,译.北京:中信出版社,2017.

尚俊杰,庄绍勇,李芳乐等.网络游戏玩家参与动机之实证研究[J].全球华人计算机教育应用学报,2006(1):65—84.

什托姆普卡 P.信任:一种社会学理论[M].程胜利,译.北京:中华书局,2005.

盛馨莲.网络环境下公民参与政策过程的问题与对策[J].东南学术,2007(4):82

—86.

施芸卿.虚拟世界中的公平演练——以《魔兽世界》为例探讨虚拟世界团队的合作机制[J].青年研究,2012(1):24—37.

斯通 W F.政治心理学[M].胡杰,译.哈尔滨:黑龙江人民出版社,1987.

孙龙.公民参与:北京城市居民态度与行为实证研究[M].北京:中国社会科学出版社,2011.

孙昕,徐志刚,陶然等.政治信任、社会资本和村民选举参与:基于全国代表性样本调查的实证分析[J].社会学研究,2007(4):165—187.

唐钧.人工智能的社会风险应对研究[J].教学与研究,2019(4):89—97.

特克 S.虚拟化身:网路世代的身份认同[M].谭天,吴佳真,译.台北:远流出版事业股份有限公司,1998.

特纳 J.社会学理论的结构[M].邱泽奇,等译.北京:华夏出版社,2001.

托马斯 J C.公共决策中的公民参与:公共管理者的新技能与新策略[M].孙柏瑛,译.北京:中国人民大学出版社,2005.

外交部、国家互联网信息办公室.网络空间国际合作战略[N].人民日报,2017—03—02.

王建冬.博客空间中的角色扮演现象研究[D].北京:北京大学,2008.

王金水.网络政治参与与政治稳定机制研究[M].北京:中国社会科学出版社,2013.

王利静.大学生角色扮演网络游戏动机——角色类型与自我同一性的关系研究[D].成都:四川师范大学,2008.

王鹏,侯钧生.情感社会学:研究的现状与趋势[J].社会,2005(4):70—87.

魏华,范翠英,平凡等.网络游戏动机的种类、影响及其作用机制[J].心理科学进展,2011,19(10):1527—1533.

魏华,周宗奎,田媛,等.网络游戏成瘾:沉浸的影响及其作用机制[J].心理发展与教育,2012,28(6):651—657.

魏婷.青少年网络游戏行为意向研究[M].北京:科学出版社,2015.

习近平致信祝贺二〇一八世界人工智能大会开幕,强调共享数字经济发展机遇共同推动人工智能造福人类[N].人民日报,2018—09—18.

萧子扬."人工智能社会学"论纲:人工智能时代的社会学诠释[J].大数据时代,

2019(1):28—33.

徐静.青少年网络游戏情感互动研究[M].北京:中国社会科学出版社,2018.

徐小龙,程春玲,孙力娟.网络游戏对青少年的影响剖析[J].东南大学学报:哲学社会科学版,2010,12(S1):226—232.

燕道成.精神麻醉:网络暴力游戏对青少年的负面影响[J].新闻与传播研究,2009,16(2):50—58.

杨波.网络游戏中的人际互动——以"华夏"为例[D].兰州:兰州大学,2009.

杨馥翎,廖长彦.从MMORAG中的玩家动机看社群形成与认同航道[J].资讯社会研究,2009(17):185—204.

杨光斌.政治学导论[M].北京:中国人民大学出版社,2000.

杨敏.公民参与、群众参与与社区参与[J].社会,2005(5):78—95.

杨宜音.当代中国人公民意识的测量初探[J].社会学研究,2008(2):54—68.

杨银娟.儿童参与"摩尔庄园"网络游戏的内在动机研究[J].国际新闻界,2009(12):99—104.

杨莹.网络游戏中的人际交往[D].武汉:华中科技大学,2004.

杨中芳,彭泗清.中国人人际信任的概念化:一个人际关系的观点[J].社会学研究,1999(2):1—21.

游佳萍,陈妍伶.虚拟社群中的组织公民行为之研究:以线上游戏团队为例[J].资讯社会研究,2006(11):115—144.

余敏江,梁莹.政府信任与公民参与意识内在关联的实证分析[J].中国行政管理,2008(8):121—125.

俞怀宁,俞秋阳.我国公民网络政治参与的形式、特点及其政治影响[J].社会主义研究,2011(5):76—79.

张红霞,谢毅.动机过程对青少年网络游戏行为意向的影响模型[J].心理学报,2008,40(12):1275—1286.

张康之.在历史的坐标中看信任——论信任的三种历史类型[J].社会科学研究,2005(1):11—17.

张明新.参与型政治的崛起:中国网民政治心理和行为的实证考察[M].武汉:华中科技大学出版社,2015.

张明新.互联网时代中国公众的政治参与:检验政治知识的影响[J].中国地质大

学学报,2011,11(6):49—57.

张卿卿.网路的功与过:网路使用与政治参与及社会资产关系的探讨[J].新闻学研究,2006(86):45—90.

张玉佩.线上游戏之阅听人愉悦经验探索[J].中华传播学刊,2011(19):61—95.

张玉佩.游戏、人生:从线上游戏玩家探讨网路世界与日常生活的结合[J].新闻学研究,2009(98):1—45.

赵延东、罗家德.如何测量社会资本:一个经验研究综述[J].国外社会科学,2005(2):18—24.

郑朝诚.在线游戏玩家的游戏行动与意义[D].台北:世新大学,2003.

郑永年.技术赋权:中国的互联网、国家与社会[M].邱道隆,译.北京:东方出版社,2014.

中国互联网络信息中心.2015年中国青少年上网行为研究报告[R].2016.8.

中华人民共和国国务院新闻办公室.中国互联网状况[R].2010.6.

钟智锦.网络游戏玩家的基本特征及游戏中的社会化行为[J].现代传播(中国传媒大学学报),2011(1):111—115

周海平.网络游戏中虚拟资产交易平台的构建[D].北京:对外经济贸易大学,2005.

周翔,刘欣,程晓璇.微博用户公共事件参与的因素探索:基于政治效能感与社会资本的分析[J].江淮论坛,2014(3):136—143.

周小瑜.网络游戏中虚拟财产问题研究[D].长春:吉林财经大学,2011.

周晓虹.现代社会心理学:多维视野里的社会行为研究[M].上海:上海人民出版社,1997.

周宗奎,等.网络心理学[M].上海:华东师范大学出版社,2017.

朱丹红,黄少华.网络游戏:行为、意识与成瘾[M].上海:上海财经大学出版社,2021.

朱丹红,吴自强、黄凌飞.网络游戏中的社会互动与认同[J].兰州大学学报,2013,41(5):63—68.

朱丹红,武艳.从网络游戏《原神》看中华传统文化的符号化对外传播[J].出版发行研究,2023(11):73—78.

庄平.获得平等权利,共享社会资源——第二期山东妇女社会地位调查数据分析研究报告[M].济南:山东大学出版社,2004.

邹静琴,王静,苏粤.大学生网络政治参与现状调查与规范机制构建:以广东省八所高校为例的实证研究[J].政治学研究,2010(4):65—74.

后 记

本书是广东省重点建设学科科研能力提升项目"青少年网络游戏成瘾及循证干预研究"(2022ZDJS126)的一项阶段性成果。本书尝试通过对网络游戏行为和网络政治参与行为的研究,探讨互联网应用作为一个新的变量的介入,如何引发网络时代社会行为逻辑的转变和重塑;探讨网络时代的社会行为,如何在延续社会结构制约的基础上,前所未有地凸显了行动者的行为意识和情感体验的重要性。

本书的主要内容曾在《新闻与传播研究》《兰州大学学报(社会科学版)》《社会学评论》《甘肃社会科学》《甘肃行政学院学报》《中国青年社会科学》《中国德育》以及 Current Psychology 等杂志发表。朱丹红、刘赛、袁梦遥、孙秀丽、杨岚、谢榕、郝强、黄凌飞参与了调研和部分章节的初稿写作工作。在书稿即将付梓之际,谨对上述杂志和合作者表示诚挚的感谢。

最后,感谢中国社会学会副会长、兰州大学博士生导师陈文江教授在百忙之中拨冗为本书作序。